D0822581

TIREZ VOUS-MÊME
LES FICELLES

Aux Éditions de Mortagne
par le Dr Wayne W. Dyer
VOS ZONES ERRONÉES

TIREZ VOUS-MÊME LES FICELLES
LES FICELLES

OU L'ART DE PRENDRE EN MAIN SON DESTIN

Dr WAYNE W. DYER
Auteur
de
VOS ZONES ERRONÉES

Techniques dynamiques concernant nos relations
avec les autres ainsi qu'avec nous-même.

Mortagne Poche

Édition
Mortagne Poche
250, boul. Industriel, bureau 100
Boucherville (Québec)
J4B 2X4

Diffusion
Tél.: (514) 641-2387
Téléc.: (514) 655-6092

Dépôt légal
Bibliothèque nationale du Canada
Bibliothèque nationale du Québec
Bibliothèque Nationale de France
2e trimestre 1995

ISBN: 2-89074-551-1

1 2 3 4 5 - 95 - 99 98 97 96 95

Imprimé au Canada

À
Susan Elizabeth Dyer

Devant toi, je peux penser tout haut.

SOMMAIRE

Avant-propos de Susan Dyer

Introduction

Avant-propos

Susan Dyer

Cet ouvrage est nourri en majeure partie d'expériences et de faits concernant ma vie personnelle, ma propre évolution vers une personnalité capable de prendre des décisions et d'assumer les responsabilités de l'orientation choisie.

En tant que professeur et conseillère de personnes atteintes de surdité, j'ai rencontré beaucoup de jeunes gens qui étaient plus gravement handicapés par leur manque de confiance en soi que par leur infirmité. Et nous parlons de l'importance de « s'assumer soi-même » dès le départ, avant d'apprendre à assumer telle ou telle situation. Ensuite mes étudiants affrontent progressivement la lourde tâche de prendre eux-mêmes le risque aussi bien de décisions pratiques — comme de commander leur repas au restaurant au lieu de s'en remettre à quelqu'un d'autre — que de déterminations lourdes de conséquences psychologiques, telle cette jeune fille qui veut passer de la junior high school* dans la classe préparatoire à l'entrée à l'université, alors qu'elle est la première de sa famille à prétendre à un titre universitaire. Le pari est de taille mais elle a assez d'assurance en elle pour oser tenter l'aventure.

Beaucoup d'entre nous qui n'ont aucun handicap physique souffrent d'un réel handicap mental, à savoir d'un faux système de valeurs. À force de rechercher la sécurité, nous imposons des limites à notre propre développement sans réaliser combien les autres vont en profiter pour nous enfermer davantage dans cette attitude de repli. J'en choisis une illustration dans ma propre vie... quand il m'a fallu surmonter l'obstacle de mes allergies.

Continuer à m'accrocher à mes allergies, une fois parvenue à l'âge adulte, c'était pour moi persister à garder l'étiquette d'enfant fragile qui m'avait valu d'être dorlotée par une famille constituée d'êtres particulièrement actifs. Mon rhume des foins me mettait à l'abri de bien des risques ; tels que les sports de plein air (danger de l'herbe, des arbres, du pollen) où je ne me sentais pas à la hauteur athlétiquement parlant ; ou les réunions mondaines où mes réactions allergiques à la fumée des cigarettes n'étaient autres que des accès de timidité. Mon allergologue ne s'est jamais avisé qu'il pouvait s'agir dans mon cas de tout un système de défenses psychologiques ; il s'est contenté de me faire venir chaque semaine dans son cabinet médical.

Une fois que j'eus commencé à comprendre que le meilleur moyen d'atteindre à l'indépendance était

---

* Junior High School : école intermédiaire entre l'école d'enseignement primaire et celle d'enseignement secondaire, destinée aux élèves de 13 à 15 ans (7e, 8e, 9e classes).

de ne plus être «fragile» ni victime de mes propres frayeurs d'être rejetée, je n'eus plus besoin de piqûres et connus les délices du foot-ball et de nouvelles amitiés.

Chaque jour, je suis mise à l'épreuve : il me faut affronter les autorités scolaires afin d'assurer le meilleur emplacement possible à mes étudiants qui ont des problèmes d'ouïe ; ou, les commerçants dont les services ne m'ont pas pas satisfaite ; ou, les gens de la famille qui attendent de moi autre chose que ce que je peux leur donner ; ou, me mettre moi-même au défi de devenir l'adulte que je choisis d'être.

Ce livre m'est dédié ; beaucoup des exemples qui y figurent sont empruntés à mon existence. Tous ces messages me sont destinés, oui mais vous aussi, vous pouvez en profiter ! Lisez-le donc, progressez et tirez-en beaucoup de joie !

Introduction

Un petit garçon revint un jour de l'école en demandant à sa mère : « M'man qu'est-ce que ça veut dire, un *éléphant bouscouleur* * ? Sa maman perplexe voulut savoir le pourquoi de cette bizarré question. Le petit Tommy répliqua : « C'est le maître qui a dit au principal que j'étais un *éléphant bousculeur* dans la classe. » Sur ce la mère téléphona à l'école pour savoir à quoi s'en tenir. Le principal éclata de rire et expliqua que le professeur de Tommy lui avait dit, après la classe, que Tommy était un *élément perturbateur.*

Ce livre est destiné aux gens qui veulent être tout à fait maîtres de leur destinée ; sont inclus dans cette catégorie : les réfractaires, les rebelles, et les « éléphants bousculeurs » de tout acabit. Il s'adresse

* Impossible en français de rendre compte exactement de la confusion de termes dont est victime le petit écolier.

à ceux qui ne feront pas automatiquement ce qu'on attend d'eux.

Pour vivre selon le mode qu'on a choisi, il faut être un tantinet rebelle. En effet, il ne faut compter que sur soi. Peut-être vous arrivera-t-il de mettre des bâtons dans les roues de ceux qui ont tout intérêt à prendre en main votre destin mais si vous en avez le ferme dessein, vous découvrirez que d'être vous-même sans laisser les autres vous dicter votre conduite, vous apportera infiniment de satisfactions intérieures, de joie et de plénitude.

Point n'est besoin d'être un révolutionnaire ; il suffit de pouvoir dire aux hommes : «Je veux être moi-même et suis décidé à ne pas me laisser faire.» Une chanson populaire bien connue nous le dit en ces termes :

«La vie, c'est épatant...
«Tant qu'on tient les ficelles...
«Je serais bien sot vraiment
«De lâcher les ficelles

Tel est le but de ce livre : apprendre à ne pas lâcher les ficelles. Il est destiné à ceux qui ne veulent pas être des marionnettes dont on tire impunément les ficelles et qui sont fermement décidés désormais à s'y opposer de toutes leurs forces ; à ceux qui mettent leur liberté personnelle au-dessus de tout ; à ceux qui se sentent une âme de nomade et qui veulent se mouvoir sans entraves sur cette planète.
Bien des êtres préfèrent obéir plutôt que de se prendre eux-mêmes en charge. S'il vous est indifférent d'être manipulé, alors ne le lisez pas car, dans les pages qui vont suivre, il ne s'agit rien moins que de vous donner les moyens de changer ; d'où certaines idées qui prêteront à controverse et qui seront, pour

le lecteur, une sorte de provocation. D'aucuns y verront des conceptions stérilisantes et m'accuseront de pousser à la rébellion et au mépris des autorités établies. Je ne me fais aucun scrupule à cet égard ; je pense qu'il faut faire montre d'assurance et même de combativité si l'on ne veut pas être opprimé.

Oui, je pense vraiment qu'il faut paraître inflexible et «insubordonné» aux yeux des personnes qui voudraient vous prendre en main. Sinon vous devenez une victime toute trouvée et le monde est plein de gens qui seraient ravis de vous reconnaître un comportement conforme à leurs intérêts. Si vous acceptez d'en prendre le risque, vous jouirez d'une liberté très particulière, celle d'explorer tous les domaines de l'existence en faisant vos choix personnels, *tous ceux* qu'il vous plaît de faire. L'idée directrice réside en ce principe : les individus ont le droit de décider de quelle façon ils vivront dans la mesure où l'exercice de ce droit ne viendra pas empiéter sur les droits équivalents d'autrui ; toute personne ou toute institution qui lèsent la liberté d'agir des autres hommes devront être considérées comme oppressives.

Cet ouvrage est écrit à l'intention de ceux qui souffrent de voir leur existence contrôlée trop étroitement par des forces sur lesquelles ils n'ont à leur tour que trop peu de droits de regard.

Chacune de nos vies est unique car notre expérience à chacun est absolument originale. Personne ne peut vivre à votre place ; sentir ce que vous sentez ; percevoir la réalité du monde telle que vous la percevez. C'est la seule vie qui soit à votre disposition et elle a bien trop de prix pour qu'on puisse permettre aux autres de se l'approprier. Il n'est que trop normal que ce soit vous qui déterminiez comment vous allez la prendre en main et cette décision doit vous apporter la joie et la satisfaction de «tirer vous-même les ficelles» au lieu de vous laisser brimer, avec toutes les souffrances et les misères qui en découlent. Ce livre a pour but d'aider chaque lecteur ou lectrice à assumer son destin.

En fait personne n'échappe à telle ou telle domination éminemment déplaisante et qui ne mérite pas qu'on la supporte, encore bien moins qu'on la justifie, comme beaucoup d'entre nous le font inconsciemment. Nous ne savons que trop ce que c'est que d'être happés dans un engrenage de harcèlements, contraints à adopter tel comportement, telle croyance contre notre gré. Les problèmes d'abus de pouvoir, d'abus de confiance, sont devenus si aigus et si répandus, que dans tous les États-Unis, les journaux ont dû voler au secours des éventuelles victimes en ouvrant à leur intention des rubriques spéciales : «Marche à suivre», «Points chauds» etc. Ces informations d'intérêt général visent à aider les citoyens à se défendre contre les tracasseries de la bureaucratie et tentent de collaborer efficacement avec eux, contre cette sorte très particulière de tyrannie. Les télévisions locales ont à leur service des avocats qui défendent les consommateurs, et des médiateurs au service des diverses collectivités pour tenter les démarches particulièrement lassantes. Le gouvernement a mis sur pied des organismes de protection et bien des collectivités locales se sont organisées pour combattre sur place toutes les formes d'oppression.

Tous ces efforts ont leur valeur et méritent d'être loués mais ce n'est qu'une action superficielle et point très efficace car elle met l'accent sur la culpabilité des oppresseurs ou cherche à trouver un défenseur pour secourir les victimes, sans réaliser l'essentiel, à savoir que les gens sont des proies faciles tout bonnement parce qu'ils *s'attendent* à être piégés ; aussi, quand cela leur arrive, ils n'en sont pas le moins du monde surpris. Or on ne peut rien contre les personnes qui n'ont pas la vocation de victime et qui ne sont pas prêtes à se défendre contre toute espèce de joug qu'on voudrait leur imposer. La question de savoir si l'on sera victime ou non dépend de *chacun de nous*, non pas des gens qui ont appris à nous manipuler.

Ce livre doit vous concerner directement ; c'est vous qui devez réagir et non pas une autre personne à votre place. Je n'ai eu qu'un but en l'écrivant : être utile à mon lecteur. Je me suis dit tout au long de mon travail : «Si on ne peut s'en servir d'une façon pratique, ce n'est pas la peine d'en poursuivre la rédaction». J'y ai inclus à titre d'exemples concrets, des faits vécus, afin de vous montrer les pièges à éviter ; de plus, je vous suggère quelques techniques ou moyens très précis qui vous aideront à vous défaire de cette mentalité de victime qui est si profondément enfouie en chacun de nous. J'y insère à l'occasion, des tests qui vous feront participer plus activement et qui vous feront voir les choses sous un angle nouveau. En conclusion, vous trouverez un répertoire d'une centaine d'exemples de situations où vous pourrez vous conduire en victime ou en contre-victime. Vous pourrez y référer tout au long de votre lecture afin d'évaluer vos progrès.

Chacun des chapitres est construit autour d'un principe important ou d'une démarche à suivre qui vous permettra de ne plus vous laisser manipuler. Vous suivrez une à une les étapes proposées en vous servant des exemples concrets et apprendrez à distinguer le comportement général de l'oppresseur de celui de la victime. Ainsi vous pourrez progressivement vous rendre compte du changement de mentalité qui s'opérera en vous.

Ainsi chaque chapitre vous permettra de gravir un degré de plus dans votre ascension. Je pense que cette lecture vous sera vraiment d'un grand secours. Toutefois si vous croyez que ce livre sera l'instrument de votre libération, vous êtes déjà victime de vos propres illusions, avant même d'en avoir entamé la lecture. Il n'y a que vous qui puissiez décider, de votre plein gré, d'écouter mes suggestions et de vous en servir pour vous bâtir un comportement constructif et bénéfique pour vous-même.

J'ai demandé à un grand ami — qui est en même temps un poète de talent — d'écrire un poème destiné à vous faire mieux saisir ce que j'entends, tout au cours de cet ouvrage, par «être une victime». Gayle Spanier Rawlings présente ainsi la version abrégée de ce message sous le titre de «Tirez vous-même les Ficelles.»

TIREZ VOUS-MÊME LES FICELLES

«Nous sommes reliés
«Par des liens invisibles
«À nos craintes enfouies.
«Nous sommes les marionnettes
«Et aussi ceux qui actionnons
«Le jouet de nos illusions.
«Des fils de soie tirent
«Bras et jambes
«Qui s'affalent et s'entrechoquent.
«Nous dansons au rythme de nos frayeurs
«Recroquevillés sur nous-mêmes
«Tels des marmots qui se cachent
«Tapis derrière ce rocher
«Blottis derrière cet arbre,

24

« Un peu partout,
« Comme si nous n'y pouvions rien.

« Tirez vous-mêmes les ficelles,
« Soyez présents à votre corps,
« Écoutez la musique de la vie,
« Coupez les fils qui vous retiennent
    prisonniers,
« Tendez la main à
« L'inconnu,
« Élancez-vous dans le noir,
« Ouvrez grand les bras
« Pour accueillir la caresse du vent ;
« Comme des ailes, ils battront l'air
« Et vous volerez.

Gayle Spanier Rawlings

Le poème de Gayle chante la beauté d'être libre. Puissiez-vous à votre tour choisir la voie du mieux-être et de la joie... et vous entraîner petit à petit à voler de vos propres ailes.

«L'expérience nous montre que l'humanité est plus disposée à se résigner à souffrir, tant que les maux sont supportables, qu'à se libérer en supprimant les entraves auxquelles elle est accoutumée.

DÉCLARATION D'INDÉPENDANCE
4 Juillet 1776

Chapitre 1

Dire non à la mentalité de victime.

Il n'y a pas d'esclave heureux.

Rien ne vous oblige à être une victime toute votre vie. Absolument rien! Mais pour vous conduire comme «une anti-victime», il faut avoir le courage de se regarder bien en face et apprendre à reconnaître les nombreux cas où ce sont les autres qui tirent les ficelles à votre place.

Votre lutte contre la mentalité de victime va inclure bien plus d'obligations que la simple mémorisation de techniques spécifiques et l'acceptation de quelques risques à courir au cas où autrui tenterait de vous manipuler ou de contrôler votre conduite. Vous avez déjà dû constater que la Terre est une planète dont virtuellement tous les habitants ne songent qu'à prendre le voisin en main. Et ils ont, pour ce faire, élaboré des institutions merveilleusement adaptées à ce dessein. Mais si vous faites partie de ceux qui sont gouvernés contre leur gré et contre leur conscience, alors vous êtes une victime.

L'on peut fort bien éviter de tomber dans les pièges préparés pour les perpétuelles victimes de la vie sans pour autant adopter un comportement d'agresseur. Pour atteindre ce but, il faut d'abord que vous ayez une vision claire de ce que vous désirez pendant votre bref séjour sur la planète. Je ne saurais trop vous recommander de commencer par opter pour une mentalité d'anti-victime. Regardez donc avec attention dans quelles circonstances vous vous comportez en victime.

QU'EST-CE QU'UNE VICTIME ?

Vous êtes une victime chaque fois que vous perdez le contrôle de votre existence. Le mot-clé est CONTRÔLE. Si ce n'est pas vous qui tirez les ficelles, c'est que vous êtes manipulé par quelqu'un ou quelque chose.

Il y a une infinité de façons d'être réduit à l'état de victime. La victime-type dont je parle ici n'est pas «principalement» celle qui est en butte à des activités criminelles. On peut vous voler et vous nuire d'une façon bien plus grave, quand on vous dérobe le contrôle de vos émotions et de vos décisions dans la vie quotidienne et que vous vous laissez faire par la force de l'habitude.

J'appelle victimes en premier lieu les gens qui organisent leur vie conformément aux diktats des autres. Ils en viennent à faire des choses qu'ils préfèreraient de beaucoup ne pas faire ; on les pousse à choisir un mode de vie où ils ont à subir de lourds sacrifices inutiles, qui provoquent des rancœurs inconscientes. Être victime au sens où je l'entends ici c'est être gouverné et contrôlé par des forces extérieures ; et, bien que ces forces soient indubitablement présentes dans notre civilisation sous une infi-

30

nité de formes, VOUS N'EN SEREZ VICTIME QUE SI VOUS LE VOULEZ BIEN. Oui, les gens se mettent *eux-mêmes* au rang des victimes, de bien des façons, dans leur manière de vivre quotidiennement.

C'est par faiblesse qu'ils se laissent mener, dominer ; ils ne se sentent pas assez astucieux ou pas assez forts pour assumer leur exitence. Aussi s'en remettent-ils à quelqu'un de plus « astucieux » ou de plus « fort » plutôt que de courir le risque de compter seulement sur eux-mêmes.

Vous êtes une victime quand votre vie ne vous réussit pas. Si vous avez un comportement de perdant, si vous êtes malheureux, mal à l'aise dans votre peau, vulnérable, anxieux, effrayé à l'idée d'être vous-même, bref si vous vous laissez paralyser par tel ou tel complexe, si vous n'avez aucune assurance en vous ou si vous vous sentez manipulé par des forces extérieures, en ce cas vous êtes une victime ; or ma position est que cette condition de victime est indéfendable. Si vous êtes d'accord avec moi, vous allez vous demander : comment y échapper, comment devenir un être plus libre ?

QU'EST-CE QUE LA LIBERTÉ ?

On ne vous offrira pas la liberté sur un plateau d'argent. Votre liberté c'est vous qui vous la donnerez. Si c'était quelqu'un d'autre qui vous la proposait, ce ne serait plus la liberté mais l'aumône d'un bienfaiteur qui, à coup sûr, vous demanderait quelque chose en échange.

Être libre c'est ne pas être empêché de mener la vie qu'on a choisie. Sinon, vous tombez dans toutes les variétés de l'esclavage. Si vous ne pouvez être libre de toute contrainte pour faire vos choix, pour vivre de la façon que vous aurez décidée, en usant de votre corps à votre guise (pourvu que votre plaisir n'empiète pas sur la liberté d'autrui), alors vous n'avez pas sur vous-même le contrôle dont je parle et vous êtes au sens propre une victime.

Être libre n'implique pas qu'on nie ses responsabilités envers les gens qu'on aime et ses frères humains. En vérité il faut être libre également de choisir ses responsabilités. Mais nulle part il n'est dit que vous deviez être ce que les autres veulent que vous soyez, quand il y a conflit entre leurs désirs et les vôtres. Vous pouvez être libre *et* responsable. La plupart des gens tenteront de vous dire que ce n'est pas possible ; ils baptiseront égoïsme votre quête de liberté, et cela leur permettra de s'ériger en maîtres de votre destinée et de vous dénier le droit de vous libérer de leur emprise. S'ils peuvent contribuer à vous faire croire que vous êtes égoïste, ils accentueront votre sentiment de culpabilité et vous empêcheront de progresser vers une vraie liberté.

Dans l'antiquité, le philosophe Epictète parlait ainsi de la liberté dans ses Discours : «Seul est libre celui qui est maître de soi.» Lisez et relisez cette définition avec attention. Si vous n'êtes pas maître de vous, alors par définition vous n'êtes pas libre. Pour être libre, il n'est pas nécessaire d'être puissant ni d'avoir de l'influence sur les autres ni d'user envers eux d'intimidation. Pour prouver votre maîtrise, n'essayez pas de réduire autrui en servitude.

Les êtres libres sont ceux qui sont profondément en paix avec eux-mêmes. Ils refusent tout simplement d'être les jouets des caprices de leur entourage et visent avec efficacité à bien mener leur barque. Ils aiment à ne pas se sentir prisonniers de stéréotypes : le Père, la Mère, l'Employé, l'Américain, l'Adulte ;

ils jouissent de respirer librement l'air de leur choix, sans se soucier de ce que penseront les autres. Ce sont des gens responsables mais ils ne sont pas esclaves de l'opinion d'autrui ni des interprétations qu'on donnera à leur comportement.

On ne saurait trop insister sur l'importance de cette liberté foncière. Au fur et à mesure que vous avancerez dans la lecture de cet ouvrage, vous prendrez conscience de la gravité de ces petites agressions qui peuvent apparaître insignifiantes au premier abord mais qui sont en réalité le moyen pour les autres de prendre votre vie en main et de vous entraîner dans une direction que vous n'aurez pas choisie, mettant fin ainsi à votre liberté, même si ce n'est que de façon insensible ou temporaire.

Vous choisissez d'être libre quand vous commencez à adopter un ensemble d'attitudes et de comportements de «contre-victime» pratiquement à chaque moment de votre existence. Vous ne serez plus asservi aux circonstances mais libéré de leur emprise du jour où vous vous mettrez à agir en homme qui veut devenir autonome.

Le meilleur moyen est peut-être de vous rappeler ce principe de conduite : ne jamais vous en remettre TOTALEMENT à un autre en ce qui concerne l'orientation de votre existence. Ou bien comme dit Emerson dans Self-Reliance : «Rien ne peut vous apporter la paix sauf vous-même.» Dans mes contacts avec mes clients au cours des années passées, combien de fois ai-je entendu ce genre de lamentations : «Elle m'avait promis de faire tout ce qu'elle pouvait et elle m'a laissé tomber.» Ou bien : «Je sais que je n'aurais jamais dû le laisser s'occuper de cette affaire puisque, pour lui, c'était une chose secondaire alors que j'avais tout misé dessus.» «Je me suis laissé avoir une fois de plus ! Quand donc comprendrai-je ? » Telles étaient les amères réflexions de personnes qui s'étaient laissées agresser d'une façon ou de l'autre et avaient supporté qu'on portât ainsi atteinte à leur liberté.

Ne croyez pas pour autant que je vous conseille de vous isoler des autres. Bien au contraire les «contre-victimes» sont souvent les meilleurs compagnons du monde. Ils sont extrêmement sociables, ont de l'aisance ; on peut compter sur eux justement *parce qu'*ils refusent de se laisser manipuler. Ils n'ont pas besoin de se montrer revêches ou discuteurs car ils ont appris à sentir *du dedans* cette vérité : «Il s'agit de ma vie, de mon expérience personnelle ; mon passage sur la terre est très bref ; je dois veiller à faire tous les efforts nécessaires pour affirmer sans relâche mon droit à m'affirmer. Si vous m'aimez, vous m'aimez tel que je suis en vérité, non tel que vous voulez que je sois.»

Comment une aussi «saine liberté» peut-elle croître et s'épanouir alors que le terreau où elle a pris racines est un passé où ont poussé également maintes habitudes de passivité encouragées par les multiples agressions de la société et des proches et qui, concourent au maintien d'une mentalité de victime ?

COMMENT PERDRE VOS HABITUDES DE «VICTIME» ?

Dans votre enfance vous avez souvent été opprimé du fait de votre position d'infériorité dans la famille. On «tirait les ficelles» à votre place, à longueur de journée ; vous aviez beau maugréer in petto, vous saviez bien que vous ne pouviez pas grand-chose pour reprendre la situation en main. Vous aviez conscience de ne pouvoir vous débrouiller tout seul ; si jamais vous ne suiviez pas à la lettre le programme établi pour vous par les grandes personnes, que seriez-vous devenu ? Fort peu d'alternatives acceptables s'offraient à vous. La seule possibilité qui vous restait était une éventuelle escapade de vingt minutes hors de la maison familiale, histoire de vous rendre compte à quel point vous étiez impuissant à vous en sortir tout seul. Aussi vous êtes-vous résigné et avez-vous appris à accepter la réalité que vous aviez à vivre. En fait, puisque vous ne pouviez vous livrer aux fantaisies de votre choix, il était commode pour vous de vous en remettre aux décisions d'autrui. Et même si vous visiez à obtenir un peu plus d'indépendance, vous vous contentiez le plus souvent de laisser les autres penser à votre place et diriger votre vie.

Parvenu à l'âge adulte, vous avez peut-être conservé beaucoup d'habitudes contractées dans l'enfance : habitudes qui avaient une utilité pratique autrefois mais qui, maintenant, font de vous une victime toute trouvée. Vous pouvez être en butte à l'autoritarisme d'une «grande personne» et, y étant accoutumé de longue date, vous ne songez même pas à réagir. Pour sortir de cet automatisme qui vous piège, il faut avant tout acquérir de nouvelles habitudes. Les bonnes habitudes, tout comme les mauvaises, s'acquièrent par la répétition, *une fois que* vous avez pris conscience des exercices à faire. S'il ne faut pas vous attendre à pouvoir toujours vous diriger à votre guise dans tout ce que vous entreprendrez, néanmoins vous êtes en droit d'espérer qu'on ne viendra pas tout le temps vous mettre des bâtons dans les roues, vous immobiliser ou vous perturber. Par le choix que vous ferez d'éliminer vos difficultés intérieures, vous éliminerez une des grandes causes d'agression, celle que nous nous infligeons à nous-mêmes.

Pour supprimer ces entraves que nous impose autrui ou ces frustrations ressenties en voyant nos décisions aboutir en sens inverse de ce que nous escomptions, voici le programme à suivre point par point ; il y en a quatre :

1) apprendre à jauger les différentes situations que vous allez avoir à affronter dans votre existence quotidienne.

2) cultiver toute une série de comportements « contre-victime ».

3) avoir conscience des cas les plus fréquents d'agression qui peuvent se présenter dans votre vie personnelle et dans la civilisation actuelle.

4) avoir à votre disposition un ensemble de principes qui vous guideront quand il vous faudra mettre sur pied des stratégies précises afin de vous conduire en personne qui n'entend plus se laisser manipuler.

Les points 1,2,3, sont brièvement exposés dans ce premier chapitre. Le 4 sera traité par la suite et des lignes de conduite vous seront fournies pour tenir bon dans votre nouvelle attitude.

APPRENDRE À JAUGER LES DIFFÉRENTES SITUATIONS...

Si vous ne voulez plus être une victime, il est de la plus haute importance que vous visualisiez toute circonstance génératrice d'agression, avant de décider comment l'aborder. Chaque fois que vous allez vous trouver aux prises avec tels ou tels rapports de force, vous devrez garder les yeux bien ouverts de manière à éviter la défaite automatique qui précède même l'affrontement éventuel. Pour ce faire, il faut avoir l'esprit en éveil et s'exercer à une nouvelle perception des choses qui vous protègera spontanément contre le tort qu'on pourrait vous faire. Cela nécessite une évaluation des besoins des gens à qui vous aurez à faire, et une vision anticipée du chemin à suivre pour atteindre vos propres objectifs — l'un d'entre eux étant de faire respecter votre position par les autres. Avant même d'ouvrir la bouche ou d'aborder quelqu'un dans une circonstance où vous pourriez avoir le dessous, essayez de prévoir les attitudes agressives que l'on pourrait avoir à votre égard. Cette vision anticipée est d'une importance cruciale si vous voulez éviter les situations où vous êtes perdant d'avance.

Prenons un exemple concret : George a l'intention d'aller rendre au magasin un pantalon qui a un défaut. Il jauge le vendeur ; c'est un garçon maussade et fatigué. Ce qui intéresse George, c'est d'être remboursé ; il n'a pas envie d'affronter un employé las ou irrité. Il sait que s'il a un contact désagréable avec lui ou a fortiori s'il échoue dans sa transaction, il aura beaucoup plus de difficulté, par la suite, à obtenir gain de cause avec le patron qui ne voudra pas passer par-dessus la tête de son vendeur dont la tâche consiste à appliquer envers et contre tout la politique du magasin : éliminer le plus possible les échanges ou les remboursements. L'employé serait la première victime puisqu'il n'a fait qu'obéir aux consignes et qu'il est payé pour cela.

Pour toutes ces raisons, George s'avise d'aller trouver directement le directeur du magasin, à qui il appartient de faire des exceptions à la règle, dans les cas opportuns. Peut-être faudra-t-il que George en vienne à élever la voix pour demander si la politique de ce magasin vise à faire du tort aux clients mais, s'il joue bien le jeu, il a toutes les chances d'être remboursé, sans aucune mesure de rétorsion.

Vous trouverez dans le dernier chapitre de cet ouvrage de nombreuses circonstances de notre vie quotidienne analogues à celle que je viens de vous exposer ainsi que les attitudes de victime ou d'anti-victime avec lesquelles on peut les aborder.

Il ne suffit pas de garder les yeux ouverts, il faut aussi décider d'une stratégie et lui rester fidèle. Si votre plan A échoue, vous devriez de sang-froid pouvoir passer au plan B, au plan C, etc. Par exemple pour en revenir au cas de George : si le directeur refuse de se montrer coopérant et de le rembourser, celui-ci peut suivre une autre tactique, il peut parler au propriétaire ou écrire aux différents cadres de la maison ou élever la voix (solution possible si l'on n'est pas paralysé par la colère) ou simuler la plus vive indignation ou encore hurler ou faire semblant de s'évanouir au milieu du magasin, etc.

Quels que soient les objectifs que vous vous donnez en telle ou telle circonstance, il ne faut pas que le succès ou l'échec rencontrés influent sur ce que vous pensez de vous-même. Vous changez simplement de vitesse quand c'est nécessaire, sans en être ébranlé émotionnellement parlant. George désire être remboursé, tout simplement. Pour vous, il s'agira d'avoir une place ou de savourer un steack cuit à votre goût. C'est un but que vous vous donnez. Réussite ou échec ce jour-là ne mettent pas en jeu votre bonheur ou le sentiment de votre propre valeur.

Il vous sera plus aisé de vous faire une idée juste des situations à affronter si vous prêtez soigneusement l'oreille aux mots et aux phrases dont vous vous servez habituellement dans vos monologues intérieurs ou dans vos conversations. Ils vous avertiront presque toujours que vous êtes sur le point de vous laisser faire. Voici ceux qui reviennent le plus souvent et qu'il vous faudra soigneusement éliminer et remplacer par de meilleures pensées si vous êtes sérieusement décidé à ne plus être une victime.

• *Je sais bien que je vais échouer.* Cette tournure d'esprit vous garantit une place de choix sur les listes de candidats à trousser et plumer. Si vous vous décidez à croire que vous «gagnerez» ce que vous méritez de gagner, vous ne supporterez plus l'idée de perdre.

• *Je perds mes moyens chaque fois que je dois affronter quelqu'un.* Si vous vous attendez à perdre vos moyens, il est bien évident que les choses se passeront ainsi. Dites plutôt : «Je refuse de laisser quiconque me troubler et je garderai mon sang-froid.»

• *Les petites gens ne peuvent jamais s'en sortir.* Vous ne faites pas partie des faibles à moins que vous n'en soyez persuadé. Ce genre de réflexion montre que vous vous mettez du côté des perdants contre quelqu'un que vous jugez faire parti des puissants de ce monde. Abordez tous les contacts en pensant que vous réussirez à atteindre vos objectifs.

• *Je leur montrerai à ces salauds de quel bois je me chauffe.* Vous pensez parler comme un dur ; en réalité ce genre d'attitude vous fera toujours échouer. Votre but n'est pas de montrer quoi que ce soit à Pierre ou à Jean mais d'acquérir ou de garder ce qu'un type essaie de vous dérober. Quand vous vous fixez comme but de «leur montrer», vous leur donnez déjà une prise sur vous. (Voir chapitre 5, Comment arriver calmement à ses fins.)

• *J'espère qu'ils ne se fâcheront pas si je le leur demande.* Votre inquiétude à l'idée qu'ils puissent se mettre en colère montre bien que vous êtes, une fois de plus, dépendant d'eux. Quand les gens savent que vous avez peur de les froisser, ils s'en servent, pour vous manipuler, chaque fois que ce leur est nécessaire.

• *Ils vont me trouver stupide si je leur dis ce que j'ai fait.* Cette fois vous mettez l'opinion d'autrui au-dessus de la vôtre en ce qui vous concerne. Si l'on sait que vous avez peur qu'on ne vous trouve stupide, on en profitera pour avoir l'air de vous juger comme tel chaque fois qu'on voudra vous manipuler.

• *Je crains de les froisser si je fais ce que j'ai envie de faire.* Voilà qui annonce que ce ne sera pas vous qui tiendrez en fin compte le bon bout. Si les autres savent qu'en ayant l'air froissé, ils ont la possibilité de vous faire changer d'avis, ils utiliseront ce moyen de chantage quand vous leur ferez obstacle ou que vous voudrez mener votre barque à votre guise. Quatre-vingt quinze pour cent des gens qui se disent peinés par votre conduite sont des simulateurs qui ont adopté cette tactique une fois pour toutes, puisque vous êtes assez naïf pour tomber dans le panneau. Il n'y a que les «victimes» pour faire attention constamment à ne peiner ni ne froisser les autres. Cela ne veut pas dire qu'il faille manquer d'égards envers autrui ; mais il est certain que les gens cessent de se montrer froissés dès qu'ils s'aperçoivent que leur attitude n'a plus d'influence sur la vôtre.

• *Je ne peux pas m'en tirer tout seul ; je vais demander à quelqu'un qui n'a pas peur de le faire à ma place.* Ce comportement là ne vous apprendra rien et fera obstacle à l'édification de votre nouvelle personnalité «contre-victime». Si vous laissez les autres livrer vos propres batailles à votre place, vous ne réussirez qu'à esquiver vos responsabilités et à renforcer votre sentiment d'infériorité. En outre si les gens qui ont tendance à abuser de leur force s'aperçoivent que vous n'êtes pas en mesure d'affronter les difficultés, ils joueront au «grand frère» à votre égard et ne cesseront de vous mener par le bout du nez.

• *Ils ne devraient vraiment pas agir ainsi, c'est trop injuste !* Vous jugez le monde en le comparant à ce qu'il devrait être et non en le voyant lucidement tel qu'il est. Les gens ne se gêneront pas *pour agir* par des moyens injustes, et votre réaction de blâme ou de dégoût n'y changera strictement rien. Oubliez vos jugements moralisateurs et dites plutôt : «*Voici la manière* dont ils agissent ; je vais les contrer de telles et telles façons pour qu'ils n'arrivent pas à leurs fins et qu'ils n'essaient pas de recommencer.»

Telles sont les quelques réactions habituelles aux êtres qui ont une mentalité de victime ; vous pouvez être sûr qu'elles vous mèneront sûrement aux pires ennuis.

En ayant une claire vision de votre personnalité et de la civilisation qui inspire la société dans laquelle vous vivez, vous pouvez :

1) anticiper avec efficacité ;
2) éliminer le manque de confiance en soi ;
3) mettre sur pied une stratégie : plans A,B,C etc ;
4) refuser fermement que votre évolution soit contrecarrée ;
5) persévérer jusqu'à ce que votre but soit atteint.

Soyez sûr que vous parviendrez à éliminer au moins soixante quinze pour cent des possibilités d'être manipulé si vous adoptez cette méthode et, le reste du temps, quand vous n'atteignez pas les buts que vous vous étiez fixés, vous pouvez toujours vous dire que cette expérience vous sera bénéfique et qu'elle vous apprendra à éviter les situations impossibles, à l'avenir. Vous ne devez jamais vous sentir froissé, déprimé ou inquiet, si les choses n'ont pas marché comme vous le souhaitiez, parce que c'est là la réaction-type des «victimes».

QUE PEUT ATTENDRE UNE CONTRE-VICTIME ?

En général vous deviendrez ce à quoi vous vous attendiez et vous ne serez une contre-victime qu'à condition de ne plus croire qu'on peut vous manipuler. Commencez donc par vous créer l'attitude de qui s'attend à être heureux, en bonne santé, vivant en plénitude, et qui ne sera pas dupe ; cette nouvelle façon d'être devra être basée sur vos capacités *réelles* et non sur une image idéale de vous-même imposée par les êtres et les institutions qui veulent vous prendre en main.

Il est bon de commencer par l'étude des quatre vastes domaines de grande importance dans lesquels on vous a peut-être formé à sous-estimer vos capacités.

• *Vos capacités physiques.* Si, en adulte doué de bon sens, vous jugez que vous pouvez accomplir une tâche précise, vous ne pouvez virtuellement rencontrer aucun obstacle ; dans des situations critiques, votre organisme peut développer des pouvoirs quasi «surhumains». Le docteur Michael Philipps, dans son livre Your Hidden Powers, nous parle d'une dame âgée «qui traversait en auto le pays. Dans une région écartée et presque désertique la voiture tomba en panne. Son fils qui conduisait descendit, souleva la voiture à l'aide du cric et se glissa dessous. Tout à coup le cric se déplaça ; l'auto retomba en coinçant l'homme sur l'asphalte brûlant. La femme comprit que son fils allait périr étouffé si elle ne parvenait pas à le dégager.» Elle n'avait pas le temps de se dire qu'elle ne serait pas assez forte, qu'elle ne réussirait pas. Le docteur Philipps nous raconte que «sans prendre le temps de réfléchir, elle saisit le pare-choc-avant et souleva la voiture, le temps que son fils put se dégager. Dès qu'il s'en fut tiré, elle lâcha prise épuisée et l'auto retomba sur ses roues. Un tel exploit signifie qu'elle avait pu soulever plusieurs centaines de kilos, ce qui est étonnant pour une femme qui n'en pesait même pas soixante. »

On pourrait évoquer un grand nombre de faits de ce genre. On ne les comprend que si l'on se dit qu'on est à la hauteur de tâches apparemment surhumaines du moment qu'on s'en croit capable ou du moins qu'on ne s'arrête pas à penser qu'on n'arrivera jamais à les accomplir.

Vous pouvez éviter d'être victime de vos attitudes ou de vos craintes relatives à votre santé. On peut travailler à ne pas craindre rhumes, grippes, tension trop élevée, maux de dos, migraines, allergies, éruptions, crampes et même maladies plus graves telles que affections cardiaques, ulcères et arthrite. Vous pouvez affirmer que je me trompe et que vous n'y pouvez rien. Je vous demanderai : Que défendez-vous là ? Pourquoi continueriez-vous à alléguer que ce sont des maux de la nature alors que c'est une réaction de votre système de défense personnel qui fait que vous êtes malade ou immobilisé ?

Quel intérêt avez-vous à défendre pareille attitude ? Pensez plutôt que si vous cessiez d'appréhender les ennuis de santé, si vous modifiez votre mentalité, peut-être vous porteriez-vous mieux et verriez-vous certains maux se dissiper. Et si cela ne se passe pas ainsi dans votre cas, ce ne serait pas pire que ce que vous avez à affronter aujourd'hui : malaises, migraines, rhumes etc. Comme le disait un homme très averti : «Au lieu de me mordre le doigt, regardez donc la direction qu'il vous indique.» Vos propres attitudes peuvent devenir les meilleurs remèdes au monde, si vous apprenez à les mettre à votre service au lieu de les retourner contre vous-même ; ce qui est une des caractéristiques de notre civilisation. Le docteur Franz Alexander écrit dans son ouvrage *Psychomatic Medicine, its Principles and Application*, au sujet du pouvoir de l'esprit : «Le fait que l'esprit gouverne le corps, bien que la biologie et la médecine n'en tiennent pas compte, est la réalité la plus fondamentale des processus vitaux, à notre connaissance.»

• *Vos capacités mentales.* Un plan de recherche pédagogique aux inquiétantes conséquences nous montre le danger de laisser des forces extérieures limiter notre champ de développement intellectuel. Vers 1960 un professeur reçut un tableau où étaient indiqués les points obtenus par les élèves d'une classe aux tests de Q.I. et, pour une autre classe, un tableau où figuraient, dans les colonnes habituellement réservées aux notes des Q.I., les numéros des armoires des élèves. Le professeur prit ces chiffres pour les résultats des tests et, quand le tableau fut affiché, les étudiants en question firent la même méprise. Au bout d'un an on s'aperçut dans la première classe que les étudiants qui avaient obtenu les meilleurs résultats aux tests avaient mieux travaillé que ceux qui en avaient eu de moins bons. Mais dans la seconde classe, les étudiants possédant les numéros d'armoires les plus élevés avaient également en fin d'année des résultats supérieurs à ceux qui avaient des numéros inférieurs !

Si l'on vous dit que vous êtes stupide et vous le croyiez, vous agirez en conséquence. Vous serez victime du jugement défavorable que vous portez sur vous et, si vous convainquez autrui de la même façon, votre situation sera deux fois pire.

Un génie réside en vous et vous pouvez vous attendre à ce que son rayonnement vous aide... Ou vous pouvez vous jugez défavorisé par la nature en ce qui concerne la matière grise. Une fois de plus l'essentiel est le jugement que vous portez sur vous. Si vous estimez que vous aurez de la peine à apprendre quelque chose de nouveau, les difficultés escomptées se produisent ; par exemple vous vous dites que jamais vous ne réussirez à parler telle langue étrangère et bien sûr l'avenir confirmera votre attitude défaitiste.

Mais en réalité la capacité d'emmagasinement de ce cerveau, pas plus gros qu'un pamplemousse, est ahurissante : au bas mot dix billions d'unités d'information. Si vous voulez savoir le nombre de connaissances que vous avez *enregistrées*, Michael Philipps suggère ce petit exercice : «Installez-vous à votre table de travail avec un papier et un crayon et inscrivez au fur et à mesure tout ce dont vous vous souvenez, y-compris les noms des personnes que vous avez connues et connaissez personnellement ainsi que ceux des gens dont vous avez entendu parler ; les expériences de votre vie en commençant à votre enfance ; les sujets de livres et de films ; la description détaillée de vos besognes professionnelles ; vos violons d'Ingres etc.» Mais il faut avoir beaucoup de temps devant soi pour se livrer à ce travail car, d'après Philipps, «Si vous écrivez vingt quatre heures sur vingt quatre, il vous faudra environ deux mille ans.»

Votre potentiel de mémorisation est à lui seul phénoménal. Vous pourriez vous entraîner aisément à vous rappeler tous les numéros de téléphone que vous avez utilisés au cours d'une année donnée ; les noms de cent inconnus qu'on vous aura présentés au cours d'une réception et qui vous reviendront à la mémoire plusieurs mois plus tard ; vous pourriez décrire en détail tout ce qui vous est arrivé la semaine d'avant ; tous les objets figurant dans une pièce cinq minutes après que vous y soyez entré ; vous pourriez également apprendre par cœur une liste de faits consignés sans suite logique.

Vous avez à votre disposition des pouvoirs considérables en ce qui concerne le domaine des facultés cérébrales et mentales. Mais cela ne vous empêche peut-être pas de vous lamenter ainsi : «Je ne suis vraiment pas très doué» ; «Je ne peux jamais me souvenir des noms, des numéros» ; «je n'arrive pas à parler les langues étrangères» ; «je ne suis pas bon en math» ; «Je lis très lentement» ; «Ces puzzles sont trop compliqués pour ma faible cervelle.» Toutes ces réflexions dénotent un état d'esprit qui vous empêchera de réussir dans certains domaines qui vous plairaient. Si vous les remplacez par des affirmations confiantes et la conviction que vous pouvez apprendre tout ce qu'il vous plairait de savoir, vous ne finiriez pas en éternel vaincu dans ces pénibles joutes avec vous-même.

• *Vos capacités émotionnelles.* Vous avez des capacités émotionnelles aussi vastes que vos capacités physiques ou mentales. Une fois de plus, tout dépend de ce qu'on attend de soi ; si vous vous attendez à être déprimé, angoissé, craintif, irrité, coupable, soucieux ou à avoir tel ou tel comportement névrotique comme ceux dont je parle en détail dans *Your Erroneous Zones*, vous ferez de ces conditionnements le compagnon obligé de votre existence. Vous les justifierez alors en ces termes : «C'est normal de se sentir déprimé» ou bien «la colère est une réaction normale.» Est-ce donc normal de se gâcher l'existence avec pareils excès émotionnels ? Mieux vaut cesser de s'attendre à ce genre de réactions qui ne sont pas du tout obligatoires et dont vous pouvez vous libérer, si vous vous mettez à vivre la minute présente et à démystifier certains des discours dont nous gavent certains psychologues, spécialistes de la santé mentale. Vous êtes ce que vous avez choisi d'être et, si vous ne vous attendez plus à l'angoisse et à l'instabilité émotionnelle, vous commencerez à vous conduire en adulte parfaitement en possession de ses moyens.

• *Vos capacités sociales.* Si vous vous voyez sous les traits d'un personnage pataud, gauche, qui a des difficultés à s'exprimer, maladroit, timide, introverti etc., vous vous attribuerez à l'avance des symptômes d'insociabilité qui feront automatiquement de vous un être peu sociable. De même si au départ vous vous étiquetez comme appartenant au peuple, à la classe moyenne ou à la haute bourgeoisie, vous aurez tendance à adopter, peut-être pour la vie entière, le style de vie correspondant.

Si vous vous attendez à ce qu'il vous soit toujours difficile de gagner de l'argent, votre attitude personnelle altèrera souvent les chances que vous auriez pu avoir d'améliorer votre standing. Il vous suffira de voir les autres grimper en vous disant in petto que ce sont de sacrés veinards. Si vous vous attendez à ne pas trouver de place dans les terrains de stationnement quand vous allez en ville, vous n'en chercherez pas vraiment et il y a bien des chances pour que vous puissiez dire en toute bonne foi : « Tu vois, je t'avais bien dit qu'il valait mieux ne pas venir ce soir. » Vos prévisions en matière de réussite sociale détermineront en majeure partie votre avenir. Pensez en termes de richesse si c'est la fortune que vous désirez. Commencez par vous imaginer doué d'adresse, de créativité, ou de n'importe quelle autre faculté correspondant à ce que vous voulez réussir. Ne vous laissez pas abattre par les quelques échecs initiaux toujours possibles ; prenez-les comme des expériences enrichissantes et continuez d'un bon pas. Le pire qui puisse vous arriver si vous projetez une certaine façon de réussir socialement, c'est de rester au point où vous en êtes déjà... et si vous êtes déjà là, pourquoi ne pas souhaiter une place un peu meilleure ?

QUELQUES TYPES DE BRIMADES

Une fois que vous avez fait l'effort d'ajuster vos perspectives à vos talents réels, vous aurez à faire à des gens qui vont vouloir contrecarrer vos projets. Dans n'importe quel contexte social vous pouvez rencontrer des gens qui vous briment mais dans notre civilisation, il y a des éléments particulièrement perturbateurs.

Les six catégories d'individus étudiées ci-dessous réapparaîtront dans la suite du livre, de même que nous retombons toujours dans notre vie quotidienne sur les mêmes types d'opposition.

1) *La famille*. Au cours d'une récente conférence, je demandai aux huit cents auditeurs de faire la liste des cinq types de brimades les plus communes. Je reçus quatre mille exemples dont 83 % exprimaient les brimades infligées par la famille. Imaginez un peu ! 83 % de défaites dues à la façon inefficace dont vous menez vos relations au sein de la cellule familiale dont les membres finissent par vous manipuler et vous contrôler. Sans doute agissez-vous de même à leur égard !

Les coercitions familiales-types étaient les suivantes : obligation d'aller en visite chez des parents, de téléphoner, de faire le chauffeur, de supporter les attrapades des parents, les colères des enfants, des beaux-parents, de la famille éloignée ; de réparer les pots cassés ; d'être le domestique ; de n'être ni estimé ni apprécié à sa juste valeur par les autres membres ; de passer du temps avec des gens qui ne vous montrent aucune reconnaissance ; de ne pas avoir d'intimité au foyer à cause de présences importunes, etc.

La cellule familiale est certainement la pierre d'angle de la société américaine, l'institution primordiale au sein de laquelle s'apprennent le sens des valeurs et les comportements ; mais elle est également le lieu de la plus grande hostilité, de la plus vive angoisse, l'origine de bien des traumatismes et des dépressions.

Si vous visiter un hôpital psychiatrique et si vous vous entretenez avec des patients, vous découvrirez que pour la grande majorité ils ont eu des difficultés avec des membres de leurs familles. S'ils ont dû être hospitalisés, ce n'est pas à cause de leurs démêlés avec des voisins, des employeurs, des professeurs ou des amis ; c'est toujours à cause de difficultés avec les membres de la famille.

Voici un brillant passage du dernier livre de Sheldon B. Kopp : If You Meet The Buddha on The Road, Kill Him ! The Pilgrimage of Psychotherapy Patients.

«Les membres de la famille de Don Quichotte et ceux de son village furent fort contrariés d'apprendre qu'il avait choisi de se faire confiance. On le méprisait de vouloir réaliser son rêve. Ils ne faisaient pas le lien entre le début de la folie du cheva-

49

lier et l'horrible monotonie de sa vie parmi cette communauté de bigots.

Sa nièce prétentieuse, sa gouvernante qui savait toujours mieux que tout le monde, son barbier trop sérieux et le curé de village solennel, tous étaient sûrs que l'esprit malade de Don Quichotte avait puisé dans ses dangereux livres le poison qui le menait à la folie.»

Kopp étudie la similitude du cas de Don Quichotte et de celui qui se présente à l'heure actuelle où l'influence des familles modernes s'exerce sur des sujets sérieusement perturbés mentalement.

«L'atmosphère où vit Don Quichotte me rappelle celle des familles dont sortent parfois de jeunes schizophrènes. Elles donnent l'impression d'une stabilité hyper-normale et d'une moralité à toute épreuve. Ce qui se passe en fait c'est qu'elles ont secrété un système subtil d'avertissements destinés à empêcher quiconque au sein de la communauté familiale de se laisser aller à un acte spontané, à un geste qui détruirait l'équilibre précaire basé sur une pseudo stabilité surcontrôlée et hypocrite.»

Votre famille peut être un élément de grand bonheur dans votre vie — et ce le sera si vous faites le nécessaire — mais il y a le revers de la médaille et cela peut être un véritable désastre : si vous laissez les membres de votre famille tirer vos ficelles, ils les tireront si fort et peut-être dans des directions si opposées que vous serez littéralement écartelé.

Pour ne pas être victime de ces procédés, il vous faudra appliquer spécialement à ces proches les principes de conduite indiqués dans cet ouvrage. Ils ont un sentiment de propriétaire à votre égard et vous, de votre côté, vous vous sentez obligé de prendre leur défense à cause des liens du sang ; ou bien ils se croient le DROIT de vous dicter votre conduite à cause de leur parenté avec vous... Eh bien ! Il faut y mettre vivement bon ordre.

Je n'encourage pas la rébellion au sein de la famille mais je ne saurais trop vous conseiller d'appliquer ces principes de conduite avec le plus grand soin, justement vis-à-vis de ceux qui sont le plus réfractaires à votre indépendance, à savoir femme, ex-femme (ou bien sûr mari, ex-mari) enfants, parents, grand-parents, belle-famille, parenté au grand complet, allant des oncles, tantes et cousins aux membres adoptifs. C'est avec eux que vous allez pouvoir tester votre attitude d'anti-victime. Si vous êtes victorieux sur ce champ de bataille, vos autres campagnes sont gagnées d'avance.

La tâche est particulièrement dure à l'égard de la famille car il existe en général entre tous les membres une sorte d'instinct de propriété comme s'ils avaient investi toutes leurs économies d'une vie entière sur la tête de chacun telles des valeurs de Bourse ; ce qui leur permet de faire jouer le sentiment de CULPABILITÉ quand tel ou tel se mêle de faire à sa tête et devient de ce fait un «mauvais investissement.» Si vous vous laissez faire, constatez comme on cherche à vous culpabiliser afin que vous respectiez l'harmonie établie et que vous imitiez «la façon dont les autres se comportent».

De nombreux exemples de comportements «contre-victime» au sein de la famille vous seront donnés tout au long de ce livre. Vous devez être farouchement résolu à ne pas vous laisser brimer si vous voulez que votre famille vous traite à votre gré. Me croirez-vous si je vous dis qu'ils comprendront sans doute votre message, qu'ils commenceront à vous laisser la paix et, chose plus surprenante encore, qu'ils en viendront à vous respecter, pour cette marque d'indépendance. Mais avant tout, cher ami, soyez sûr qu'ils ont plus d'un tour dans leur sac pour vous garder dans leur obédience.

2) *Le travail.* En plus des pouvoirs de coercition de la famille, il y a ceux qu'exerce la profession. Employeurs et patrons croient volontiers que leurs subordonnés leur abandonnent automatiquement leurs droits et deviennent un peu comme du bétail. Aussi pouvez-vous vous sentir brimé sur le terrain professionnel et gêné aux détours par les cadres ou l'organisation de l'entreprise ou par les règlements.

Vous pouvez aussi détester votre métier en lui-même et vous sentir brimé d'avoir à y passer huit heures par jour. Peut-être ce travail vous éloigne-t-il des êtres aimés. Peut-être votre personnalité en est-elle affectée et vous comportez-vous d'une façon qui vous est contraire alors que vous vous sentiriez plus à votre aise dans un poste différent. Vous avez de la peine à vous entendre avec vos chefs, vos collègues ou compagnons. Une loyauté excessive vis-à-vis de votre travail, et qui vous ferait renoncer à votre liberté et à vos responsabilités familiales, ouvre un autre vaste champ de brimades possibles.

Si les espoirs sur lesquels vous misiez dans votre métier sont anéantis, si vous vous sentez brimé par votre travail et ses responsabilités, accordez-vous le temps nécessaire pour vous demander ce que vous *faites* dans cette situation où l'on abuse de vous en tant que *personne humaine.* De nombreux mythes — ils ont la vie dure ! — contribuent à faire de vous une victime de votre tâche professionnelle. L'un est que vous devez, coûte que coûte, garder votre job car vous ne pourriez jamais en retrouver un autre si on vous flanquait à la porte. Une autre croyance fait taxer d'immature celui qui change souvent de situation, et surtout celui qui change de carrière.

Faites bien attention à ces opinions irrationnelles.

Si vous y accordez foi, elles feront de vous la victime toute trouvée de votre gagne-pain. La montre en or qui vous attend au bout de cinquante ans de bons et loyaux services dans une entreprise n'est qu'une faible compensation au fait que vous vous êtes méprisé tout au long des années où vous étiez attelé à une tâche que vous détestiez.

Vous pouvez être utile de mille manières dans de nombreux postes. Pour être efficace, vous ne devez pas vous sentir *emprisonné* dans votre situation actuelle ou la formation que l'on vous aura fait subir. Vous devez avoir conscience de pouvoir aborder une foule de jobs simplement parce que vous avez les facultés nécessaires d'adaptation, d'enthousiasme et la bonne volonté d'apprendre du nouveau. (Voir chapitre 7 pour une étude plus détaillée des brimades professionnelles.)

3) *Les professionnels et les représentants de l'autorité.* Les personnes nanties de titres ronflants ou occupant des postes de commandement parviennent aisément à vous faire choisir une position de victime. Les docteurs, avocats, professeurs, chefs d'entreprises, hommes politiques, personnalités du monde sportif ou du monde du spectacle, ont pris une bien trop grande place dans notre société. Vous pouvez perdre vos moyens quand vous vous trouvez devant des «superhommes» ou «superfemmes» qui essaient de vous brimer à l'occasion des services spécialisés qu'ils sont appelés à rendre.

La majorité des patients hésitent à parler argent aux médecins qui les soignent, aussi paient-ils les honoraires demandés sans discuter en se sachant arnaqués.

Bien des malades affrontent des interventions chirurgicales qui ne s'imposaient absolument pas, faute d'oser demander conseil à un autre chirurgien. C'est l'affreux syndrôme de la victime qui se manifeste encore ici. Si vous ne pouvez parler aux gens du prix qu'ils vous demandent, pour des services que leur métier leur impose de vous rendre, tout bonnement parce que vous estimez qu'ils trônent bien au-dessus de vous et que vous ne pouvez imaginer qu'ils puissent condescendre à vous écouter, alors dites-vous que vous êtes destiné à vous laisser brimer chaque fois que vous aurez besoin d'un traitement médical, d'une consultation juridique, d'un avis pédagogique etc. En décernant des titres spéciaux, tels que «docteur», «professeur», «maître» à ces personnes, vous vous mettez constamment en infériorité. Le seul résultat est que vous vous sentez brimé et que vous pouvez fort bien l'*être* car vous ne pouvez traiter avec eux sur un pied d'égalité.

Pour éviter d'être ainsi hypnotisé par tous ces professionnels, commencez donc par les regarder comme de simples êtres humains, pas plus importants que vous, qui s'acquittent de tâches pour lesquelles ils ont été longuement formés et pour lesquelles il vous faut en conséquence payer le prix fort. Rappelez-vous que s'il faut donner de l'importance à quelqu'un, c'est à la personne qui reçoit le service, à celle qui paye, qu'il faut en attribuer. Vous ne pouvez à la fois accorder plus d'estime à quelqu'un qu'à vous-même et vous attendre à ce qu'il vous traite en égal. Dans ce cas, vous êtes une victime qui doit lever les yeux vers son supérieur, demander des permissions, faire la queue, espérer qu'on daignera bien vous traiter.

Vous ferez confiance, prêt à croire qu'on ne vous tondra pas trop puisque vous ne songez même pas à discuter le montant des honoraires et que, si vous posiez une timide question, on vous répondrait d'un ton dédaigneux et pressé.

Mais vous êtes responsable si les choses se passent ainsi. Les professionnels et les représentants de l'autorité vous respecteront si vous savez *commander* leur respect. Cela ne vous empêchera pas de les traiter avec courtoisie et estime pour leurs capacités ; mais surtout ne vous avisez pas de les vénérer comme si leur condition les rangeait dans une sphère «superhumaine» qui leur permettrait de vous traiter de haut.

4) *Les Bureaucrates*. La machine bureaucratique est une gigantesque source de brimades dans plusieurs pays. La plupart des institutions ne fonctionnent pas très bien en faveur des administrés mais les traite d'une façon tout à fait dépersonnalisée. Les bureaucraties gouvernementales ou celles des entreprises multinationales et des services publics offrent des exemples d'abus criants. Ce sont des monstres complexes et tentaculaires avec un luxe infini de subdivisions, paperasserie, employés qui n'en fichent pas une ramée — ou s'ils travaillent, ils sont aussi désarmés que les gens qu'ils essaient de servir.

Vous savez d'expérience le temps qu'on passe à tenter de faire renouveler son permis de conduire ou pour des infractions au code de la route et autres problèmes de circulation. Pour des histoires d'impôts, il vous a sans doute fallu connaître ces interminables procédures qui peuvent prendre des mois ou des années et vous oblige à passer devant plusieurs bureaucrates à divers échelons ; tout cela pour découvrir en fin de compte que vous n'avez pas la moindre chance d'avoir le dernier mot. Vous connaissez également les problèmes qu'on a pour faire corriger une erreur flagrante sur sa facture de téléphone ou d'électricité. Vous ne savez que trop bien contre quelle immense machine vous vous cognerez la tête si vous vous avisez de vouloir empêcher un ordinateur de vous adresser des lettres comminatoires à propos d'une note qui n'aurait jamais dû vous être envoyée. Peut-être avez-vous l'expérience de ces longues, longues, queues à la porte des agences pour l'emploi ; des employés sans aucun égard pour les malheureux chômeurs ; des questions absurdes ; de la paperasserie sans fin, des formulaires en quatre exemplaires ; et dans toutes ces épreuves, aucune considération pour la personne humaine qui les endure.

Vous avez entendu les histoires lamentables contant les tribulations des gens avec les employés de la Sécurité Sociale ou des Impôts. Notre glorieux système judiciaire n'a pas de secrets pour vous, qui prend des années pour prononcer un simple divorce. Je ne vous apprendrai rien non plus sur les personnages devant lesquels il vous faut comparaître pour une simple contravention. Oui, les bureaucraties de notre société sont fort difficiles à diriger par les citoyens chargés de l'intérêt public mais pourquoi ces citoyens prennent-ils une mentalité de bureaucrate dès qu'ils sont installés à leurs bureaux ?

Vous pouvez adopter une stratégie de défense contre ces brimades des gigantesques bureaucraties mais en elles-mêmes, elles sont affreusement difficiles — pour ne pas dire quasiment impossibles — à changer. Il faut user de réelles facultés d'observation pour échapper à leurs crocs aiguisés. Le moyen le plus efficace est d'esquiver chaque fois qu'on en a la possibilité, c'est-à-dire refuser de participer aux brimades bureaucratiques. Comprenez que beaucoup de gens sentent le besoin d'être rattachés aux institutions pour se sentir importants. Aussi, ne vous mettez jamais en colère. Considérez tous vos rapports avec ces organisations comme des défis que vous ne voulez pas relever. Henry David Thoreau réclamait : Simplifiez ! Simplifiez ! « De grâce, réduisez vos affaires à deux ou trois ; ne les multipliez pas par cent ou mille. » Mais les monstres que notre société a engendrés, soi-disant pour servir le peuple, sont aux antipodes de la simplicité et de la simplification. Non seulement nos bureaucrates se gausseraient d'un homme qui passerait deux ans au bord d'un étang mais ils lui enverraient lettre sur lettre, avertissements d'avoir à quitter les lieux, d'avoir à régler les frais de permis de pêche, de chasse, d'installation, d'utilisation des eaux, etc.

5) *Les vendeurs et les employés, toutes catégories.* Si vous avez pris le temps d'observer la manière dont fonctionne notre civilisation, vous aurez sans doute remarqué que, de par la nécessité de leur emploi, les vendeurs, pour un grand nombre (pas la totalité) sont là pour vous brimer de toutes les façons.

Souvent quand vous présentez vos réclamations à des vendeurs, vous perdez absolument votre temps. Ils ont pour raison d'être de veiller à ce que *vous* obéissiez aux consignes des maisons qui *les* emploient, de faire appliquer les règlements spécialement conçus pour vous empêcher d'échapper à la façon règlementaire de procéder. En général ils n'ont pas d'intérêt spécial à vous bien traiter. Un vendeur qui vous a servi une mauvaise marchandise ne se soucie pas de savoir si on vous a remboursé ou non. À les voir agir on dirait qu'ils cherchent à vous empêcher de parler à quelqu'un qui serait en mesure de vous aider et, en outre, on connaît bien la joie qu'ils ont à user de l'autorité de l'entreprise qui les fait travailler pour vous amener à vous soumettre. Ils adorent dire par exemple : « Désolé, Monsieur ou Madame, c'est le règlement de la maison » ou bien « Désolé mais il faudrait présenter la réclamation par écrit » ou « veuillez faire la queue » ou « Revenez la semaine prochaine » ou enfin « Inutile d'insister. »

Peut-être que la meilleure façon d'opérer quand on a affaire à eux c'est de se rappeler ces cinq mots : « Un vendeur est un mufle* »

Entendons-nous bien, il ne s'agit pas de la personne humaine cachée derrière ; celle-là est unique, merveilleuse et importante mais elle devient « mufle » dès qu'elle fonctionne comme le représentant d'un certain ordre qu'on paie pour vous brimer. Évitez les vendeurs et tentez de négocier avec des gens disposés à vous aider. Si vous dites aux vendeurs d'un grand magasin que vous ne mettrez plus jamais les pieds dans cette maison, croyez-vous vraiment que cette menace les troublera ? Bien sûr que non ! Ils regardent leur travail de vendeur uniquement sous l'angle de l'argent qu'ils gagnent.

Que vous appréciiez ou non le magasin est le cadet de leurs soucis. Je ne porte aucun jugement sévère sur eux en disant cela. Pourquoi s'en soucieraient-ils ? Leur fonction implique justement cette indifférence et on les paie pour qu'ils vous empêchent de violer les règlements, ce qui coûterait à leurs employeurs de l'argent, du temps et de la peine. Mais en conséquence, ne cherchez pas à parlementer avec eux à moins que vous n'aimiez vous faire malmener.

---

* Équivalent impossible à trouver en français entre les deux termes homophones en anglais.

De grâce soyez respectueux à l'égard des personnes qui font ce métier. Peut-être vous est-il arrivé d'être vous-même vendeur (moi je le fus pendant des années). Mais quand le moment est venu d'arriver à un certain résultat et d'obtenir ce qu'il vous semble mériter d'un grand magasin, d'une compagnie d'assurances, d'une maison d'alimentation, d'un organisme gouvernemental, d'une compagnie propriétaire d'immeubles, d'une institution scolaire, etc., commencez vos démarches avec la détermination de ne pas vous laisser marcher sur le pied par des employés que vous pouvez considérer comme des barrages sur le chemin qui vous conduit vers votre objectif.

6) *Vous-même*. Et oui, il s'agit bien de vous. En dépit des cinq catégories citées plus haut et d'un nombre infini d'autres sources de brimades que je pourrais vous énumérer, *vous* êtes celui qui va décider d'être (ou non) froissé, déprimé, irrité, inquiet, effrayé ou culpabilité à cause de tel fait ou de telle personne. Vous pouvez vous sentir profondément perturbé quand on ne se conduit pas avec vous comme vous l'aimeriez mais vous pouvez aussi vous faire du mal à vous-même de mille façons. Voici quelques-unes des plus communes parmi les variétés de brimades que l'on s'inflige à soi-même :

• *Votre formation*. Vous vous brimez si vous continuez à faire ce pour quoi vous avez été formé dans le passé alors que vous n'y avez plus aucun plaisir. Si vous avez quarante ans et travaillez en qualité de juriste ou de mécanicien *uniquement* parce qu'un gamin de dix-sept ans a décidé de choisir cette voie-là, vous êtes une victime de votre formation qui visait au départ à vous permettre le choix d'un job intéressant. Vous fiez-vous souvent au jugement d'un jeune de dix-sept ans en ce qui concerne la manière d'orienter votre vie ? Alors pourquoi vous entêter à vous cramponner à une décision prise dans votre adolescence ? Vous n'avez plus vos dix-sept ans et vous avez le droit de faire aujourd'hui ce qui vous plaît, selon vos idées actuelles. Faites un nouvel apprentissage si vous n'êtes plus satisfait de vous ni de votre travail.

• *Votre histoire.* Vous serez victime de votre propre histoire si vous faites des choses pour la raison que vous les avez toujours faites de cette façon. Par exemple, si vous restez marié sous prétexte que vous avez déjà investi vingt-cinq années de votre vie dans cette vie conjugale et bien que vous soyez malheureux à présent. Peut-être vivez-vous dans un endroit qui ne vous plaît pas pour la bonne raison que vous y avez toujours vécu ou parce que vos parents y habitaient. Vous avez l'impression que vous perdriez un peu de vous-même si vous vous «écartiez» d'une large part de votre passé.

Mais ce que vous avez été jusqu'à aujourd'hui est déjà fini. Si vous vous inspirez du passé pour décider de ce que vous pouvez faire ou non aujourd'hui, vous vous brimez en vous refusant d'immensees champs de liberté dans le présent pour l'unique raison que vous n'avez pas su en profiter dans le passé.

• *Votre éthique et votre échelle de valeurs.* Peut-être avez-vous adopté un système de valeurs qui ne vous convient pas et qui même vous fait inutilement du tort, mais vous lui restez fidèle parce qu'il est conforme à l'image que vous vous êtes faites de vous-même. Peut-être vous croyez-vous tenu de vous excuser chaque fois que vous avez eu une pensée ou une parole en contradiction avec cet idéal ou pensez-vous que mentir est *toujours* honteux ou avez-vous adopté une éthique sexuelle qui vous empêche de jouir de votre sexualité. Quel que soit votre cas, vous pouvez périodiquement examiner vos principes de conduite et refuser de continuer à vous malmener en vous accrochant à des croyances qui apparemment ne vous vont plus.

● *Votre comportement vis-à-vis de votre corps.* Vous pouvez avoir une action fort destructive à l'égard de votre corps et parvenir à l'ultime étape : celle du cadavre. Votre corps est le seul qui sera jamais à votre disposition, pourquoi donc n'en pas faire quelque chose qui soit sain, agréable et harmonieux ?

Vous vous brimez quand vous vous laissez prendre du poids par suite d'une alimentation mal équilibrée ou par manque d'exercice ; quand vous habituez votre organisme aux tranquillisants, à l'alcool au tabac ; quand vous n'accordez pas à votre corps le repos dont il a besoin et que vous le malmenez en le soumettant aux stress et aux tensions. Votre organisme est un instrument puissant, bien accordé, hautement efficient, mais il est en votre pouvoir de le dérégler, de lui fournir un mauvais carburant et des substances nocives qui, en fin de compte, le détruiront.

● *L'image que vous vous faites de vous-même.* Comme nous l'avons déjà vu en connexion avec vos capacités, votre image de vous-même peut contribuer à faire de vous une éternelle victime. Si vous êtes persuadé(e) que vous n'arriverez pas à réussir telle ou telle entreprise, que vous manquez de charme, que vous n'êtes pas intelligent(e) et ainsi de suite, vous croirez aussi que les autres vous voient ainsi et vous agirez en conséquence ; et un beau jour vous serez tel (telle) que vous le pensiez. Il est d'une importance cruciale de vous construire une bonne image pour ne pas être un pantin dont

les réactions sont aussi prévisibles que vos mouvements réflexes quand le médecin vous tape le genou
avec son petit marteau.

CONCLUSION

Si vous faites un mauvais usage de votre imagination, vous trouverez d'innombrables façons pour
vous porter préjudice. Mais, en l'utilisant d'une
manière constructive, vous pouvez trouver les
moyens de vous libérer de votre condition de victime de vous-même. Le choix vous appartient.

Chapitre 2

Partir d'une position de force

La crainte en elle-même
n'existe pas dans le monde.
Il y a seulement des pensées craintives
et des comportements de dérobade.

POUR SAVOIR OÙ VOUS EN ÊTES : TEST COMPORTANT VINGT-ET-UNE QUESTIONS

Votre position de départ dans tout ce que vous entreprenez est-elle une position de force ou une position de faiblesse ? La première ligne de conduite pour être une anti-victime est la suivante : ne jamais partir d'une position de faiblesse. Vous trouverez ci-dessous un questionnaire (classé par catégories selon les types les plus communs de brimades) qui vous servira à observer si vous fonctionnez régulièrement à partir d'une position de force ou de faiblesse.

LA FAMILLE

Oui Non   1) Constatez-vous que vous « suivez le mouvement » en faisant comme les autres membres de la famille et en ressentez-vous de la rancœur ?

___ ___

2) Êtes-vous le « chauffeur attitré » qui va conduire les autres ou accordez-vous généralement votre existence selon « leur » programme ?

___ ___

3) Trouvez-vous difficile de dire NON à vos parents, à votre conjoint ou à vos enfants et d'exprimer vos raisons ?

___ ___

4) Avez-vous souvent peur de dire à des parents que vous ne leur téléphonerez plus à moins qu'ils ne vous fassent des excuses ?

___ ___

LE TRAVAIL

Oui Non   5) Évitez-vous de réclamer une promotion et de présenter une argumentation solide pour appuyer votre requête ?

___ ___

6) Esquivez-vous la confrontation avec vos supérieurs quand vous avez des divergences d'opinions avec eux ?

___ ___

7) Avez-vous l'impression d'exécuter des tâches serviles dans votre job, ce qui vous déplaît profondément ?

___ ___

8) Acceptez-vous toujours de rester travailler en dehors des heures normales, même quand cela vous pose de sérieux problèmes dans votre vie personnelle ?

___ ___

LES PROFESSIONNELS ET LES REPRÉSENTANTS DE L'AUTORITÉ

Oui   Non   9) Éprouvez-vous des difficultés à appeler votre médecin ou votre dentiste par son prénom ?

___ ___

10) Payez-vous les honoraires sans sourciller même quand vous estimez que leur montant est excessif ?

___ ___

11) Avez-vous de la peine à exprimer votre mécontentement aux personnes qui ont une position importante ?

___ ___

12) Acceptez-vous sans discuter les notes que vous donne un professeur, même quand vous êtes convaincu de mériter mieux ?

Oui	Non	
___	___	13) Vous résignez-vous finalement à faire la queue quand vous avez affaire à des organismes gouvernementaux ?
___	___	14) Quand vous avez des réclamations à présenter, demandez-vous à avoir accès auprès des échelons supérieurs ?
___	___	15) Évitez-vous d'affronter les bureaucrates qui parlent pour ne rien dire ou qui se montrent évasifs ?

LES VENDEURS ET LES EMPLOYÉS, TOUTES CATÉGORIES

Oui	Non	
___	___	16) Vous soumettez-vous quand des vendeurs viennent vous dire que vous devez obéir aux règlements de la maison, par exemple pour vous empêcher de rendre un vêtement qui a un défaut ?
___	___	17) Vous est-il difficile de lancer à la figure d'un vendeur que vous en avez assez d'être traité ainsi ?
___	___	18) Vous arrive-t-il de vous installer au restaurant à une table qui ne vous plaît pas et de ne pas en réclamer une mieux placée ?

Oui	Non		
___	___	19)	Évitez-vous de parler avec des inconnus ?
___	___	20)	Vous arrive-t-il de donner de mauvaise grâce une aumône à un mendiant ou de vous trouver en conversation dans la rue avec un maboule en ayant grande envie de lui fausser compagnie ?
___	___	21)	Demandez-vous la permission de dire ou de faire telle ou telle chose ?

Si vous répondez oui à ces questions c'est le signe que vous êtes au rang des victimes et que vous prenez au départ une position de faiblesse.

UN NOUVEAU REGARD SUR LA FORCE

Être fort ne signifie pas qu'on ait du pouvoir, qu'on manipule les gens ni même qu'on soit violent. Quand je parle d'une position de force, au départ, je veux dire que pour bien prendre sa vie en main il faut tenir compte de ces deux lignes de force jumelles : la *valeur* et l'*efficacité*.

Vous êtes toujours un être humain qui a de la valeur et de l'importance et il n'y a aucune raison de choisir — ou de laisser les autres vous faire prendre — un chemin où votre dignité de personne humaine sera bafouée. En outre, en toute occasion, vous avez le choix entre 1) être efficace et atteindre le but fixé ou 2) être inefficace et, en dernière analyse, être empêché de faire ce que vous désirez. Dans la plupart des cas — pas toujours mais le plus souvent — vous pouvez agir avec efficacité et dans *tous* les cas vous pouvez prendre appui sur votre valeur intrinsèque de personne humaine.

À propos de votre valeur personnelle, rappelez-vous que, par définition, c'est vous qui savez ce que vous valez. Votre valeur ne dépend pas de vos exploits ou de ce que les autres pensent de vous.

Je dirais plutôt que vous êtes important dans la mesure où vous en êtes convaincu et surtout parce que vous AGISSEZ comme si vous aviez de la valeur.

Pour être une contre-victime il faut dire et croire que l'on a de la valeur mais vous appliquez ce principe quand vous commencez à vous comporter comme quelqu'un qui en a. C'est la condition essentielle pour être fort et évidemment pour éviter d'être une victime. Vous n'agirez pas par besoin de commander ou d'intimider mais en vous appuyant sur ce sentiment de force qui vous garantit d'être traité en personne de valeur et qui se fonde sur votre conviction intime d'être tel.

L'efficacité n'est pas un don universellement répandu à l'égal de l'estime de soi. Il vous arrivera parfois de ne pas pouvoir atteindre le but que vous vous étiez fixé. Vous pourrez tomber sur des gens avec qui on ne peut s'expliquer de façon rationnelle ou affronter des situations où il vous faudra battre en retraite ou accepter un compromis afin de ne pas être malmené davantage. Vous avez toujours néanmoins la possibilité de réduire au minimum ces «défaites» et surtout d'en éliminer totalement la perturbation affective due au sentiment d'échec.

J'appelle être efficace simplement mettre en œuvre toutes les ressources de sa personnalité et utiliser toutes les stratégie possibles — sauf celles qui écrasent les autres — pour mener à bien ce qu'on a entrepris. Le sens de votre valeur personnelle et l'efficacité dans votre tâche quelle qu'elle soit sont les pierres angulaires d'une position de force.

Rappelez-vous que le mot *invalide* (signifiant une personne faible physiquement) peut se couper en deux devenant in valide. En vivant à partir d'une condition de faiblesse émotionnelle non seulement vous aboutissez à des défaites la plupart du temps mais vous faites de vous un (ou une) invalide. « Mais, me direz-vous, comment se fait-il que je puisse avoir une influence de ce genre sur moi-même ? »

LA CRAINTE,
UN SENTIMENT QUI RÉSIDE EN VOUS

La plupart des raisons que vous alléguez, pour ne pas prendre au départ une position de force, cachent une sorte de crainte de « ce qui pourrait arriver si... » Il vous arrive même d'admettre que vous êtes fréquemment « paralysé(e) par la crainte ». Mais quel est ce monstre mystérieux tapi dans l'ombre et qui vous menace ? Si dans un rallye on vous demandait de ramener un sceau plein de crainte, vous auriez beau battre la campagne, vous reviendriez les mains vides. La crainte n'existe pas dans le monde. C'est quelque chose que vous vous infligez en vous laissant pénétrer par des pensées de peur ou des appréhensions. Personne en ce bas-monde ne peut vous faire de mal à moins que vous ne vous laissiez faire ou que vous ne vous fassiez vous-même du mal.

Vous pouvez être réduit(e) à l'état de victime parce que vous vous serez persuadé(e) que quelqu'un ne vous aimera plus ou que quelque désastre va vous tomber sur la tête et ainsi de suite... si vous faites à votre idée. Mais la crainte est *interne* et repose sur un petit système de pensées bien précis dont vous vous servez habilement pour ne pas affronter directement la crainte que vous vous imposez. Vous pouvez exprimer ces pensées de la façon suivante :

Je vais tout rater.
J'aurai l'air stupide.
Je ne suis pas séduisant(e).
Je ne suis pas sûr(e).
Ils pourraient me faire mal.
Ils ne m'aimeront peut-être plus.
J'aurais un trop grand sentiment de culpabilité.
Je perdrais tout.
Ils seront fâchés à mort avec moi.
Je pourrais perdre ma situation.
Dieu ne me recevra pas au Paradis.
Il va m'arriver quelque chose si je me risque à faire cela.
Je sais que je serai malade de dire cela.
Je ne pourrai plus me supporter.

Des pensées pareilles trahissent un état d'esprit d'appréhension systématique et vous maintiennent dans une crainte permanente qui vous empêche d'agir en partant d'une position de force. Chaque fois que vous vous interrogez et que vous réagissez intérieurement avec une de ces phrases, c'est votre mentalité de faiblesse qui vous a influencé(e) et votre front portera bientôt le sceau de la victime.

Si vous avez besoin de l'assurance que tout marchera comme sur des roulettes avant de prendre un risque, vous ne démarrez jamais car personne n'est assuré de rien pour l'avenir. Vous ne pouvez prendre d'assurances sur ce que la vie vous réserve, alors il vous faut jeter bien loin vos réactions de panique si vous voulez obtenir de votre vie ce que vous en attendez. En outre ces dangers qui vous font peur sont purement imaginaires ; les désastres prévus arrivent rarement. Rappelez-vous le sage de l'antiquité qui disait : « Je suis un vieil homme, j'ai eu bien des soucis, dont la majeure partie ne s'est jamais matérialisée. »

Une cliente vint me consulter un jour à propos d'un problème de crainte chronique. Petite fille, Donna avait fait un jour six kilomètres pour revenir à la maison (elle habitait alors le Canada) parce qu'elle craignait la réaction du chauffeur d'autobus étant donné qu'elle ne savait pas où mettre l'argent et qu'elle n'osait pas le lui demander. Elle me raconta que pendant toute son enfance elle avait agi par crainte ; par exemple elle avait une si grande peur d'avoir à faire un compte-rendu oral de lecture qu'elle s'était rendue malade, avec une forte température et des vomissements, pour ne pas être obligée d'aller à l'école quand c'était son tour de parler devant la classe. À l'âge adulte, pendant les soirées, elle allait dans les toilettes mais n'osait pas soulager sa vessie tant elle craignait que les invités l'entendissent uriner et se moquassent d'elle.

Donna était torturée par son manque d'assurance en elle. Sa vie était dirigée par la crainte. Elle vint me consulter tant elle était lasse d'être la victime de ses terreurs. Après plusieurs séances au cours desquelles je l'encourageais à prendre de « petits risques », elle commença à apprendre le b a ba, l'antidote capable de démythifier la crainte. Ainsi elle dit à sa mère qu'elle ne pourrait venir la voir la semaine d'après, ce qui, pour elle, était un grand pas. Elle se mit, à l'occasion, à oser protester auprès de vendeurs ou de serveurs de restaurant quand elle estimait qu'on l'avait mal servie. Elle finit par accepter de faire un exposé de cinq minutes devant mes étudiants à l'université. Elle sua sang et eau avant de parler mais elle s'en tira fort bien.

Elle se transforma d'une façon surprenante au fur et à mesure qu'elle adoptait un comportement de lutte contre la peur. Elle fut sensationnelle quand elle parla en public et personne ne s'aperçut de sa nervosité et de son manque d'assurance. Et même maintenant (trois ans après) elle est devenue animatrice de groupes de parents cherchant à devenir de meilleurs éducateurs et elle travaille avec de nombreuses équipes dans tout New York. Personne ne peut imaginer qu'elle a pu être autrefois bourrée de craintes et torturée par un sentiment d'infériorité. Elle a chassé ces ennemis intérieurs en affrontant l'absurdité de pareilles réactions internes et en apprenant à prendre des risques, ce qui est pour elle à présent un jeu d'enfant.

Le brillant écrivain anglais et lexicographe Samuel Johnson écrivait : Toute crainte est douloureuse et, quand elle ne mène pas à une sécurité plus grande, elle est au surplus inutile. Chaque considération qui permet de se libérer de terreurs sans fondement ajoute au bonheur de l'être humain.

Deux siècles après, ces paroles de Johnson sont encore d'une importance vitale. Si vos craintes ne sont pas fondées, elles sont vaines, et il faut vous en défaire si vous voulez être heureux.

L'EXPÉRIENCE EST L'ANTIDOTE
CONTRE LA CRAINTE

L'histoire de Donna illustre à merveille une des leçons les plus significatives de la vie ; vous n'apprendrez rien et ne chasserez aucune crainte si vous ne voulez pas AGIR. La plupart des victimes, des êtres qui ont une position de faiblesse, se refusent à agir alors que c'est le seul antidote contre la crainte et le comportement d'échec. Le principe d'éducation qui me paraît le plus opérant est le suivant :

J'entends : j'oublie.
Je vois : je me rappelle.
J'agis : je comprends.

Vous ne saurez jamais quelle impression on éprouve à se libérer d'une crainte tant que vous ne vous risquez pas à vous confronter avec elle. Vous pouvez discourir devant votre thérapeute à en perdre la voix et le souffle ; vous pouvez vous concentrer jusqu'à ce que votre pauvre cervelle éclate et vous pouvez écouter vos amis vous expliquer la vanité de vos terreurs jusqu'à ce que votre tympan n'en puisse plus... mais jamais vous ne comprendrez vraiment à moins de *passer à l'action*. De même que personne ne peut vous apprendre à avoir peur, de même personne ne peut vous apprendre à ne pas avoir peur. Vos craintes sont vos sensations à vous et vous seul(e) avez à les combattre.

Sur une plage j'entendis un jour une mère crier à son rejeton : « Je te défends d'aller dans l'eau avant de savoir nager ! » Que dites-vous de cette logique pédagogique ? C'est comme si on disait : « N'essaie pas de te tenir debout avant de savoir marcher » ou « ne touche pas à la balle avant de savoir la lancer ». Si les gens veulent vous empêcher d'agir et croient que vous pourrez apprendre tout de même, dites-vous que c'est leur problème à eux. Si les grandes personnes se sont ainsi comportées à votre égard quand vous étiez petit(e) et que vous leur attribuez le fait qu'à présent la crainte vous paralyse, alors il n'y a vraiment rien à faire. Ce qu'ils ont fait pour vous dans votre enfance ne peut être défait ; aussi, si vous vous servez de cet argument pour ne rien faire à présent, serez-vous à jamais une victime. Comprenez votre expérience du temps de l'enfance comme le résultat de ce que vos parents avaient décidé pour vous et mettez-vous à décider du changement que vous désirez dorénavant. Il vous faut simplement sortir de chez vous, explorer ça et là, essayer de cette façon puis d'une autre, échouer, recommencer, changer ceci etc... en un mot faire votre expérience. Est-il convenable que ce genre d'expérimentation puisse *entamer* votre sagesse et restreindre vos chances de succès ? Si vous vous refusez ces expériences indispensables, c'est comme si vous disiez : «Je refuse de savoir». Or ce refus de connaissance fera de vous un être faible, une victime toute trouvée.

Comment pourriez-vous savoir ce que c'est que d'être fort, si vous ne voulez pas vous mettre à l'épreuve ? Si tous les tests réussissaient, ils deviendraient inutiles ; donc ne vous laissez pas décourager par les échecs possibles. Quand vous atteignez le stade où vous voulez essayer d'atteindre un but qui VOUS paraît digne d'intérêt (à vous, pas aux autres) vous comprendrez de quelle façon l'expérience est l'antidote contre la crainte. Benjamin Disraëli, homme d'état et écrivain fort brillant du dix-neuvième siècle, l'exprimait avec une saisissante précision dans ses premiers écrits : L'expérience est fille de la Pensée et la Pensée est fille de l'Action. Ce ne sont pas les livres qui nous donnent l'expérience humaine.

Vous pensez en premier lieu puis vous agissez, et

ce n'est qu'ensuite que vous savez. Telle est la façon dont vous pouvez combattre la timidité qui fait de vous une victime.

LE COURAGE, ATTRIBUT NÉCESSAIRE POUR LES CONTRE-VICTIMES

Être disposé(e) à affronter ses craintes, cela s'appelle être courageux(se). Vous trouverez très ardu de surmonter vos frayeurs à moins de prendre votre courage à deux mains ; vous découvrirez d'ailleurs au moment où vous en aurez besoin que vous en possédiez déjà.

Avoir du courage, c'est voler au devant des critiques ; compter sur soi ; accepter d'assumer toutes les conséquences de ses choix et en tirer profit ; avoir assez de confiance en soi et dans la vie que l'on a décidé de mener, pour couper les ficelles dont les autres s'étaient emparé et au moyen desquelles ils vous manœuvraient à leur guise.

Vous pouvez gravir les échelons du courage en vous demandant constamment : *« que peut-il m'arriver de pire si... ? »* Quand vous réfléchissez avec réalisme aux différentes éventualités, vous en arrivez généralement à la conclusion que rien de dommageable ou de fâcheux ne *peut* arriver à partir du moment où vous cessez de vous comporter comme quelqu'un qui réagit automatiquement en victime. En général vous découvrirez que tel un enfant qui a peur dans l'obscurité, vous avez peur de quelque chose d'inexistant et que ce quelque chose qui n'existe que dans votre imagination est en effet votre pire obstacle.

Prenons par exemple le cas de mon ami Bill qui appréhendait une audition qu'il devait passer pour obtenir un rôle dans une pièce qu'on devait jouer à

Broadway. Je lui demandai de réfléchir à ce qui l'ennuierait le plus s'il échouait. Il était déjà en train de dominer son inquiétude quand il me répondit : « Ce qui m'ennuierait le plus, c'est justement que je n'aurais pas ce rôle, donc j'en serais au point où je suis à présent. » Échouer signifie habituellement en rester à son point de départ et même si cette condition n'est pas le paradis, on peut certainement la supporter. Après que la méthode du « pire » eut montré à Bill l'inanité de ses craintes, celles-ci se dissipèrent et il s'en tira à merveille lors de son audition. Il n'obtint pas le rôle en question mais quatre mois plus tard, après de nombreuses autres auditions, il fut choisi pour une autre pièce. La lutte qu'il mena contre ses appréhensions fut pour lui le seul moyen de se libérer de sa mentalité de vaincu et cela lui permit d'atteindre ce but qu'il désirait si vivement. Peut-être ne se *sentait-il* pas à la hauteur mais il prit son courage à deux mains pour *agir* comme s'il l'était. Voici ce qu'exprime sur ce point l'Américaine Cora Harris : La chose la plus courageuse que vous puissiez faire quand vous n'êtes pas courageux c'est de proclamer votre courage et d'agir en conséquence.

J'aime cette idée de proclamer son courage car l'important c'est d'agir plutôt que d'essayer de vous persuader que vous êtes brave en telle ou telle occasion.

COMPRENDRE LES AVANTAGES QUE NOUS ATTENDONS D'UNE POSITION DE FAIBLESSE

Chaque fois que vous vous sentez paralysé par la crainte — en un mot : victime — demandez-vous : « Qu'est-ce que j'en attends ? » Votre premier mouvement sera de dire « Rien du tout ». Mais réfléchissez bien et demandez-vous pourquoi les gens trouvent plus facile d'être des victimes plutôt que de se prendre sérieusement en main et de tirer eux-mêmes les ficelles de leur destinée.

Apparemment vous évitez beaucoup de risques, refusez la possibilité de vous «casser le nez» en laissant aux autres le soin de contrôler la situation. Si les choses tournent mal, vous pouvez toujours vous retourner contre *ceux* qui ont pris votre sort entre leurs mains, les traiter de tous les noms et ne pas voir en face que vous êtes plus responsable qu'eux. Par la même occasion vous *esquivez la nécessité* d'avoir à vous changer vous-même ; vous êtes «libre» de rester la «bonne petite victime» satisfaite de recevoir régulièrement ses dividendes de louanges «bidon» distribués par tous les manipulateurs de ce monde.

Les fruits de la faiblesse découlent presque tous du recul devant les risques. Pour une description plus approfondie de ces systèmes de satisfactions attachées à presque tous les comportements névrotiques, je vous renvoie à mon ouvrage «Your Erroneous Zones». Mais en ce qui concerne notre sujet, rappelez-vous qu'il est totalement important pour vous de ne dépendre, en ce qui concerne louanges ou blâmes, que de votre propre système de valeurs. Même s'il vous en coûte, pendant que vous progressez petit à petit vers une meilleure qualité de vie, tant dans le domaine du comportement que de la lucidité intérieure.

NE JAMAIS PLACER D'OFFICE QUELQU'UN DANS UNE CATÉGORIE SUPÉRIEURE À LA VÔTRE

Si vous êtes vraiment décidé à agir désormais en

«partant d'une position de force», il vous faudra cesser de placer les autres à un échelon supérieur au vôtre en valeur ou mérite. Quand vous attribuez à une autre personne plus de prestige que vous ne vous en accordez à vous-même, vous vous préparez une place au rang des victimes. Parfois les coutumes de la société ont consacré pareille hiérarchisation des citoyens (d'où l'usage des titres et autres accessoires du pouvoir) et vous devrez déroger aux usages s'il vous faut ainsi atteindre le but que vous vous êtes fixé. Les personnes qui aiment manœuvrer les autres exigent souvent qu'on leur donne leurs titres et vous appellent par votre prénom. Voici un principe cardinal, qui s'applique à tous les adultes : *s'adresser toujours aux gens en les appelant par leur prénom à moins qu'ils ne vous fassent comprendre qu'il faut s'y prendre avec eux d'une autre façon.*

Un de mes voisins, Tom, comprit les raisons de cette façon d'agir. Il refuse par principe de donner un titre quand cela le met en position d'infériorité. Un jour il se rendit à l'école de son fils pour demander au principal de le changer de classe. Le professeur de ce dernier était visiblement passé à côté des véritables besoins de l'enfant et un changement de classe s'avérait nécessaire. Tom savait que ce n'était pas conforme aux habitudes de cette école bien que cette façon de faire fût nuisible à l'intérêt de son fils. Le principal (consciemment ou non, peu importe) se livra à toutes sortes de manœuvres d'intimidation pour mettre Tom sur la défensive. Il commença par s'installer derrière un énorme bureau en laissant à Tom un siège trop petit sans rien qui permît de se «cacher» derrière. Quand la secrétaire introduisit mon ami, le principal joua à l'homme fort affairé qui ne disposait que de très peu de temps pour ce problème sans importance. La secrétaire l'avait présenté sous le nom de M. Clayborn. Quand Tom avait demandé en arrivant le prénom du principal, elle avait répondu : «Ma foi, je n'en sais trop rien. Pour nous il a toujours été Monsieur Clayborn. Après tout c'est le principal de cette école.»

Aussi le première question que Tom posa à ce personnage fut-elle : «Quel est votre prénom ?» Le principal abasourdi réfléchit un moment. Il n'était pas habitué à ce genre de préambule de la part des parents qui venaient le voir et il réalisa qu'il avait affaire à quelqu'un qui n'était pas disposé comme les autres à se laisser marcher sur les pieds.

— Robert, répondit-il.

— Préférez-vous qu'on vous appelle Robert ou Bob ?

— Euh...Bob.

Tom avait gagné deux points importants parce qu'il avait refusé de se laisser désarçonner par des manœuvres d'intimidation et notamment par l'emploi d'un titre. Il n'avait pas besoin de frapper un grand coup sur le bureau pour obtenir qu'on le traitât en égal. Il s'est simplement comporté comme quelqu'un qui a de l'assurance en soi et il a considéré le statut social du principal comme un facteur dont il fallait tenir compte d'une façon rationnelle. Il ne s'est pas laissé piéger, brimer, en accordant du respect à un monsieur qui l'aurait regardé de haut. Ce-faisant il a obtenu le changement de classe souhaité. En l'occurrence il a eu gain de cause surtout parce qu'il avait confiance en son bon droit et parce qu'il a adopté une stratégie qui lui a donné, dès le départ, une position de force.

Le titre est une arme paraticulièrement efficace entre les mains des gens dont vous payez directe-

ment les services (le personnel des écoles commu-
nales est payé indirectement par vous par l'intermédiaire du gouvernement). Votre banquier, votre
propriétaire, votre docteur, votre dentiste, votre
avocat etc. sont *des gens avec qui vous êtes en relation d'affaires.* Si cela vous gêne de les appeler par
leur prénom, tâchez de vous demander pourquoi.
Serait-ce parce que vous ne vous sentez pas assez
important pour oser vous adresser de cette façon à
des personnes que vous jugez «importantes» ?

J'ai constaté que j'avais toujours pu, dans ma vie,
appeler *chacun* par son prénom et cela ne m'a
jamais embarrassé ni causé de gêne à qui que ce fût.
Si votre patron veut absolument — s'il en a un réel
besoin — que vous lui donniez son titre, donnez-le
lui mais que cela ne vienne pas de vous. Si vous
répondez aux besoins réels des gens en leur accordant leurs titres, allez-y carrément mais n'omettez
jamais de vous dire : «C'est *moi* qui ressens le besoin de leur donner tel titre ou ce sont *eux* qui me le
demandent ?» Si c'est une nécessité qui vient de
vous, sachez que vous les placez sur un échelon
supérieur au vôtre.

Vous pouvez également donner aux autres de
l'importance en envoyant des messages qui signi-
fient en clair que vous acceptez d'être dupe. Il est
évidemment plus aisé de plumer des victimes
consentantes que de manœuvrer quelqu'un qui est
prêt à se défendre. Vos messages sont peut-être in-
conscients, aussi étudiez soigneusement vos côtés
«victime». Vous présentez-vous comme quelqu'un
qui s'en veut et qui a une piètre opinion de vous ?
Commencez-vous d'emblée l'entretien en vous
excusant d'abuser du temps de votre interlocuteur,
ce qui équivaut à leur dire que leur temps est plus
précieux que le vôtre ? Demandez-vous pourquoi le

temps des autres aurait une plus grande valeur que votre temps à vous. Il ne devrait pas en être ainsi à moins que cette personne compte plus à vos yeux que vous ; bien sûr, cela dépend en fin de compte de votre propre appréciation.

Les seules circonstances où vous puissiez vous permettre de placer les autres au-dessus de vous, c'est lorsque cela conviendra à la stratégie que vous aurez adoptée pour parvenir à vos fins. Si le fait de jouer au «personnage pitoyable» est le moyen d'obtenir un meilleur traitement, ne vous en privez pas. Mais c'est une tactique dont il ne faudrait user qu'en dernier recours ; de plus, sachant que ce message signifiera à l'autre qu'il peut user et abuser de cette «pauvre âme», il faut vous assurer que vous ne recevrez pas de choc en retour. Si vous projetez d'obtenir de votre propriétaire rapace une réduction de loyer en jouant le pauvre type aux abois, assurez-vous d'abord que la pitié pour cette catégorie est le *seul* défaut de sa cuirasse. Sinon vous courez le risque d'y avoir gagné une augmentation à la place de la réduction escomptée car il sait que vous vous débrouillerez pour trouver l'argent nécessaire, coûte que coûte, et que vous n'aurez pas l'aplomb nécessaire pour vous défendre contre lui. S'il sait au contraire qu'il a à faire à une personne sûre d'elle et qui ne se laissera pas couper l'herbe sous le pied, qui est déterminée à lutter pied à pied au lieu d'user de subterfuges, je pense qu'il tiendra compte de la demande. Le comportement qui cherche à «attendrir autrui» peut être utile mais dans des cas rarissimes et il nécessite préalablement une bonne évaluation de la situation.

Il me semble nécessaire d'ajouter un mot sur la nécessité de ne pas vous conduire en personne odieuse pour les autres. La *force* est un terme que je n'emploie pas sans une extrême circonspection. J'ai pris soin de définir dans quel sens je l'entendais. Je ne conseille pas de se montrer hargneux, rebelle, déplaisant, hypocrite etc, etc. Cela vous aliènerait justement ceux dont vous réclamez le concours. Il se peut que dans des cas d'exception on puisse avoir à se montrer odieux... j'en parlerai dans d'autres chapitres. Vous n'êtes pas tenu à la passivité ou à la faiblesse tout au long des étapes de votre vie ; c'est là le propos fondamental de ce chapitre. Soyez un être conscient de sa valeur;, efficace et important à vos propres yeux, plutôt qu'une victime pleurni-charde qui demande toujours la permission avant de faire quoi que ce soit et qui se croit toujours la cinquième roue du carrosse.

CURIEUX N'EST-CE PAS ?
LES GENS RESPECTENT LA FORCE

Si vous avez vraiment envie qu'on vous respecte, observez de près les personnes habiles à se faire respecter. Vous en arriverez rapidement à la conclusion que jamais vous n'obtiendrez la considération des autres — et la vôtre — en adoptant une position de faiblesse. Vous devez chasser cette crainte que les gens ne vous aiment plus si vous vous conduisez avec assurance.

Combien de fois ai-je entendu des parents me confier que l'enfant qu'ils admiraient le plus était celui qu'ils n'étaient jamais parvenus à mater complètement. Bien qu'ils aient tenté de le mettre au pas, de le modeler à leur façon, ils doivent convenir qu'il a été réfractaire à leur action. Ils l'ont peut-être traité de tous les noms, essayé de le punir, de le séduire, de lui donner un sentiment de culpabilité... rien n'a eu prise sur lui.

Quand des parents me racontent ce genre d'épreuve dans nos séances de consultation, je détecte presque toujours dans leurs yeux une étincelle d'admiration tandis qu'ils parlent de leurs *tribulations* d'éducateurs aux prises avec un enfant rebelle. Et lorsque je leur fais toucher du doigt cette sorte de respect refoulé, la réponse est presque toujours la même : « Ouais, je crois que j'ai vraiment du respect pour ce gosse... il (elle) a le culot que j'aurais aimé avoir moi-même. »

Quelle est la famille qui ne possède pas en son sein un membre « intraitable » ? Elles ont beau unir tous leurs efforts pour dompter ces rebelles, il n'en demeure pas moins qu'elles ont de l'admiration et du respect pour ces rejetons qui refusent de se laisser couler dans le moule familial.

Chaque fois que vous défendez votre opinion en paroles et en actes et que vous vous demandez ce qu'on pense de vous, soyez assuré(e) que si vous demandiez un scrutin secret, vous récolteriez les suffrages de tout le monde et l'admiration pour votre attitude courageuse. Les gens se sont découvert des affinités spéciales pour les perdants et nous nous donnons souvent un mal de chien pour aider ceux auxquels la vie a donné peu d'atouts pour réussir. Aussi ne pas choisir d'emblée le comportement qui gagne immédiatement l'approbation générale peut paradoxalement vous mettre en bonne position au bout d'un certain temps et vous mériter les éloges unanimes. Il faut bien avouer qu'il est plus agréable d'être approuvé que rejeté. Mais il est réconfortant de savoir que les gens dont on désire le plus vivement l'approbation seront plus enclins à vous respecter, quand vous agirez selon vos convictions personnelles, que lorsque vous suivrez le mouvement général comme un toutou qui obéit à des consignes.

Cathy, une de mes clientes, m'a raconté comment elle en avait pris conscience. Elle devait au cours d'un congrès participer aux travaux d'un séminaire et elle avait retenu sa place. À son arrivée, l'animateur déclara qu'il y avait déjà trop de participants et qu'il lui faudrait se joindre à un autre groupe de remplacement qui avait lieu à un autre endroit. Cathy ne se laissa pas démonter. Bien que ce ne fût pas son tempérament, elle avait gagné de l'assurance après plusieurs mois de psychothérapie et commençait à prendre des risques quand il le fallait. Elle affronta l'animateur devant l'ensemble des participants et réclama son admission au sein du groupe. Il tenta de la dissuader en usant d'un langage évasif, plein de «oui mais»; elle refusa de céder. Finalement il accepta qu'elle reste en lui demandant surtout de ne pas en parler à l'organisateur car elle allait à l'encontre d'une décision arbitraire imposant un numerus clausus.

Au bout de plusieurs heures passées dans ce séminaire, la conduite intraitable de Cathy fut évoquée dans la discussion. Elle révéla qu'elle avait craint d'être considérée par chacun des membres du groupe comme une affreuse raseuse qui imposait sa présence d'une manière intraitable. Or tous expliquèrent qu'au contraire ils étaient pleins d'admiration pour la façon dont elle s'était comportée; ils s'étaient tous sentis solidaires en secret, pendant sa discussion avec l'animateur, et ils désiraient qu'elle leur apprît comment ils pouvaient prendre le même genre d'attitudes de «contre-victime».

Cathy en était absolument stupéfaite quand elle me conta cet incident. «Vous imaginez? des gens qui me demandaient mon aide à *moi* ! Et moi qui me suis toujours sentie si pusillanime !»

Dans Man and Superman de Bernard Shaw l'auteur analyse ainsi les sentiments intimes de force et de satisfaction qui vous envahissent quand on a su prendre des risques : Telle est la véritable joie de la vie : sentir qu'on a pu servir à un grand dessein, un dessein dont on reconnaissait la valeur ; sentir qu'on est *une force de la nature* au lieu d'être un petite motte d'argile, un avorton fiévreux et replié sur soi qui se lamente parce que le monde entier ne se consacre pas à faire son bonheur.

Une force de la nature, cette dénomination me paraît être la plus apte à désigner ce que l'on se sent être quand on a assez de confiance en soi pour agir en son propre nom sur cette terre.

DIALOGUES-TYPES ET TECHNIQUES SPÉCIFIQUES POUR VOUS AIDER À ADOPTER UNE POSITION DE FORCE

Vous savez à présent qu'il s'agit pour vous de jouer au jeu de la force, que les gens vous respecteront davantage si vous êtes plein de vigueur et que vous êtes responsable des craintes débilitantes qui vous rongent. Vous savez aussi qu'il vous faudra du courage pour refuser les satisfactions qui sont le lot des éternels vaincus. Mais ce courage est une attitude qu'il faut chaque fois réendosser face à chaque défi ; ce n'est pas une qualité qui vous est donnée une fois pour toutes.

Vous trouverez ci-dessous certaines stratégies qui pourront vous aider, dans vos démêlés avec les autres, à prendre une position de force et de confiance en soi ; il s'agit ici de situations-types telles qu'on en rencontre couramment dans la vie et qui engendrent facilement une attitude de victime.

• À partir de maintenant, vous allez éviter systématiquement de demander la permission de parler, de penser ou d'agir. Éliminez la prière ; remplacez-la par l'affirmation. Au lieu de : « Voyez-vous un inconvénient à ce que je vous pose une question», dites : «J'aimerais savoir si...» Au lieu de :«Est-ce que cela vous dérangerait terriblement si je vous rendais cet article contre remboursement ?» dites : «Je vous rapporte cet article parce qu'il ne me satisfait pas» Au lieu de : «Chéri(e), cela ne te fait rien si je sors pendant une heure» dites : «Je sors, chéri(e), y a-t-il quelque chose que je puisse faire pour toi ?»

Il n'y a que les esclaves ou les prisonniers pour demander une permission et, comme je l'ai dit au début de ce livre, «l'esclave bien dans sa peau» est un mythe.

• Regardez droit dans les yeux de votre interlocuteur. Quand vous regardez vers le bas ou de côté, cela signifie que vous n'êtes pas très sûr(e) de vous et cela vous met en posture de victime potentielle. En regardant les gens bien en face, même si vous êtes inquiet(e), vous envoyez le message signifiant que vous n'avez pas peur de les affronter.

• Votre posture et le langage de votre corps doivent également communiquer une impression de confiance en soi et de force personnelle. Ne perdez pas un pouce de votre taille. Quand vous êtes assis(e), évitez de prendre une position avachie. Ne vous couvrez pas le visage avec vos mains ; n'étreignez pas nerveusement un objet ou un pan de votre vêtement. Si vous vous exercez à la confiance, vous pouvez éliminer les tics, les grimaces et les rougeurs subites. Parlez d'un ton assuré et non d'une voix détimbrée ou hésitante.

• Travaillez votre élocution ; essayez de supprimer les silences inutiles entre les mots, les «heu...» les «hum, hum...» les «vous voyez». Ces automatismes manifestent votre insécurité et nuisent à l'échange. Si nécessaire, parlez plus lentement et sans hésitation. Si vous décidez de porter votre attention sur la façon dont vous vous exprimez, vous pouvez changer du jour au lendemain et éliminer tout signe de faiblesse.

• Quelqu'un veut-il vous emprunter de l'argent, des affaires, du temps ou faire appel à votre talent, en tout cas veut-il vous demander quelque chose que vous n'êtes pas disposé(e) à donner, vous devez être prêt(e) à adopter une position de force ou vous serez immédiatement une victime tout désignée. Exercez-vous à vous dire à vous-même : «Je préfère ne pas prêter mon argent» ou «Je ne veux pas être un créancier». Vous n'avez pas besoin d'inventer toutes sortes d'excuses ou de faire des périphrases car vous finirez souvent pas prêter tout de même votre argent et vous vous sentirez brimé(e). Contentez-vous d'exprimer franchement votre position et vous découvrirez 1) qu'on ne vous harcèlera pas parce que vous aurez défini clairement votre position dès le début : et 2) vos amis ou parents seront finalement enclins à vous apprécier davantage pour votre franchise. Si vous avez peur que vos amis vous haïssent simplement parce que vous avez usé du droit à ne pas agir contre votre gré, demandez-vous : «Ai-je envie d'avoir pour amis des personnes qui me refusent le droit d'être moi-même ?»

Les amis ne sont pas gens à exiger que vous soyez autre que ce que vous avez décidé d'être. Mais les parasites vous détesteront si vous ne vous laissez pas dévorer par eux. Ici la pire chose qui puisse vous arriver serait que la personne qui veut se servir de vous soit dépitée et reste dorénavant à l'écart. Qu'y a-t-il de si terrible dans cette perspective ? Bien sûr si cela vous fait plaisir de prêter votre argent, allez-y mais faites-le d'une façon efficace.

• Adressez-vous aux gens à qui vous donnez généralement leur titre en les appelant par leur prénom. Même si vous ne parvenez qu'une fois à agir ainsi avec votre dentiste, votre médecin ou votre avocat, essayez d'observer les conséquences et demandez-vous si vos frayeurs étaient fondées. Et si vous décidez de ne pas utiliser cette façon de faire, sachez au fond de vous-même, pour l'avoir tenté une fois, que vous avez toujours le choix. Si vous vous sentez inquiet(e), gêné(e) ou même incapable de vous y résoudre, demandez-vous très instamment pourquoi vous vous sentez dans un tel état à l'idée d'appeler un autre être humain par son prénom. Ensuite dominez votre crainte et faites-le. Il y a toutes les chances du monde pour que vous vous sentiez très heureux de cette attitude plus assurée et pour qu'aucune des catastrophes imaginées ne vous atteigne.

• Si vous êtes un non-fumeur et que vous ne puissiez supporter la fumée, ayez le courage de protester quand votre entourage vous gêne en fumant près de vous. Vous n'avez pas besoin d'être désagréable, dites avec fermeté : «J'aimerais que vous vous absteniez de fumer pour le moment». Vous n'allez tout de même pas demander que vous aimeriez qu'il cesse. S'il continue, ce qui est son droit dans certains cas, vos pouvez choisir de quitter la pièce mais vous n'avez jamais à rester assis et à protester in petto. Quelle est la pire chose qui puisse arriver ? Le fumeur pourrait continuer à fumer, ce qu'il (ou elle) fait déjà. Mais neuf fois sur dix votre requête sera écoutée. Très peu de gens auraient l'arrogance de continuer à fumer comme si de rien n'était une fois qu'on les a prévenus du malaise qu'ils provoquent. S'ils tiennent vraiment à fumer ils ont la possibilité d'aller fumer ailleurs un moment.

• Apprenez à faire usage de votre colère ou de votre peine d'une façon efficace plutôt que de les supporter passivement. Ainsi si votre petit enfant tient absolument à jouer dans la rue et si vous voulez expliquer clairement que vous ne supporterez pas qu'il le fasse, de grâce élevez la voix, ayez l'air fâché et plein de fermeté ; mais assurez-vous que cela est efficace. Si vous partez, après un incident de ce genre, avec des palpitations, une tension qui aura grimpé et une colère rentrée, vous aurez été brimé par un enfant qui n'a même pas conscience de ce qu'il fait. Au lieu de ce comportement, vous pouvez être ferme et partir en vous disant : «J'ai été sensationnel, je lui ai fait vraiment peur mais au fond je ne suis pas vraiment en colère». En mettant en œuvre votre force personnelle vous évitez les ulcères, l'hypertension, la rage, les angoisses etc, tout en jouant de vos talents d'une manière efficace.

• Quand vous avez à traiter avec un représentant des pompes funèbres, ne le laissez pas profiter de votre chagrin pour vous mettre au blanc. Dites-lui clairement ce que vous désirez, la somme que vous voulez y consacrer et s'il essaie de vous culpabiliser, sortez en vous contentant de dire que vous reviendrez quand il sera prêt à vous écouter.

La tactique qui consiste à refuser de parler avec les personnes qui refusent d'entendre ce que vous exprimez clairement, et à s'éloigner un peu est très efficace. Quand ils courent après vous en s'excusant, dites-leur que vous n'avez pas de temps à perdre à discuter avec des gens qui ne veulent pas tenir compte de vos désirs.

La meilleure arme des gens qui veulent vous brimer c'est, après avoir entendu votre demande, de suggérer exactement le contraire. Mais vous n'avez pas à l'accepter : vous n'avez qu'à quitter les lieux plutôt que de faire des discours.

• N'ayez jamais peur de passer par-dessus la tête de quelqu'un pour vous faire entendre. Les professeurs d'universités qui brandissent les notes comme des menaces ; les inspecteurs des impôts qui essaient de vous intimider en exploitant votre ignorance de la complexité de certaines législations ; les membres du personnel des services publics qui font peser sur vous l'importance de leur rôle ; tous ces gens ont des supérieurs auxquels ils doivent rendre des comptes. Un simple coup de téléphone, une lettre bien rédigée qu'on envoie en recommandé au président, à un administrateur ou à haut personnage, sont des procédés très efficaces pour éviter d'être brimé par ceux qui ont des positions d'autorité. Quand vous vous rendez compte que de réclamer une entrevue avec des types qui doivent rendre des comptes à leurs supérieurs ne vous servira à rien et risque même de vous retomber sur le nez, dites bien clairement que vous n'hésiterez pas à aller en haut lieu ; en ce cas passez à exécution.

• Veillez à être bien calme quand vous avez affaire à des personnes capables de vous brimer. Ne leur laissez jamais voir que vous êtes anxieux, effrayé ou intimidé. Rappelez-vous qu'il ne faut jamais faire dépendre votre valeur ou votre bonheur, en tant que personne, de l'ultime victoire ou de l'ultime échec qui va clore tel affrontement. Considérez ces situations gagnantes ou perdantes comme des jeux qui peuvent comporter un certain amusement plutôt que de passer votre temps à vous dire : « C'est si important pour moi ». Décidez d'être le plus efficace possible et affrontez ces rencontres en ayant préparé vos coups mais visez *toujours* à gommer les manifestations extérieures de crainte ou d'intimidation.

Il suffit qu'un adversaire se rende compte que l'entrevue a pour vous une importance cruciale et que vous êtes troublé pour qu'il vous accule à dire des choses que vous vouliez taire et à vous comporter de façon irrationnelle. Mieux vaut envoyer des signaux manifestant votre farouche résolution, si fait que les gens n'auront même pas l'idée qu'ils peuvent vous influencer ou vous dominer. Tout en vous exerçant à ne pas vous laisser asservir par autrui, voilà que vous vous mettez à bien vous prendre en main, ce qui vous acheminera vers un plein développement de votre personnalité.

• Quand vous posez votre candidature à un emploi ou que vous faites vos premiers pas dans une entreprise, ne dites jamais : « Je ne sais pas si je pourrai m'en tirer » ou « je n'ai jamais été formé pour ce genre de travail mais je pense que je pourrai apprendre ». Soyez convaincu — et cette conviction gagnera vos supérieurs — que vous pouvez vous adapter à n'importe quelle tâche, parce que vous avez déjà tâté des fonctions très diverses et que vous savez posséder la souplesse d'esprit nécessaire. Ayez une très vive confiance en vous-même et en vos qualifications ; sachez la transmetre à votre patron ou à vos cadres éventuels. N'hésitez pas à faire savoir à celui qui vous interroge que vous êtes quelqu'un qui apprend facilement ; certains chefs de personnel peuvent avoir peur des gens pleins d'assurance et dans ce cas votre confiance en vous risque de les effaroucher mais vous vous en apercevrez rapidement ; d'ailleurs pour la majorité, c'est une qualité qu'ils apprécient par-dessus tout car ils savent qu'elle sera très utile dans l'intérêt de l'entreprise.

Si celui qui vous reçoit paraît manquer de caractère, demandez au président de la société de vous accorder une entrevue avec quelqu'un d'autre. Ce genre de persévérance a plus de chance de jouer en votre faveur que contre vous.

• N'hésitez pas à dévoiler certains aspects personnels de votre nature ou de votre vie. Dominez la crainte de voir les gens vous blesser si jamais ils découvrent des faits «personnels» de votre existence ; la vieille crainte d'être vulnérable est sans fondement quatre vingt dix fois sur cent. Si vous êtes virtuellement capable de vous exprimer sur à peu près tous les sujets et que vous ne soyez pas vexé quand on fait allusion à tel ou tel point personnel, vous serez beaucoup mieux armé que si vous avez l'épiderme sensible sur un grand nombre de sujets. Il n'est évidemment pas utile d'exposer vos fantasmes sexuels ou vos secrets honteux mais vous pouvez certainement vous libérer de cette crainte à savoir que les autres auront plus de prise sur vous s'ils découvrent votre vraie personnalité.

Vous pouvez témoigner d'une certaine candeur. Faites des confidences quand vous en sentez le besoin. Ce n'est pas dangereux. Si vous voulez pas vous livrer, soit ! Mais que la raison n'en soit pas la crainte qu'on en profite à vos dépens. Vous découvrirez que c'est un exercice salutaire de passer outre aux scrupules qui vous empêchent de parler de vous-même. Si vous confiez que vous avez été timide depuis votre plus tendre enfance, que vous pleurez facilement, que les gens vous intimident aisément ou que vous êtes trop agressif etc, etc. quelles conséquences fâcheuses peuvent avoir ces confidences ? On aura déjà deviné ces traits de caractère à votre comportement, avant que vous n'en ayez parlé ; ensuite croyez-vous que votre patron vous mettra à la porte à cause de cela ? J'ai peine à le croire mais si c'était le *cas*, il y a d'autres emplois sur la terre. Ira-t-on cancaner à votre sujet ? C'est peu probable. Quand bien-même, vous n'allez pas attacher une quelconque importance à des ragots. Une chose est bien certaine, les gens parleront à tort et à travers, même sans aucun fondement, alors pourquoi vous imposer silence de peur de leurs ragots ?

• Si vous soupçonnez quelqu'un dont vous payez les services de ne pas faire ce que vous attendez de lui, à savoir par exemple réparer correctement votre voiture, décidez en ce cas de rester pour le voir travailler pourvu que cela ne vous brime pas encore plus en vous faisant perdre trop de temps. Il faut demander la preuve que le travail a été exécuté comme promis et ne leur donnez surtout pas carte blanche de crainte d'avoir à payer une facture abusive. Prévenez à l'avance que vous ne voulez pas d'un filtre à huile neuf sinon vous en aurez un, que vous le vouliez ou non. Demandez avec fermeté qu'on vous donne les explications nécessaires quand la note qu'on vous présente vous paraît d'un montant injustifié.

Au restaurant, si le serveur s'est trompé dans l'addition à votre détriment, allez trouver la direction et ne donnez pas de pourboire au garçon si vous soupçonnez que cette erreur n'était pas à cent pour cent accidentelle. (Les garçons *dans tous les cas* se répandent en excuses et prétendent que c'est un pur hasard.) Vous pouvez simplement refuser de récompenser l'incompétence ou la tentative de fraude.

Prenez l'habitude de contrôler toutes les factures que vous recevez. Si vous découvrez une majoration, dites franchement ce que vous en pensez à la compagnie en question et refusez de traiter avec des gens que vous soupçonnez de fraude. Envoyez une plainte en bonne et due forme à votre association de consommateurs locale. Cela vous prendra deux minutes d'écrire cette lettre et cela permettra à ces organisations de mettre fin à de pareils abus.

Peut-être pensez-vous que ces majorations sont exceptionnelles mais j'ai constaté, pour ma part, que les additions dans les restaurants sont fréquemment incorrectes et que quatre vingt dix pour cent de ces « erreurs » sont des majorations.

Apparemment les lois du calcul des probabilités ne s'appliquent pas en ce domaine. Quand vous vous en apercevez, faites-le savoir sur le champ à la direction et allez jusqu'au bout de votre réclamation, si vous voulez faire un exemple. Sinon prévenez que vous ne paierez pas et que vous ne remettrez plus les pieds dans cette maison.

• Quand on vous indique un délai de livraison ridiculement long pour des meubles ou une auto etc., ne vous laissez pas brimer en acceptant les délais du vendeur et ne le croyez pas quand il vous dit que nulle part ailleurs on ne vous le livrerait plus vite. Les maisons qui vous demandent des délais aussi longs doivent apprendre de votre bouche que vous ne l'entendez pas de cette oreille et adressez-vous à la direction plutôt qu'aux vendeurs. Prévenez que vous êtes prêt à donner votre commande à toute autre maison qui vous livrera plus rapidement. Allez voir les grossistes ou les fabricants pour savoir si vous ne pouvez obtenir de meilleurs délais. Ne payez jamais à l'avance et faites inscrire dans tout contrat que vous exigez un remboursement au cas où le vendeur ne se conformerait pas, point par point, à ce qui y est stipulé. Ne soyez pas agressif mais ferme et résolu. Ne dites pas comme les victimes dociles : «Bon ! Cela ne fait que dix semaines à attendre. C'est comme ça ! Pourtant j'aurais bien aimé l'avoir plus tôt.»

Un de mes clients, à qui on avait dit à New York qu'on ne pourrait lui livrer sa voiture avant huit semaines, téléphona à un garage du Michigan et apprit ainsi qu'il pouvait avoir la voiture demandée, en quatre jours, à un prix inférieur de trois cents dollars à celui de New York. Il alla la chercher sur place, ce qui lui demanda douze heures et, avec l'économie qu'il faisait ainsi, il s'offrit un joli petit voyage.

Il n'y a pas de situation qui ne puisse se transformer en victoire à condition qu'on ne s'attende pas à être brimé et qu'on ne l'accepte pas.

• Refusez de payer par principe si l'objet présenté ou le service offert est de mauvaise qualité. Votre salade dans tel restaurant sent le foin ou votre tarte est visiblement de la veille, dites-le carrément et demandez qu'on les soustraie de l'addition. Si le garçon ou le caissier prend une mine incrédule, ayez recours à l'échelon supérieur et vous ne serez plus brimé.

Si on veut vous faire payer quelque chose que vous n'avez pas commandé ou si on majore le prix normal, ne payez pas et ne vous laissez pas intimider par des lettres de réclamation ou de menace. Ils ne peuvent vous nuire si vous vous défendez. Et votre refus de payer pour des marchandises ou des services défectueux est une façon d'écarter de votre front le sceau qui marque les victimes !

EN RÉSUMÉ

Vous commencerez à prendre une position de force quand vous vous mettrez à vous faire une confiance totale et quand vous n'attribuerez plus à personne des pouvoirs sur vous. En remettant les rênes de votre destinée à quelqu'un d'autre, vous donnez mainmise sur vous et vous devenez une victime-type. Si vous saisissez les occasions ou les suscitez au lieu d'attendre dans votre coin le succès qui ne viendra pas ; si vous cherchez à atteindre les objectifs que vous vous êtes donnés sans vous abandonner au gré de vos émotions, vous serez sur le char de tête des contre-victimes avant même d'en avoir pris conscience. Voici la phrase que je choisis pour condenser l'enseignement de ce chapitre :

« Si c'est vous qui payez le musicien, assurez-vous qu'il interprétera bien la chanson que vous avez choisie. »

Chapitre 3

Refuser de rester braqué sur le passé et sur ce qu'on ne peut changer.

Progrès et croissance sont impossibles si vous persistez à faire les choses indéfiniment de la même façon que par le passé.

On fait souvent référence, dans notre société, à des choses contre lesquelles on ne peut rien ou à des comportements et des évènements qui ont une valeur historique ; c'est la source de bien des abus dont nous sommes les victimes. Vous pouvez apprendre à ne pas tomber dans ces deux catégories de pièges, simplement en refusant de vous laisser entraîner dans des discussions à ce propos ; en prenant conscience de la façon dont les autres vont essayer de distraire votre attention et de vous acculer à la défensive par des allusions à des actions passées que vous ne pouvez plus changer ; en rejetant ces sophismes par lesquels ils essaient de vous ligoter.

J'ai toujours soutenu que nous pouvons apprendre beaucoup de nos frères les animaux, sans pour autant nous diminuer en usant purement et simplement de nos instincts comme ils sont obligés de le faire, à cause des limites de leur raisonnement.

Walt Whitman exprime de façon poignante son amour pour les animaux dans Leaves of Grass :

> Je crois que je pourrais changer de condition et vivre avec les animaux ; ils sont si paisibles et indépendants.
> Bien des fois je les ai observés, longuement, si longuement.
> Ils ne souffrent ni ne se lamentent de leur sort.
> Ils ne gisent pas, éveillés dans le noir, en pleurant leurs péchés.
> Ils ne me fatiguent pas avec des discussions sur leurs devoirs envers Dieu.
> Aucun n'est insatisfait ; aucun n'est affecté de cette folie de posséder.
> Aucun ne se prosterne devant un congénère ou devant la lignée d'ancêtres qui vivaient il y a des milliers d'années.
> Aucun n'exige le respect ou ne court après le bonheur sur la terre.

Les animaux sont bien évidemment incapables de tourner leur attention sur des choses passées. Ils sont privés du charme des souvenirs mais, de ce fait, ils ne peuvent ruminer sans fin le passé et en éprouver de la rancœur, ce qui pour eux est une grande chance ; ils sont entièrement axés sur la minute présente.

Pour rayer votre nom de la liste des pauvres victimes, il vous faut vous inspirer de la sagesse animale et suivre ce programme :

1) prendre conscience ou vous souvenir des catégories de faits qu'on ne peut modifier ;

2) prendre également conscience de la façon dont les autres vont se servir du passé pour vous brimer ;

3) voir comment vous vous servez de votre passé pour vous brimer vous-même ;

4) faire appel à quelques stratégies «contre-victimes» chaque fois que vous serez en butte aux brimades, qu'elles viennent d'autrui ou de vous-même.

QUELQUES-UNES DES CHOSES
QUE VOUS NE POUVEZ CHANGER

Ce contre quoi vous ne pouvez absolument rien, c'est votre passé. Chacune de vos actions passées ne peut être changée. Presque toujours vous pouvez en tirer un enseignement et parfois modifier les conséquences qui se manifestent encore ; mais ce qui est fait est fait. Par conséquent chaque fois que vous vous trouverez en train de débattre de ce que vous auriez dû faire ou ne pas faire, au lieu de réfléchir au fruit que vous pouvez récolter de l'erreur passée et à ce que vous pouvez faire dans le moment présent, vous tombez dans le pire des pièges et n'en pourrez sortir. Ruminer sans fin le passé ; se rappeler comment on a agi en telle ou telle circonstance ; se demander comment on aurait dû s'y prendre ; se lamenter du comportement qu'on a adopté autrefois ; tout cela correspond à une mentalité de victime et il faut le combattre. Puisque la vie se conjugue au présent, il est superflu et destructeur de se tracasser à propos des «hiers».

En plus de votre propre passé il y a bien d'autres choses que vous ne pouvez modifier et sur lesquelles, par conséquent, il ne convient pas de s'attrister. Il faut : ou bien apprendre à accepter ce qu'on ne peut changer ou continuer à s'en faire un monde, ce qui est un comportement névrotique. Voici une liste des choses que vous devez accepter puisque vous ne pouvez rien contre.

• *Le temps.*

Il peut vous sembler absurde de vous dire que vous ne pouvez changer le temps, mais demandez-vous combien de fois vous vous êtes fait du souci à cause de la température, du vent, de la pluie, de la tempête, etc. C'est une brimade que vous vous infligez. Bien sûr on ne vous demande pas de vous réjouir du mauvais temps mais vous devez décider de ne pas en être le moins du monde gêné.

• *Le Temps qui passe vite ou lentement.*

Son allure ne changera pas pour vous faire plaisir. Vous disposez de vingt quatre heures par jour ; vous pouvez vous plaindre constamment de ce qu'il passe trop lentement ou trop vite à votre gré. Tout ce que vous récolterez pour votre peine c'est d'avancer en âge !

• *Les Impôts.*

Foncez et cognez-vous la tête contre des obstacles tels que les impôts élevés à votre goût ; il n'en résultera qu'une défaite : vous serez K.O. et votre tension aura grimpé. Il y aura toujours des impôts et, qui plus est, ils seront toujours trop lourds. Vous pouvez vous escrimer à les faire diminuer, à voter pour les hommes politiques partisans de les alléger, etc, etc. Mais vous mettre dans tous vos états pour un motif pareil est d'une inutilité sans pareille.

• *Votre âge.*

Vous ne pouvez rien changer au nombre des années que vous avez déjà passées sur la terre. Vous pouvez modifier certes votre apparence, votre attitude, votre habillement et même votre mentalité par rapport au vieillissement mais c'est tout. Vous plaindre sans arrêt de la vieillesse qui vient ne changera rien ou plutôt si ! Vous en viendrez à vous sentir encore plus vieux, plus las, plus raide et plus rhumatisant que vous ne l'étiez en réalité.

• *L'opinion que les autres se font de vous.*

Je répète une fois de plus que l'opinion des autres à votre égard est leur affaire. Les gens croient ce qu'ils veulent, que vous soyez d'accord ou non. Vous aurez beau faire, tout ce que vous pouvez pour les traiter comme vous aimeriez qu'on vous traite ou essayer de les raisonner, il ne vous appartient pas de les convaincre et vous ne devez pas vous permettre d'essayer de les influencer. Puisque vous ne pouvez jamais savoir ce qu'ils pensent réellement de vous, pourquoi vous en soucier, à moins que l'image qu'ils se font de vous vous paraisse plus précieuse que celle que vous vous faites vous-même.

• *Événements historiques.*

Être angoissé(e) par le résultat d'une élection, l'issue d'une guerre, d'un débat, les conséquences d'une tempête etc. n'aura pour conséquence que de vous paralyser. Il en est de même pour les malheurs à grande échelle des temps présents. Réfléchissez à la guerre «qui sévit actuellement en...» Même si cela vous fait horreur, le fait est que l'homme est une créature agressive qui se sert de la guerre comme moyen d'asseoir son pouvoir parce qu'il ne fait pas suffisamment confiance à son intelligence pour utiliser ses facultés rationnelles. De tout temps les hommes se sont battus et l'on ne devrait pas se scandaliser qu'il y ait toujours un combat engagé sur un point ou l'autre de la planète. Bien sûr vous n'avez pas l'*obligation* de combattre dans *quelque guerre que ce soit* et il faut agir comme vous le pouvez pour défendre la paix sur terre. Mais vous vous détruisez vous-même quand vous êtes désespéré(e), angoissé(e), malheureux(se), sous prétexte que d'autres hommes ont choisi de se battre. Vous ne pouvez mettre fin aux guerres, aux épidémies, à la famine dans le monde, en vous laissant envahir par un sentiment de culpabilité ou une intense souffrance ; aussi réfléchissez calmement afin de ne pas adopter un comportement aussi négatif et pernicieux pour votre propre vie.

• *Votre taille et vos caractères physiques.*

Vous pouvez faire votre bilan mais dites-vous bien que se plaindre de son type physique, de sa taille, de la forme de ses oreilles, de ses orteils, de ses seins, de la grandeur ou non de son attribut viril, c'est se démolir inutilement. Aimer ce que vous avez reçu comme avantages physiques est un choix qu'il faut faire, de même qu'on peut décider aussi d'améliorer sa forme par des exercices sportifs etc. Ce que vous ne pouvez modifier, apprenez donc à l'apprécier... le champ est vaste.

• *Les maladies des êtres chers.*

Les gens que vous connaissez et aimez peuvent tomber malades. Vous serez une victime de ces tristes circonstances si vous vous laissez paralyser par elles et vous aurez des chances de tomber également malade. Secourez-les de tous les moyens possibles, donnez leur de votre temps, votre présence si vous le désirez, consolez-les ; mais ne vous dites pas : «Ce ne devrait pas arriver» ou «je ne peux pas supporter de le(la) voir dans cet état». Votre force d'âme leur servira peut-être de modèle et pourra les aider à guérir. Soyez sûr(e) au contraire que de vous voir prostré(e) fera du mal à tout le monde, y compris vous.

• *La mort.*

Beaucoup d'humains voudraient se le cacher mais personne ne quitte cette planète en vie. De fait, la mort est la dernière de nos maladies. Nous nous sommes créé une mystique de la mort qui en fait quelque chose à redouter, à maudire, à pleurer inconsolablement, quand elle atteint nos aimés, ou s'approche de nous comme cela se produira inévitablement. Mais nos attitudes morbides à l'égard de la mort sont liées à notre civilisation. Bien qu'elles nous sont transmises, vous pouvez changer votre mentalité dans ce domaine et adopter une acceptation réaliste. Rappelez-vous les paroles de Jonathan Swift à ce propos :

Il est impossible qu'une réalité aussi naturelle, obligatoire et universelle que la mort ait pu être inventée par la Providence à titre de punition pour l'humanité.

• *La nature et ses conditions.*

Jennifer âgée de dix-neuf ans déclare : «Je n'aime pas pique-niquer sur la plage, il y a beaucoup trop de sable partout.» Mais oui ! Les plages sont faites de sable ; les rochers sont durs ; l'océan est salé et les rivières ont des courants. Vous serez toujours une pauvre victime si vous n'acceptez pas la nature comme elle est et si vous lâchez prise quand vous vous êtes cogné(e) contre elle. Chaque fois que vous gémissez sur un aspect de la nature, c'est comme si vous souhaitiez habiter Uranus.

Ces quelques exemples sont destinés à vous faire reconnaître certaines réalités (il y en a à l'infini) que vous ne pouvez songer à changer. Il est certainement admirable d'être un agent de changement dans le monde. Mais apprenez à bien choisir vos points d'application et ne vous abandonnez pas à la frustration ; ne gâchez pas votre moment présent en portant des jugements absurdes sur des choses qui ne changeront jamais. Ralph Waldo Emerson le résume en quelques paroles concises et claires dans son essaie «Prudence» écrit vers 1841 :

«Quoi que nous fassions, il y aura des mouches durant l'été. Si nous nous promenons dans les bois, résignons-nous à nourrir les moustiques.»

Il y a plus de cent vingt six ans que ces paroles ont été écrites et il y a toujours des mouches en été et des moustiques dans les bois.

LE PIÈGE DU «VOUS AURIEZ DÛ» COMMENT ET POURQUOI IL FONCTIONNE

Dès qu'on vous dit «Vous auriez dû», attendez-vous à être brimé. Ce «vous auriez dû» ne peut changer un acte passé mais on s'en sert pour que vous reconnaissiez vous être trompé(e) ainsi que pour empêcher une discussion sur ce qui est bon à faire à présent. Aussi longtemps qu'un «dominateur» en puissance peut axer la conversation sur votre comportement passé, vous pouvez être sûr(e) de ce qui vous attend.

Voici un petit exemple pour montrer comment ce petit jeu fonctionne :

Arthur a emménagé chez lui un vendredi après-midi et a appelé la compagnie d'électricité pour demander qu'on lui donne le courant. L'employé à qui il adresse cette requête lui répond : «Vous auriez dû nous appeler mercredi, à présent il est trop tard, on ne peut rien faire.» Si Arthur acceptait que l'employé s'en tire ainsi par la tangente, il était une victime consentante. Or la réponse qu'on lui donnait était absurde ; comment aurait-il pu deviner que le «règlement» de la compagnie exigeait deux jours de préavis avant de donner le courant ? et en outre puisque c'était un vendredi, il n'y avait pas moyen de remonter le temps jusqu'au mercredi ; donc lui dire qu'il «*aurait dû* téléphoner mercredi» était totalement absurde et inutile. Mais Arthur, qui savait à quoi s'en tenir, reconnut le piège qu'on lui tendait : il eut la conviction que la compagnie lui *donnerait* son courant si l'ordre en était donné par la personne qualifiée. Aussi demanda-t-il à parler au directeur avant que l'employé ne lui ait raccroché l'appareil au nez. Il expliqua avec précision sa demande et il eut le courant dans la soirée bien qu'on lui ait assuré d'entrée de jeu que c'était «impossible».

Ce jeu du «vous auriez dû» est pratiqué à chaque minute, chaque jour, de par le monde, surtout dans les bureaux, par des gens qui veulent vous manœuvrer à leur gré. Cela marche car les victimes éventuelles ne s'en aperçoivent pas quand il est encore temps et sont ligotées par le sentiment qu'elles sont dans leur tort. La plupart des gens ne demandent pas mieux que de se vautrer dans leur passé et sont des proies faciles pour les reproches qui leur sont adressés, parfois pour des actes qu'ils n'ont jamais commis. Quand on use de cette tactique du «vous auriez dû», c'est parce qu'on a intérêt à vous faire patauger dans vos erreurs d'antan et non parce qu'on veut vous aider à en tirer parti ou simplement à être plus lucide. Une fois qu'on vous a fait sentir votre stupidité et qu'on vous a donné des remords, il est aisé de vous convaincre qu'on ne peut rien pour vous et que vous êtes responsable de la situation dans laquelle vous vous trouvez. «Désolé, je ne peux plus rien faire pour vous maintenant. Vous auriez dû...» Et si vous vous laissez faire, vous repartez en bonne victime docile, tombée dans le piège tendu, soigneusement quoique peut-être sans préméditation, à votre intention. Il est facile de punir quelqu'un qui reconnaît inconsciemment qu'il mérite ce châtiment or le «vous auriez dû» est justement destiné à vous donner ce sentiment.

On s'en sert tout le temps avec les enfants pour

qu'ils se sentent sans cesse coupables et ainsi on les mate mieux. «Tu aurais dû me dire ce matin que tu voulais fabriquer ta cage à lapins dans la cave, Dennis. C'est trop tard maintenant, je viens de la nettoyer à fond et je ne veux plus qu'on fasse du désordre.» Dennis sait fort bien que rien ne lui permettait de deviner que son père allait nettoyer la cave et que le «tu aurais dû» n'a aucun sens. Mais il ne peut user de ses propres arguments avec son père qui, une fois parti dans cette voie, se mettra en colère ou donnera des ordres, ce qui mettra Dennis dans une pire situation.

La seule stratégie possible pour échapper à ce piège est de refuser à se prêter à ce jeu ramenant l'attention sur ce qui *peut* raisonnablement être fait dans le *moment présent*. Ainsi quand on vous dit «Vous auriez dû», rétorquez : «Me demandez-vous de remonter le temps à reculons afin de faire ce qui d'après vous était préférable ou bien pouvons-nous discuter de ce que nous pouvons faire maintenant ?» Si vous ne pouvez vous en sortir avec quelqu'un du genre de l'employé qui répondait à Arthur, passez par-dessus la tête du type, pour joindre son supérieur, et empêchez celui-ci de se livrer au même jeu en lui expliquant d'entrée de jeu : «Je voudrais qu'on me donne le courant aujourd'hui mais votre employé s'entête à parler d'hier (ou de la semaine dernière... de l'an passé, etc.)»

AUTRES PRATIQUES COURANTES UTILISÉES POUR RESTER BRAQUÉ SUR LE PASSÉ

Georges Noël Gordon (Lord Byron), le célèbre poète anglais écrit : «La pendule ne sonnera plus pour moi les heures qui sont déjà passées». N'est-ce pas justement ce que tentent de faire ceux qui ont les yeux braqués sur le passé ? Et ils ont plus d'un tour dans leur sac, en plus du «tu aurais dû». Voyez ci-dessous sept phrases-types axées sur le passé et destinées à faire de l'interlocuteur une bonne petite victime qui acceptera docilement son châtiment.

• *«Pourquoi vous y être pris de cette façon-là ?»*
En vous demandant d'expliquer ou de justifier une conduite passée dans les moindres détails, on empêche effectivement de ramener la discussion sur le présent où elle serait utile. Toute réponse que vous donnerez sera reçue avec mépris, désapprobation, et vous serez poussé à trouver d'autres arguments pour vous défendre. Guettez l'apparition de ce «pourquoi», vous éviterez de battre en retraite honteusement.

• *«Si seulement vous aviez pensé à me demander mon avis avant.»*
Ce peut être vrai ; les choses auraient pu mieux tourner si vous aviez demandé conseil ; mais ce peut être également faux car la personne consultée ne vous aurait sans doute pas donné l'avis qu'à présent (avec le recul) il pense qu'il vous aurait donné. Il saisit peut-être la chance de se faire «mousser» à vos yeux. De toute façon c'est trop tard maintenant puisque vous n'avez pas autrefois songé à le consulter. La seule «aide» qu'il essaie de vous donner consiste à vous faire sentir plus vivement le tort que vous avez eu en négligeant ses conseils. Il profitera de sa situation de force vis-à-vis de vous pour vous «enfoncer» par quelque méthode que ce soit, étant donné qu'il a «prouvé» que vous le méritiez.

• *«Mais on le faisait toujours comme ça.»*
C'est une façon de sous-entendre que, chaque fois que vous errez loin de votre comportement habituel (qui était accepté par les autres), vous devriez en avoir honte et admettre que vous avez violé à la fois

les droits d'autrui et les vôtres. (De quel droit changez-vous) Si l'on parvient à vous faire admettre que vous ne devriez pas prendre d'autre chemin que celui que vous avez constamment suivi, chaque changement d'orientation de votre part vous vaudra de sérieuses difficultés. Compris ?

• *«Pourquoi ne vous en tenez-vous plus à ce que vous disiez autrefois ?»*

C'est la logique du «pour toujours». Si cela convient à leurs intérêts, les gens vont essayer de vous ligoter en vous rappelant ce que vous avez pu déclarer, fût-ce des décades auparavant et même si vous avez évolué, comme les situations elles-mêmes ont changé, dans un monde qui a connu tant de bouleversements. Si votre comportement ne correspond plus à vos théories passées vous êtes taxé d'immoralité, de manque de scrupules, de lâcheté, de laxisme. Faites votre choix ! Ou préparez-vous à vous voir traité encore d'autres noms ! Si on parvient à vous faire avoir des remords de ce changement de vision, il y a des chances pour que vous battiez en retraite et adhériez à nouveau à vos théories d'antan ; ce qui, bien évidemment fera la joie de ceux qui cherchent à vous tenir ; ils auront réussi efficacement leur coup.

• *«Si seulement je n'avais pas agi ainsi !»*

C'est la phrase qui exprime une conduite névrotique-type : celle qui consiste à sans cesse passer en revue vos erreurs passées ; vous vous maudissez d'avoir pris telle option mais vous pouvez aussi vous en vouloir à mort de ne pas l'avoir prise. Les deux sont également stupides puisque rien ne peut être changé de ce qui a été fait autrefois. Passer votre temps à ruminer ces regrets n'aboutit qu'à vous gâcher le moment présent.

- *« Tiens ! Pas plus tard qu'hier la même chose nous est arrivée. »*

C'est un refrain fréquemment employé par les services de vente. Ils vous racontent un cas similaire au vôtre pour vous faire accepter la marchandise de mauvaise qualité qu'ils vous offrent sous prétexte que les «autres clients» n'ont pas fait d'histoires quand la même aventure leur est arrivée «pas plus tard qu'hier».

- *« Qui était responsable ? »*

En refaisant pas à pas le chemin qu'on avait pris pour voir où l'on s'est trompé, et en distribuant les blâmes à chaque responsable, on peut facilement mettre les bâtons dans les roues de celui qui voudrait entreprendre quelque chose de constructif. Excepté quand il s'agit de rémunération, c'est une perte de temps que de rechercher les erreurs passées. À quoi sert de savoir que Herby a quarante pour cent de responsabilité, Michael trente cinq et les quatre autres ensemble vingt cinq pour cent ? En vous attardant à répartir les responsabilittés de ces anciennes erreurs, vous gaspillez le meilleur de votre existence à distribuer les blâmes et à susciter un sentiment de culpabilité qui ne sert à rien.

Voici en face de ces mêmes phrases, celles qu'on peut attendre d'individus qui se refusent à brimer les autres.

Phrases-Pièges	Phrases constructives
Pourquoi vous y être pris de cette façon-là ?	Qu'avez-vous appris en agissant de la sorte ?
Si seulement vous aviez pensé à me demander mon avis avant.	Vous feriez peut-être mieux, à l'avenir de me consulter avant.

Phrases-Pièges	Phrases constructives
Mais on le faisait toujours comme ça.	Vous avez changé et j'ai de la peine à l'accepter.
Pourquoi ne vous en tenez-vous plus à ce que vous disiez autrefois ?	Vous m'aviez fait comprendre les choses différemment, je ne sais plus très bien où j'en suis.
Si seulement je n'avais pas agi ainsi.	Je vois mon erreur donc je ne la recommencerai plus.
Tiens ! Pas plus tard qu'hier la même chose nous est arrivée avec Mr X.	Que puis-je faire pour vous ?
Qui en était responsable ?	Comment pouvons-nous éviter cette erreur à l'avenir ?

Des gens de votre famille emploieront des phrases comme celles que j'ai énumérées dans la première colonne pour vous modeler à leur idée. Les familles les utilisent pour justifier les punitions qu'elles ont l'intention d'infliger ou pour empêcher les membres rebelles de s'égarer trop loin du chemin tracé par principe. Des commerçants qui veulent vous voir payer sans discuter s'en serviront aussi bien que réceptionnistes et employés payés pour vous empêcher de défendre vos propres intérêts contre ceux de leurs sociétés. Vos adversaires useront de pareils moyens pour éviter les échanges d'explications rationnelles, échapper à la réalité présente, vous intimider, vous manipuler et ainsi obtenir la victoire. Dès que quelqu'un, à qui vous avez affaire fait référence au passé, demandez-vous s'il veut vous brimer et soyez prêt à réagir comme il faut. Voici un exemple :

Il y a plusieurs années Sam souscrivit, par téléphone auprès d'un vendeur, des titres d'emprunts municipaux ; on lui promit de les lui faire parvenir à une certaine date. Quand ils arrivèrent avec une semaine de retard, Sam refusa de signer. Le vendeur qui avait perdu une forte commission essaya d'expliquer à Sam, au cours d'une conversation téléphonique, qu'il ne pouvait agir ainsi parce qu'il aurait dû l'appeler pour le prévenir que les titres n'étaient pas arrivés à la date voulue. Sam devait les accepter. Et il répétait comme un leitmotiv : « Vous auriez dû m'appeler. »
Sam répondit : « Alors vous croyez que c'est à moi de me justifier ? Vous pensez vraiment que c'est ma faute, que je devais vous appeler quand vous n'étiez pas de parole ? »

Le vendeur abandonna la partie et Sam renvoya les titres.

VOUS POUVEZ FAIRE BEAUCOUP DE TORT EN RESSASSANT VOTRE PASSÉ

Si autour de vous beaucoup de gens disposés à faire référence au passé, dans le but de vous manipuler à leur guise, il vous arrive trop souvent à vous aussi d'abuser de ce genre de retour en arrière qui vous est très nuisible. Peut-être, semblable en cela à bien des humains, continuez-vous à vivre aujourd'hui en vous appuyant sur des convictions d'autrefois qui ne cadrent plus avec les exigences présentes. Vous pouvez vous sentir prisonnier du passé mais réticent à la perspective d'avoir à y renoncer pour partir sur de nouvelles bases.

Une de mes clientes, Joanne, était venue me consulter parce qu'elle souffrait d'une grande nervosité et d'une anxiété à l'état endémique. Elle me confia qu'elle ne pouvait passer une journée entière sans se sentir tendue et qu'elle continuait à en vouloir à ses parents d'avoir eu une enfance malheureuse. «Ils ne m'accordaient aucune liberté ; ils étaient tout le temps sur mon dos. C'est à eux que je dois mon état nerveux déplorable qui me gâche l'existence.» Tels étaient les griefs de cette femme bien qu'elle fût déjà âgée de cinquante et un ans et qu'elle eût perdu ses parents. Elle était encore accrochée à ce qui s'était passé trente cinq ans auparavant, aussi les séances de thérapie eurent-elles pour but de la libérer de ce passé auquel elle ne pouvait plus rien changer.

Elle apprit à prendre conscience de l'inanité de cette haine contre des parents qui avaient cru bien faire, et à classer ces fâcheuses expériences dans le passé reculé auquel elles appartenaient. Elle parvint à se libérer de son attitude envers ses parents défunts, attitude qui se retournait contre elle-même. Elle réalisa que, déjà jeune adolescente, elle avait décidé de se laisser surprotéger par eux et que si elle avait montré plus de force de caractère, elle n'aurait pas été brimée à ce point. Elle se mit à croire en ses propres possibilités de CHOIX, se rendant compte qu'elle avait opté tout au long de sa vie pour cette condition misérable et qu'elle continuait sur sa lancée. En éliminant ces mauvais souvenirs, Joanne se délivra de sa profonde anxiété.

En évaluant les influences qui ont pesé sur votre vie dans le passé, ne vous cramponnez pas à la conviction que «les autres» sont responsables de votre état d'âme, de votre comportement ou de vos omissions. Si vous vous surprenez en train d'incriminer parents, grands-parents, épreuves, difficultés etc.

qui seraient responsables de vos malheurs actuels, répétez-vous cette petite phrase : « Si mon passé est responsable de mon état présent, puisque l'on ne peut rien y changer, je suis condamné au malheur. » Aujourd'hui s'ouvre devant vous, un nouveau champ d'expériences ; chassez tous les mauvais souvenirs qui vous encombrent inutilement et faites de *cette journée* une tranche de bonheur.

Ce qu'il faut se dire en ce qui concerne ses parents c'est : *« Ils ont fait ce qu'ils ont pu ». Point à la ligne.*

Si votre père était alcoolique, s'il vous a abandonné quand vous étiez encore dans les langes ; si votre mère vous a couvé ou ne s'est pas occupé de vous, cela correspond à leurs possibilités d'alors. Quels que soient les malheurs qui aient accablé votre enfance, il y a de fortes chances pour que vous en ayez accentué leur caractère traumatique. Les jeunes enfants s'adaptent en général à n'importe quelle condition (à moins que celle-ci ne soit affreusement débilitante) et ils ne passent pas leur journées à gémir ou à pleurer sur leur sort sous prétexte que leurs parents sont ceci ou cela. Ils acceptent assez bien leurs familles, les attitudes parentales etc., de même qu'ils prennent le temps comme il vient. Ils s'émerveillent des beautés du monde et, grâce à leurs facultés créatrices, ils ne sont pas malheureux même quand leur mode d'existence ne paraît guère enviable aux gens du dehors. Mais dans notre société, il arrive souvent que les adultes analysent leur passé obstinément et qu'ils se souviennent d'expériences qui les auraient terriblement marqués et dont beaucoup sont purement imaginaires.

Quand je reçois des gens qui désirent à tout prix découvrir dans leur passé les causes de leur comportement actuel, je leur conseille de choisir dans des listes analogues à celles ci-dessous deux ou trois phrases correspondant à ce qu'ils disent de préférence, de les employer si cela leur est indispensable, puis de se décider à faire de nouveaux choix à partir d'aujourd'hui. Voici quelques-unes des raisons parmi celles les plus couramment alléguées quand les gens veulent justifier leurs ennuis présents. Après avoir passé beaucoup de temps et dépensé beaucoup d'argent à fouiller dans leur passé pendant d'innombrables séances de thérapie, la plupart dévouvrent que :

Mes parents étaient des irresponsables.

Mes parents étaient très inhibés.

Ma mère me surprotégeait.

Ma mère ne s'est jamais occupé de moi.

Mon père m'a abandonné.

Mon père était trop strict.

Tout le monde se mettait en quatre pour moi.

Personne ne faisait rien pour moi.

J'étais enfant unique.

J'étais l'aîné de_____

J'étais le dernier de_____.

J'étais l'enfant du milieu.

La vie était vraiment dure.

La vie était trop facile.

114

Je vivais dans un ghetto.

Je vivais dans un hôtel particulier
(château, maison de campagne etc.)

Je n'avais aucune liberté.

J'avais trop de liberté.

Nous étions trop religieux.

On ne croyait en rien à la maison.

Personne ne m'écoutait.

J'avais tout le temps quelqu'un avec moi.

Mes frères et sœurs me détestaient.

J'étais un enfant adopté.

Nous vivions dans un voisinage où
il n'y avait pas d'autres enfants.

Ainsi quelles que soient les phrases que vous sélectionnez, dites-vous bien que c'est un mythe de penser qu'il y a des interprétations *fidèles* du passé de chacun d'entre nous. Le meilleur des thérapeutes ne peut que vous suggérer quelques pistes d'après quelques intuitions personnelles ; cela vous permettra, si vous lui faites confiance, de développer votre compréhension de vous-même. La vérité ne réside pas en ces intuitions mais dans le fait que vous les accueillez comme étant susceptibles de vous aider. Je vous concède que vous pouvez, en étudiant votre passé, progresser dans la connaissance de vous-même ; mais cette connaissance intérieure ne peut changer ni le passé ni le présent et incriminer le passé comme source de vos infortunes présentes, ne vous fait pas avancer d'un pas.

La plupart des grands penseurs ont oublié leur passé ou plutôt ils n'en ont gardé que ce qui pouvait les aider dans le domaine de l'expérience personnelle ou de l'histoire. Ils vivent totalement dans le présent tout en désirant améliorer l'avenir. Les innovateurs ne disent jamais : « Nous avons toujours fait ainsi donc nous ne changerons pas ». Non, jamais ils auraient une telle mentalité. Ils tirent un certain enseignement du passé mais leur cœur ne s'y trouve plus.

Shakespeare fait allusion dans plusieurs de ses pièces à la folie qu'il y a à s'épuiser dans une vaine contemplation du passé. Il dit notamment : « Ce qui est envolé et perdu sans remède ne devrait pas causer de douleur. » Et dans un autre passage il nous rappelle que : « Les choses auxquelles on ne peut porter remède ne doivent pas solliciter notre attention ; ce qui est fait est fait. »

L'art d'oublier peut être une part essentielle de l'art de vivre. Tous ces terribles souvenirs soigneusement engrangés dans votre cerveau ne valent presque pas la peine qu'on les ressuscite. En tant que maître qui régnez sur votre cerveau, ne prenez pas la décision de les conserver. Débarrassez-vous de ces réminiscences qui vous rongent et surtout renoncez à la réprobation et à la haine que vous vouez à des êtres qui faisaient ce qu'ils pouvaient. S'ils vous ont vraiment traité d'une façon honteuse, alors tirez-en un enseignement : que cela vous apprenne à ne jamais traiter qui que ce soit de la même façon ; et pardonnez-leur de tout votre cœur. Si vous ne pouvez pardonner, vous choisissez la souffrance perpétuelle, donc vous choisissez d'être victime. Je dirai plus : si vous n'oubliez ni ne pardonnez, vous serez la seule personne — je dis bien *la seule personne* — à souffrir. Quand vous envisagez la question sous cet angle, demandez-vous pour quelle raison vous resteriez accroché à un passé qui vous a malmené... tiendriez-vous donc à en souffrir jusqu'à votre mort ?

STRATÉGIES À ADOPTER POUR ÉVITER D'ÊTRE VICTIME DES RÉFÉRENCES AU PASSÉ

Votre tactique de base pour éviter les pièges des références au passé consiste à rester sur le qui-vive, de les « voir venir » afin d'esquiver les sables mouvants où il ne faut pas aventurer le bout du pied. Une fois que vous aurez une claire vision de la situation, il vous suffira d'avoir du courage et de l'assurance. Je vous indique ci-dessous quelques marches à suivre pour résister aux gens désireux de vous entraîner dans le marécage des références au passé dont vous ne pourriez plus vous dégager.

• Chaque fois qu'on vous dira qu'on a toujours fait telle chose de cette façon ou qu'on vous rappellera comment d'autres individus se sont comportés autrefois, tout cela à seule fin de vous brimer dans le présent, essayez de poser cette question : « Cela vous intéresse-t-il de savoir si ce que vous me dites a de l'importance pour moi ? » Cela fera avorter tout essai de brimade. Si la personne vous répond : « O.K. est-ce important pour vous ? », vous vous contentez de dire : « Non, pas du tout. La seule chose qui m'intéresse est de savoir ce que nous pourrions faire maintenant. »

• Quand les personnes à qui vous avez à faire, utilisent le « vous auriez dû », « justement la semaine passée... » etc. pour ne pas être obligées d'écouter ce que vous avez à dire, éloignez-vous de quelques pas ; créez un petit recul. Vous donnerez une leçon par vos attitudes, pas par vos paroles, et vous leur *démontrerez* ainsi que vous êtes bien décidé(e) à ne pas parler du passé quand on y fera référence pour vous manipuler.

• Travaillez à éliminer de votre langage les allusions au passé qui pourraient resservir contre vous. Évitez consciemment le «vous auriez dû», le «Pourquoi n'avez-vous pas agi ainsi ?» et autres phrases qui briment vos amis et parents. Votre exemple montrera ce que vous attendez des autres, et vos requêtes, quand vous demandez qu'on vous épargne ce genre de brimade, ne susciteront pas un «Ça te va bien de demander ça !»

• Si quelqu'un commence à dire : «Vous auriez dû...» répondez donc «Si vous pouvez me procurer un billet circulaire qui me permettra de revenir au bon vieux temps dont vous parlez, je me ferai un plaisir d'agir comme vous dites, mais si c'est impossible...» Votre «adversaire» comprendra ce que parler veut dire et que vous avez fort bien vu le piège ; par conséquent la bataille est déjà à moitié gagné. Vous pourriez également dire : «Vous avez raison, j'aurais dû». Une fois que vous êtes tombé d'accord, la balle est du côté de votre «adversaire» pour traiter des questions présentes.

• Si l'on vous demande pourquoi vous avez fait telle chose de telle façon, donnez la meilleure réponse possible mais très *brève*. Si la personne démontre que vos raisons n'étaient pas bonnes, vous pouvez dire au choix que vous êtes d'accord ou non ; MAIS que pensiez, direz-vous, qu'on vous avait demandé *d'expliquer* les raisons de votre attitude passé et non de vous en justifier. Et si nécessaire vous ajoutez : «Si vous n'aimez pas mes explications concernant mes motivations, peut-être pourriez-vous me dire pourquoi, *à votre idée*, j'ai agi ainsi ; ainsi donc nous parlerions de vos vues plutôt que des miennes.» Cette manière très directe de parler apprendra rapidement à vos interlocuteurs que vous ne vous laisserez plus prendre à leur jeu.

• Quand vous sentez que quelqu'un a des problèmes avec vous et se sert des pièges dont nous avons parlé, afin de vous manipuler dans le sens de ses intérêts au lieu de vous exprimer franchement ce qu'il pense de vous, obligez-le à se démasquer en disant : «Je vous ai sérieusement déçu, n'est-ce pas ?» ou «Mon Dieu ! Vous le prenez plus mal que je ne l'aurais cru !» ou «Vous êtes fâché parce que vous croyez que je vous ai laissé tomber». Vous ramenez la discussion sur le vrai problème qui est la contrariété de votre interlocuteur au moment présent. Cette stratégie qui consiste à «étiqueter» les sentiments actuels désamorce les possibilités dont disposent les autres pour vous brimer.

• Avez-vous conscience d'avoir manqué de jugement ou d'égards dans une situation donnée dont on est en train de discuter, alors n'hésitez pas à déclarer : «Vous avez tout à fait raison, une autre fois je n'agirai pas de cette façon.» Il est tellement plus efficace de dire ce que vous retirez de telle expérience plutôt que de se replonger dans le passé et de le défendre à tout prix.

• Quand un proche — conjoint, ami intime — fait allusion à un incident de votre passé que vous savez être douloureux pour cette personne et dont vous estimez qu'on en a déjà bien suffisamment parlé, essayez d'aiguiller la conversation sur ce qu'elle ressent plutôt que de répondre au «Comment as-tu pu ?» ou au «Tu n'aurais pas dû». Si la personne persiste à vous accuser, ne répliquez pas avec une abondance de paroles qui intensifieront le drame ; ayez un geste d'affection — un baiser, une tape sur l'épaule, un chaud sourire — et quittez la pièce un moment. En manifestant votre affection puis en vous éloignant, vous montrez aux autres que vous n'êtes pas indifférent mais que vous ne voulez pas qu'on vous brime en ressuscitant pour la nième fois une vieille histoire, ce qui n'aboutit qu'à faire de la peine à tout le monde.

• Visez à tirer un enseignement du passé plutôt qu'à le ressasser ou à en parler indéfiniment, et discutez de votre nouvelle résolution avec ceux qui vous briment le plus. Établissez les règles de base que vous aimeriez qu'on respecte désormais. Par exemple : «Ne nous lançons pas toujours les mêmes reproches à la tête pour une affaire passée depuis longtemps ; tâchons de nous prévenir mutuellement quand nous sentons que ça va recommencer.» Avec votre conjoint ou quelqu'un d'aussi proche, vous pouvez même convenir d'un signal non verbal, comme de vous pincer gentiment l'oreille quand vous pressentez que les références au passé vont recommencer.

• Quand on commence à faire allusion au bon vieux temps ou à la façon dont on faisait les choses à l'époque où l'on était jeune et ainsi de suite, vous pouvez riposter ainsi : «En fait à cause de toutes les années passées vous avez eu le loisir de vous habituer toujours à la même façon de faire, qui n'est pas forcément la plus efficace, et également la possibilité d'acquérir de l'expérience. Ce n'est pas parce que vous aurez adopté une certaine routine que je suis obligé de vous imiter.» Une déclaration de ce genre avertit l'agresseur éventuel que vous êtes sur le qui-vive et que vous n'êtes pas du tout disposé à copier le mode de vie d'autrui.

• N'accordez pas aux souvenirs une valeur telle que vous n'appréciiez le présent que dans la mesure où vous vous en souviendrez avec joie ultérieurement. Vivez au jour le jour en en cueillant toutes les joies. Et plutôt que de vous rappeler les bons moments d'autrefois, concentrez-vous sur l'agrément de la minute présente. Je ne dis pas que de se remémorer les joies passées soit un comportement névrotique mais cela risque de faire passer à l'arrière-plan les joies du moment. Notez ce que dit Francis Durivage à ce propos : « Ils nous ont appris à nous souvenir ; pourquoi ne nous ont-ils pas appris à oublier ? Il n'y a pas sur cette terre d'être humain qui, à un moment ou à un autre de son existence, ne convienne que la mémoire puisse être néfaste tout autant que bénéfique. »

• Travaillez dur en vue d'éliminer les plaintes qui vous échappent à propos des choses contre lesquelles vous ne pouvez rien ; rappelez-vous la liste que je vous ai donnée ci-dessus. Contrôlez-vous afin de surprendre ces lamentations inutiles, qui peuvent surgir dans votre esprit ou au cours de vos conversations, jusqu'à ce que vous parveniez à mettre un terme à ces brimades que vous vous infligez à vous-même. S'il le faut, pour vous encourager, tenez une comptabilité de vos petits succès quotidiens dans ce domaine.

•Pardonnez dans le secret de votre cœur à tous ceux qui vous ont fait du tort dans le passé et prenez la résolution de ne pas vous laisser ronger par des souvenirs douloureux ou des pensées vindicatives. Si possible écrivez ou téléphonez à celui(ou celle) à qui vous avez récemment battu froid et renouez comme si de rien n'était. Nourrir de vieux griefs vous empêche de jouir de contacts qui seraient pour vous une source de joies, même s'il s'agit de gens qui ont pu vous faire de la peine une ou deux fois. Qui pourrait leur jeter la pierre ? Et ayez conscience, si vous êtes encore troublé par ce qu'ils ont pu vous faire autrefois, que cela indique leur mainmise *actuelle* sur vous.

• Appliquez-vous à adopter un comportement assuré, audacieux, à prendre des risques dans vos rapports avec le plus de gens possible. Prenez le temps nécessaire pour leur expliquer votre état d'esprit du moment et sachez leur expliquer, quand cela vous paraît nécessaire, que vous ne voulez plus «discutailler» à propos de choses contre lesquelles on ne peut rien. Vous avez le choix entre prendre les risques avec autrui ou être brimé.

EN RÉSUMÉ

Nos esprits sont capables d'enregistrer un nombre incroyable d'informations. Cela peut être bénéfique sous certaines conditions ; cela peut également être néfaste quand nous portons en nous des souvenirs crucifiants. Votre esprit vous appartient ; vous avez cette merveilleuse faculté de pouvoir expulser ces images qui vous torturent. De même vous pouvez, si vous demeurez vigilant et résolu, aider les autres à cesser leurs brimades à votre endroit.

Chapitre 4

Échapper au piège des comparaisons.

*Dans un monde fait d'individualités,
la comparaison est un exercice dénué de signification.*

TEST COMPORTANT DIX QUESTIONS.
Regardez ce petit questionnaire avant d'entamer la lecture de ce chapitre.

Oui	Non	
___	___	1) Souhaitez-vous souvent ressembler à une personne que vous estimez belle et séduisante ?
___	___	2) Désirez-vous toujours savoir comment les autres se sont tirés des tests que vous avez passés ?
___	___	3) Vous servez-vous des épithètes «normal», «ordinaire» pour vous définir ?
___	___	4) Dites-vous à vos enfants (ou à vous-même) qu'ils ne doivent pas faire telle ou telle chose uniquement parce que les autres ne le font pas ?

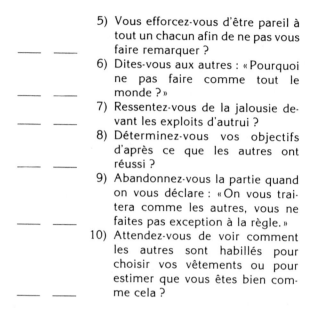

5) Vous efforcez-vous d'être pareil à tout un chacun afin de ne pas vous faire remarquer ?

6) Dites-vous aux autres : « Pourquoi ne pas faire comme tout le monde ? »

7) Ressentez-vous de la jalousie devant les exploits d'autrui ?

8) Déterminez-vous vos objectifs d'après ce que les autres ont réussi ?

9) Abandonnez-vous la partie quand on vous déclare : « On vous traitera comme les autres, vous ne faites pas exception à la règle. »

10) Attendez-vous de voir comment les autres sont habillés pour choisir vos vêtements ou pour estimer que vous êtes bien comme cela ?

Les réponses affirmatives indiqueront que vous êtes atteint(e) d'une maladie communément répandue dans notre société : celle de se comparer toujours aux autres afin de savoir comment se comporter.

Il faut beaucoup de confiance pour chercher *en soi-même* ce qu'on veut faire ; quand les gens manquent de cette estime vis-à-vis de leur propre jugement, ils ont recours aux seuls critères existants à savoir les comparaisons avec les autres. C'est un moyen dont on se sert volontiers et qui est bien commode pour enrégimenter tout le monde. Pour échapper à ce piège des comparaisons à tout bout de champ, vous devrez développer assez d'assurance en vous-même (vous pourrez vous en servir à chaque minute de votre existence) et utiliser certaines stratégies indiquées ci-après.

Avant tout il faut avoir conscience qu'il est impossible d'être semblable au voisin tout en gardant sa personnalité. Ralph Waldo Emerson l'a compris mieux que personne à mon sens. Dans Self-Reliance il écrit :

Quiconque veut être un homme doit être un nonconformiste. Celui qui désire cueillir les palmes de l'immortalité ne doit pas se laisser entraver au nom de Bien mais il doit déterminer par lui-même s'il s'agit vraiment du Bien. Rien n'est sacré si ce n'est l'intégrité de votre conscience personnelle.

Ces paroles sont puissantes mais le sentiment qu'elles expriment n'est pas des plus répandus. Le non-conformiste échappe par définition au consensus général car la majorité *en tant que telle*, établit les règles à suivre.

Ce n'est pas le non-conformiste bruyamment affiché et qui ne trouve qu'en soi sa raison d'être que je loue ici ; mais il est très important de s'observer avec attention, de découvrir ses propres aspirations et de réaliser l'absurdité qu'il y a à mener sa vie à coups de comparaisons avec ce que font les autres, si on ne veut pas s'exposer aux plus terribles brimades qui soient. En effet les gens qui ont intérêt à ce que vous les imitiez servilement ou viviez à leur guise vous répèteront sans cesse qu'il faut prendre modèle sur tel ou tel exemple. Résistez donc solidement à leurs suggestions ainsi qu'à la tentation sans cesse renaissante en vous de chercher vos principes de conduite chez les autres.

VOUS ÊTES UNIQUE AU MONDE

Le premier pas à faire pour sortir du piège des comparaisons consiste à prendre conscience qu'*il n'y a qu'une personne au monde qui soit «vous»*. Et ce «*vous*», il vous accompagne partout. Comme le dit la vieille maxime : «Partout où je vais, je suis.» Personne ne vous ressemble, même de loin, en ce qui concerne vos sentiments profonds, vos pensées, vos désirs. Si vous acceptez ce fait, alors vous vous demanderez pour quelle raison vous vous aviseriez de suivre l'exemple de tel ou tel pour faire ou ne pas faire ceci ou cela.

Notre société est composée d'individus (chacun unique en son genre) qui trop souvent se sentent menacés par une personnalité différente. Bien sûr nous étudions souvent, en histoire, des personnalités dont la grandeur fut liée à leur originalité et nous les admirons volontiers.

Il y a un entraîneur d'une équipe de football bien connue qui parle souvent d'Emerson comme de son maître à penser dans ses discours publics mais quiconque connaît Emerson et cet entraîneur comprend tout de suite que Ralph Waldo n'aurait pas tenu une heure dans le camp d'entraînement. Toutes les belles phrases de l'entraîneur où il proclame son non-conformiste, sa volonté de ne pas cultiver les «héros», de laisser à chacun des joueurs sa personnalité etc., ne cadrent pas avec la défense qu'il fait à «ses» hommes de parler devant la presse ; avec les petits écussons qu'il leur distribue pour mettre sur leurs casques en récompense de leur docilité ; avec la façon dont il est le porte-parole de toute l'équipe etc. Des êtres comme Jésus, Socrate, Gandhi, Sir Thomas More et plus récemment Harry Truman et Winston Churchill, furent méprisés pour leur individualisme forcené pendant leur vie et déifiés ensuite quand il n'y avait plus aucun risque.

Nous usons de «courbes de normalité» dans nos écoles pour décider qui peut s'intégrer au groupe et qui ne peut pas. Nous avons toutes sortes d'instruments standardisés pour mesurer les gens dans notre recherche de cette «moyenne» que nous avons sacralisée.Frederick Crane a dit un jour : «La médiocrité se rassure grâce à la standardisation.» Pourtant en dépit de toutes les pressions qui s'exercent sur vous et des recommandations dont on vous rebat les oreilles afin que vous copiiez les autres, vous pouvez fort bien vous y refuser. Vous persisterez à percevoir, penser et ressentir à votre manière qui est unique au monde. Si vous comprenez la raison pour laquelle les autres ont besoin de références extérieures, (tout bonnement pour exercer un droit de contrôle sur votre conduite et vous gouverner) vous mettrez fin à cette forme de manipulation.

LE CONCEPT DE SOLITUDE EXISTENTIELLE

S'il vous faut réaliser que vous êtes unique au monde, ce n'est pas suffisant. Il faut également que vous acceptiez d'être seul. Mais oui seul !

Personne ne peut sentir ce que vous sentez, même si vous vous trouvez au milieu de milliers de personnes ou faisant l'amour avec une personne ou isolé dans une cellule. Votre inévitable «solitude existentielle» signifie simplement que votre existence humaine est fondée sur le fait que vous êtes seul(e) avec vos sentiments et pensées propres.

Cette reconnaissance de votre solitude existentielle peut être éminemment libérante ou éminemment asservissante ; cela dépend de la façon dont vous décidrez de la vivre. Mais quel que soit votre choix vous ne changerez rien au fond de la question. Vous *pouvez*, cependant, *choisir* d'en faire une expérience libérante en la faisant travailler en votre faveur, ainsi que je l'ai conseillé à beaucoup de mes clients.

Je vous soumets le cas de Ralph, un cadre supérieur de quarante six ans, qui vint me consulter il y a quelques années. Sa confrontation avec sa solitude existentielle avait été soudaine. Il me raconta qu'il était assis dans son salon, un soir, regardant sa femme plongée dans la lecture de son journal, indifférente au tourbillon de pensées qui s'agitaient dans la tête de son mari. Il eut tout à coup le sentiment que cet être, avec qui il était marié depuis vingt-quatre ans, ne le connaissait même pas ; c'était comme si une totale étrangère se trouvait devant lui, dans son salon. Il comprit alors pour la première fois qu'elle ne connaîtrait jamais ses pensées les plus intimes. Cette prise de conscience l'effraya profondément et, ne sachant comment réagir, il décida de prendre conseil.

Dès nos premières séances, il eut l'impression qu'il lui *fallait* prendre une décision comme de demander le divorce ou de s'enfuir. Mais quand il fut confronté avec cette vérité fondamentale de la condition humaine, il commença à voir cette solitude sous un angle tout différent, disons dans une perspective de libération. Puisque son épouse ne pouvait absolument pas ressentir ce qu'il ressentait au fond de son être, il pouvait cesser de s'attendre à ce qu'elle le comprît et partageât son « intimité » tout le temps. De même il comprit que sa femme était également solitaire existentiellement et qu'il pouvait laisser tomber de ses épaules le fardeau des efforts qu'il tentait pour être un avec elle et pour partager ses sentiments, ce qui le culpabilisait inutilement quand il n'y parvenait pas. Fort de cette nouvelle vision, il était en mesure de stopper cette quête infernale et démoralisante de quelqu'un qui saurait sentir à l'unisson et, par conséquent, il prendrait seul en main son destin. Il pouvait également ne plus peser sur sa femme.

Il fallut peu de temps pour qu'il se sentît un homme nouveau, et ce uniquement parce qu'il était libéré de ce vain désir de voir un autre être partager son unicité corporelle et spirituelle.

Il est important de saisir comment cette révélation de la solitude existentielle eût pu provoquer en lui de désastreuses conséquences, comme c'est le cas chez de nombreuses personnes. Il eût pu se dire qu'il était prisonnier de sa condition humaine et que personne ne le comprenait. Avant de venir me trouver il s'était bien des fois plaint de ce que sa femme «ne le comprenait pas» et sa soudaine intuition de ce qu'elle était en quelque sorte une «étrangère» aurait pu aggraver la difficulté de leurs relations et enlever tout espoir de solution.

Mais quand nous examinâmes ensemble ce qu'était cette solitude existentielle, Ralph reconnut l'inanité des efforts visant à faire pénétrer un autre être dans les profondeurs de notre psyché. Nous pouvons partager bien des sentiments et progresser en intimité mais il faut admettre que nous ne pouvons connaître l'autre qu'en surface. On ne peut rêver atteindre l'autre jusqu'au fond de l'âme.

La solitude existentielle peut être la source d'une grande force, de même qu'elle peut engendrer d'extrêmes difficultés. Chaque fois que vous seriez tenté(e) de prendre modèle sur la manière dont les autres mènent leur existence, pensez à cette phrase de Henrik Ibsen, le grand dramaturge norvégien du dix-neuvième siècle : «L'homme le plus fort au monde est celui qui est le plus seul.»

Vous pouvez interpréter cette position comme

empreinte d'égoïsme, penser qu'elle est antisociale, si c'est ce que vous avez envie de penser ; ou bien vous pouvez observer le plus lucidement possible ce qui vous est dicté par les paramètres de votre réalité personnelle. Le fait est que les êtres qui ont eu le plus grand impact sur l'humanité, qui ont aidé le plus grand nombre d'hommes, sont ceux qui ont consulté sur ce qu'ils pensaient au plus profond d'eux-mêmes au lieu de faire docilement ce qu'on leur dictait. Dans ce contexte, la force c'est de vivre selon ses propres convictions sans plus essayer de faire partager son sentiment.

Pour en revenir à mon ancien client, Ralph, il continue à se rappeler ce moment vécu dans son salon comme l'un des plus marquants de son existence, non seulement parce qu'il lui a donné l'occasion de consulter un thérapeute et de prendre le temps de réfléchir à la façon dont il vivait, à ces efforts futiles pour faire ressentir à sa femme et à ses enfants ce qu'il ressentait au plus profond de lui-même, mais surtout parce que cela lui a permis d'affirmer sa personnalité d'une façon plus positive et plus féconde. Il sait bien qu'aucun être humain n'est une île isolée et qu'il ne peut fonctionner comme un ermite antisocial mais il est convaincu désormais, parce qu'il en a fait l'expérience, qu'intérieurement nous sommes chacun un univers unique et que plus nous serons pénétrés de cette vérité plus nous serons en mesure d'édifier des passerelles *vers* les autres plutôt que de nous réfugier derrière des barrières quand nous sommes bouleversés de voir qu'ils ne nous ressemblent pas.

LA MAUVAISE HABITUDE DE SE COMPARER AUX AUTRES

Une fois que vous aurez compris cette solitude existentielle, il vous restera encore à lutter contre la grande habitude — que vraisemblablement vous avez contractée de longue date — de jouer au jeu des comparaisons. C'est une maladie universellement répandue à laquelle n'a résisté qu'un très petit groupe d'êtres particulièrement solides. On nous a appris dans notre société à chercher en dehors de nous nos règles de conduite et, de ce fait, la « vision comparative » nous dicte la plupart de nos jugements. Vous ne savez si vous êtes intelligent, alors vous vous comparez aux autres. Êtes-vous équilibré, séduisant, heureux, épanoui ? Avez-vous quelques mérites ? Avez-vous réussi ? Autant de questions auxquelles vous allez répondre après avoir lorgné ce que font les autres et décidé quelle place vous est assignée sur cette échelle de valeurs comparées.

Peut-être en êtes-vous arrivé(e) au point où vous ne pouvez concevoir d'autre alternative pour ce jugement de vous-même que celle de vous évaluer selon les « règles communes ». En ce cas vous ignorez l'existence d'un baromètre bien plus important pour savoir où vous en êtes, à savoir *votre propre* satisfaction par rapport à la vie que vous menez. Point n'est *besoin* de regarder le voisin pour asseoir votre connaissance de vous-même. Comment savoir si vous êtes intelligent ? En sachant et en affirmant que vous l'êtes ; en accomplissant ce que vous voulez accomplir. Êtes-vous séduisant(e) ? Oui selon vos critères personnels que vous ferez bien d'établir à *votre* idée avant de vous apercevoir que vous avez *choisi* d'adopter ceux du voisin et que, par conséquent, *vous vous* « brimez ».

Ce jeu des comparaisons est funeste parce que le jugement que vous portez sur vous-même dépend constamment de facteurs extérieurs sur lesquels vous n'avez aucune prise. Il vous frustre de toute sécurité intérieure puisque vous ne pouvez jamais être sûr(e) de la façon dont les autres vont vous juger. En même temps c'est un jeu tentant parce qu'il élimine tous les risques que comporte toute décision que l'on est seul à prendre. Et bien évidemment les autres vous «accepteront» mieux — en surface — si vous cherchez uniquement à leur ressembler de plus en plus.

Vous vous condamnez à une existence de victime sans défense si vous persistez à vous conduire ainsi. Peut-être rêvez-vous en secret de vivre «différemment» : de porter des vêtements d'un nouveau style, de sortir avec quelqu'un de plus vieux ou de plus jeune, de faire en un mot quelque chose qui «sorte de l'ordinaire». Vous êtes prisonnier de votre conformisme si les autres n'ont pas la même envie que vous.

S'il vous arrive de *finir* par faire les choses de la même façon qu'un tas d'autres gens, cela n'a rien de mal. Mais par contre si vous vous sentez *obligé(e)* de regarder d'abord ce que font les autres avant de vous décider, cela signifie que vous êtes vraiment tombé dans le piège. Je vous le répète, vous n'avez pas besoin de vous conduire en anticonformiste à chaque occasion, simplement pour prouver que vous refusez d'être une victime. En fait un comportement aussi obligatoirement anticonformiste montre que vous êtes assujetti autant qu'un autre au jugement de la majorité puisque chaque fois vous en prenez sans réfléchir le contrepied. Servez-vous donc de votre «bon sens inné» quand il vous faut décider de ce que vous voulez sans avoir le *besoin* d'agir dans le même sens que tout le monde, ne serait-ce que parce que vous êtes unique au monde et ne pouvez être identique aux autres, quand bien même vous en auriez envie.

La seule démarche concrète pour se libérer de cette catégorie de brimades qu'on s'impose à soi-même est de vous arrêter chaque fois que vous vous surprenez à user d'un langage comparatif. Comme toujours, faites des exercices pratiques pour lutter contre ces mauvaises habitudes, soit mentalement soit dans votre manière d'agir (et d'envoyer des signaux) avec les autres.

LA MANIE ENCORE PLUS DESTRUCTRICE
DE SE LAISSER COMPARER AUX AUTRES

Vous pouvez vous mettre volontiers à la tâche en ce qui concerne l'élimination des mauvaises habitudes de comparaisons continuelles et la progression vers l'établissement de règles de vie personnelles mais vous vous heurterez sans doute à de plus sérieuses difficultés, quand il s'agira de stopper le bombardement incessant de comparaisons qu'on vous lancera à la tête. Il est facile de brimer les gens disposés à faire les choses — ou plus exactement à ce qu'on leur fasse faire les choses — parce que tout le monde se plie à ces *règles du jeu*. En bien des cas (pour ne pas dire la majorité), il est tout à fait légitime qu'on vous traite comme les autres mais s'il vous arrive d'être brimé alors que les « règlements » devraient être assez souples pour ne brimer personne, c'est que vous vous êtes affronté avec quelqu'un qui ne se sentira satisfait que dans la mesure où il aura pu vous brimer.

Les vendeurs ou employés sont, en ce monde, les gens les plus enclins à traiter ainsi le commun des mortels. Rappelez-vous (chapitre 1) un vendeur ou un employé est un mufle ! (non pas personnellement mais de par la fonction), tout simplement parce qu'ils sont payés pour faire respecter les règlements que leurs employeurs veulent faire ingurgiter par «tout un chacun». Ainsi c'est leur seconde nature qui leur fait dire «Regardez cette dame, elle ne se plaint pas, elle» ; ou «C'est la même chose pour tout le monde». Rappelez-vous pourtant que les vendeurs et employés ne sont pas les seuls à se comporter ainsi. Voici deux petits scénarios destinés à illustrer comment les vendeurs et employés ont tendance à jouer à ce jeu des comparaisons et comment deux amis à moi ont pu s'en tirer victorieusement parce qu'ils s'en sont aperçu à temps et ont appliqué de bonnes stratégies.

• *La dame des crêpes.*

Chuck entre dans une crêperie ; on l'installe, après qu'il soit passé devant une stalle vide, à une table minuscule placée devant une porte de sortie ; la chaise est dure ; il a une poignée de porte dans le dos et il se trouve en plein courant d'air. Il dit à l'hôtesse qu'il préfèrerait se mettre dans la stalle où il n'y a personne. Elle lui dit qu'elle est réservée aux groupes. Il réclame une autre table et s'entend répondre : «Ce sont nos règlements, monsieur, tout le monde s'y conforme. Vous voyez le monsieur là-bas ? Il ne se plaint pas.» Elle avait raison, il y avait devant une autre porte un consommateur transi qui mangeait des crêpes froides sans mot dire. «Et alors ? demanda Chuck, je ne me plains pas non plus ; j'ai envie simplement de manger le repas que je m'apprête à payer à une table agréable. Si c'est un tel problème pour vous, j'aimerais parler à la direction.»

— Le directeur n'est pas là.

— Bon. Mais il y a plusieurs stalles vides, je ne vois pas pour quelle raison je serais mal installé.

Chuck ne voulait pas faire le mauvais coucheur et quitter la crêperie. Il en aurait été encore plus brimé car il avait faim et ne disposait pas d'assez de temps pour aller ailleurs. Et il ne voulait pas non plus s'installer d'office dans la stalle pour ne pas *provoquer* une scène pénible et il ne se sentait pas d'humeur à graisser la patte à la serveuse. Aussi décida-t-il de s'amuser un peu à ses dépens et de simuler une crise de nerfs. Il continua à la prier de se laisser convaincre mais, comme elle le prenait de haut, il commença à avoir des tics ; ses bras se mirent à s'agiter « malgré lui » et sa figure se contorsionna.

Soudain la dame aux crêpes fut désarçonnée et demanda, inquiète : « Il y a quelque chose qui ne va pas, Monsieur ? »

— Je ne sais pas, répondit Chuck d'une voix entrecoupée. Quand ce genre de choses m'arrive, je pique une crise.

Il parlait d'une voix plus forte qui attirait l'attention. Un supérieur arriva miraculeusement sur ces entrefaites : « Je vous en prie, Alice, laissez-le s'installer dans la stalle. »

Et voilà ! Dans la circonstance présente Chuck fit montre de ses talents d'acteur, ne fit de mal à personne et dégusta ses crêpes bien chaudes à une bonne table. Il fit un clin d'œil complice à la dame en partant et ne laissa bien entendu aucun pourboire afin de ne pas encourager Alice dans son comportement tyrannique à l'égard des infortunés clients.

• *Sara.*

Sara, au cours d'une promenade à bicyclette, aperçut à la vitrine d'une épicerie un écriteau portant cette inscription : « Jus d'orange : trois boîtes pour un dollar ». Alléchée par cette offre avantageuse, elle stoppa net et, quelques minutes plus tard, passa à la caisse avec six boîtes de jus d'orange qu'elle s'apprêtait à emballer dans deux sacs. La caissière la voyant faire s'écria, indignée, « Désolée, ma petite, vous ne pouvez pas prendre un double emballage, c'est contraire aux règlements de la maison. »

Sara répliqua : « Les règlements n'ont rien à voir dans ce cas. Je remporte mes boîtes de jus, à la maison, en bicyclette ; si je ne mets pas deux sacs l'un dans l'autre, ce ne sera pas assez solide. »

La caissière s'emporta de plus en plus et Sara s'aperçut que pour elle c'était une question de dignité personnelle. « Pas de double emballage », clamait-elle le visage en feu.

Sara savait que cette « politique » avait sa raison d'être et qu'il fallait quatre vingt dix fois sur cent y obéir si l'on voulait limiter l'absurde gaspillage en papier des Américains, même si dans le cas de ce magasin, il ne s'agissait que de faire une économie d'argent. Mais, en l'occurrence, elle ne voulait pas se laisser faire.

La caissière allégua que personne d'autre ne se permettait de prendre deux sacs alors pourquoi se le permettait-elle ? Pourquoi croyait-elle que son cas était spécial (pourtant Sara avait pris la peine de lui expliquer ses raisons.) Elle continua à discourir sur la façon dont les autres clients se comportaient. Sara demanda s'il était permis de mettre trois boîtes dans un sac et les trois autres dans un autre. Il lui fut répondu que oui. Mais ce n'était pas permis de prendre deux sacs pour les mettre l'un dans l'autre. Confrontée à ce merveilleux spécimen de logique, elle demanda à voir le patron qui vit rapidement combien stupide avait été le comportement de son employée. Et Sara s'en fut avec son jus d'orange à l'abri dans ses deux sacs ! La caissière, elle, était absolument furieuse, posant tous les objets avec bruit sur le comptoir pour manifester sa totale désapprobation, tout cela uniquement parce que Sara n'avait pas voulu se soumettre à cette absurde application mot à mot d'un règlement.

Dans un récent numéro du Time, a paru la petite anecdote qui suit : Joe DiMaggio demanda un jour une augmentation : «Après ma quatrième saison, raconte-t-il, je demandai 43 000 dollars et le directeur général Ed. Barrow me répondit : Jeune homme, vous rendez-vous compte que Lou Gehrig, qui a seize ans, combat pour 44 000 dollars seulement ?» Nous y voilà ! Tel est le procédé commode pour vous manipuler ; on fait référence à quelqu'un d'autre qui s'est montré bien docile. Si jamais on accepte cette logique, on peut s'attendre à être perpétuellement brimé sous prétexte que «les autres le sont». Ceux qui sont passés maîtres en l'art de brimer n'hésitent pas à recourir à cette tactique quand ils sentent qu'ils risquent de perdre quelque peu de leur mainmise sur vous.

Vendeurs, employés, fonctionnaires, font souvent pression sur les gens afin qu'ils unissent leurs efforts aux leurs pour mieux faire respecter les règlements. Si un écriteau signale de ne pas parler et si vos enfants ou quelqu'un d'autre n'en tiennent pas compte, le préposé vous jettera un regard qui signifie : «Pourquoi ne faites-vous pas respecter le règlement ?» Si cette défense vous paraît stupide ou basée sur la croyance qu'on peut exiger des enfants la même attitude que s'ils étaient des adultes, vous seriez un imbécile d'y obéir.

Récemment, un jour d'hiver, John était en train de nager dans la piscine en plein air — mais chauffée — de l'hôtel où il séjournait. Un écriteau signalait qu'on n'avait pas le droit d'éclabousser ni de jouer au ballon bien que la surface de l'eau fût couverte de milliers de balles en caoutchouc destinées à empêcher la chaleur de se dissiper dans l'air froid. Quand plusieurs enfants, qui n'étaient même pas les enfants de John, se mirent à frapper dans l'eau et à lancer les balles, le gardien *lui* demanda de faire la police lui-même. Il n'y avait pas d'autres adultes que cela aurait pu déranger, expliqua John, et en tout cas ce n'était pas son affaire. «Je ne suis *pas d'accord*, dit-il avec ce règlement ; je pense qu'une piscine doit être un endroit où les enfants puissent s'amuser librement. Ils ne me gênent absolument pas ; il n'y a personne d'autre. Si vous voulez qu'ils cessent, venez le leur dire vous-même ; moi, je ne le ferai certainement pas !» Le garde fut furieux ; il devait penser que c'était l'affaire de John, en tant qu'adulte et pensionnaire de l'hôtel, de prendre son parti contre les enfants mais il descendit dans l'eau et fit cesser les jeux défendus.

John pensant que les enfants étaient victimes d'un règlement qu'il trouvait absurde, s'en alla trouver la direction, dit que le règlement était ridicule et que le responsable qui voulait à tout prix le faire respecter manquait de bon sens. «Je vous préviens ajouta-t-il, que je n'amènerai pas ma famille ici tant que vous appliquerez ces règlements. D'ailleurs même quand je suis seul, je peux choisir d'aller ailleurs.» Résultat : le directeur changea immédiatement le règlement. On enleva l'écriteau et le gardien reçut des instructions comme quoi il fallait que tous puissent profiter de la piscine, comme ils l'entendaient, pourvu que la sécurité fût assurée et que cela ne gênât personne. Le directeur avait compris qu'un règlement conçu au départ pour protéger les clients semblait au contraire les gêner ; or il n'était pas dans l'hôtellerie pour indisposer la clientèle.

Un des manèges favoris des gens qui veulent vous

brimer est le suivant : ils vous parlent de «La dame qui était ici la semaine dernière». Ce peut être également «le monsieur», le «couple» ou «les gens» mais «la dame» semble avoir plus de succès. Si vous n'êtes pas d'accord avec votre addition, vous entendrez parler en long et en large de *la dame* qui a dû payer deux fois plus... donc vous devriez vous estimer satisfait de vous en tirer à si bon compte. Si on ne peut vous attribuer une bonne table dans une boîte de nuit, il sera question de *la dame* qui, l'autre soir, était installée dans le coin près des toilettes et qui, pourtant, était ravie de sa soirée. Si vous devez attendre deux semaines de plus la livraison promise, il y a *une dame* qui a dû attendre quatre mois.

Oui, quand vous demanderez à être traité convenablement, il y aura toujours quelqu'un pour sortir de son sac à malice une «pauvre dame», histoire de vous donner des remords. Guettez son apparition car c'est le signal d'alarme ! On se prépare à vous faire avaler une bonne ration de pilules amères, il faut bien une petite histoire pour les faire passer.

Si vous êtes vous-même vendeur, employé ou telle personne en position d'imposer aux autres un règlement qui peut n'avoir aucun sens en certaines circonstances (l'humanité n'a pas encore inventé de loi qui ne connaisse jamais aucune exception), vous serez un jour ou l'autre brimé à votre tour par certains de vos collègues qui seront furieux quand vous serez tenté de faire quelques raisonnables exceptions. Vous gémirez ainsi : «Si j'agis en ce sens, je vais perdre ma situation» Dieu sait quelles graves menaces seront suspendues au-dessus de votre tête. Dites-vous non seulement que c'est faux mais qu'à travers les âges cela a toujours été l'ultime argument utilisé par les plus infâmes oppresseurs de l'histoire.

Vous n'êtes jamais obligé d'appliquer des règlements avec force ou passion et vous pouvez fort bien vous permettre de passer par-dessus quand ils ne conviennent pas à tel cas en particulier. Votre simple bon sens devrait vous permettre de savoir quand telle ou telle situation exige que vous fermiez les yeux. Nul besoin d'afficher cette «politique de souplesse» et vous découvrirez qu'elle est plus facile à appliquer quand on ne met pas son point d'honneur à imposer à tout moment des règlements qui briment les autres. D'ailleurs si vous répugnez à exercer un métier de ce genre, demandez-vous pourquoi vous faites passer ce travail avant le sentiment de votre propre dignité. Si Emerson avait vécu de nos jours il aurait volontiers répété aux «spécialistes en comparaisons» et «princes des règlements» : Chaque individualité a sa beauté qui lui est propre... et chaque esprit possède sa méthode personnelle. Un homme digne de ce nom ne gagne rien à se conformer aveuglément aux règles.

Si les gens qui vous briment étaient capables de s'inspirer de pareilles maximes dans leur vie, ils n'auraient pas en eux un besoin si fort de «faire respecter» les règlements. Je ne veux pas dire par là qu'un vendeur ou un employé quelconque ne puisse avoir sa propre personnalité, non certes. Mais leur fonction requiert d'eux si souvent qu'ils oppriment les autres que leur métier finit par attirer ceux qui veulent enfler leur ego en dominant les autres par ce biais du règlement à imposer. Ceux-ci restent toute leur vie attachés à ce type de profession.

D'un autre côté bien des gens choisissent ce travail pour gagner de l'argent, de l'expérience etc., et ne mettent pas leur dignité personnelle en jeu quand il s'agit de faire respecter à tout prix des consignes. Ils savent faire tranquillement et efficacement leur métier en fermant les yeux quand il est sensé de le faire. Si jamais vous faites ce métier, rappelez-vous qu'il dépend de *vous* d'appartenir à l'une ou l'autre de ces catégories.

Il m'est arrivé récemment d'observer un monsieur qui fait office de gardien de la circulation à la sortie des écoles, à un carrefour très achalandé par où je passe souvent. J'ai remarqué qu'il attend volontiers qu'il y ait beaucoup d'autos en vue pour faire traverser les enfants même si, pour cela, il doit faire attendre sur le trottoir toute une grappe d'enfants quand la rue est libre. Il s'avance alors au milieu de la chaussée et exerce son pouvoir en arrêtant tous les véhicules pour que les écoliers puissent traverser. Il est l'exemple classique du fonctionnaire qui ne s'estime satisfait que lorsqu'il a pu imposer son autorité au maximum. Bien sûr il retarde inutilement les automobilistes mais c'est sans doute la seule façon dont il puisse imposer son autorité aux autres dans sa vie. Ce n'est pas bien grave mais l'exemple illustre bien mon propos. Quand les gens n'ont conscience de leur valeur qu'en exerçant leur pouvoir sur vous ou sur quiconque, vous pouvez parier qu'ils mettront tout en œuvre pour y parvenir en toute occasion. Si vous abordiez cet homme et lui démontriez qu'il gêne inutilement la circulation en l'arrêtant, au lieu de choisir le moment où la rue est libre pour faire traverser les enfants, il vous répondrait immanquablement : «Tous les autres automobilistes s'arrêtent, personne ne se plaint ; pourquoi protestez-vous ? Est-ce que vous n'aimeriez pas les gosses ?» Comme de bien entendu vous retrouvez ici la référence aux autres et les arguments absurdes dont on se sert, consciemment ou non, pour déplacer l'attention loin du comportement contesté et exercer ses brimades.

AUTRES TYPES COURANTS
DE PIÈGES-COMPARAISONS

Vous trouverez ci-dessous quelques autres phrases très communément employées pour vous brimer en attirant l'attention sur les autres.

• *C'est dommage que vous ne soyez pas comme...*

Ceci est destiné à minimiser votre estime de vous-même et à vous brimer sous prétexte que vous ne vous comportez pas comme telle ou telle personne qu'on vous donne en modèle. C'est un procédé particulièrement efficace quand il sert aux « autorités » parentales ou autres pour garder en main leurs subordonnées, employés, enfants etc.

• *Personne d'autre ne se plaint !*

Cette tactique est utilisée par tous ceux qui ont intérêt à vous garder dans la même catégorie que « tous les autres » qui sont trop timides pour affirmer leurs droits.

• *Et si tout le monde en faisait autant !*

Les oppresseurs de tout acabit essaient de vous faire honte en prétextant que vous provoquez l'anarchie dans la société si vous réclamez votre dû. Bien sûr vous savez que les citoyens ne défendent pas tous leurs droits et que d'ailleurs, s'ils le faisaient, la vie serait bien meilleure pour tous, puisque personne ne pourrait marcher sur le pied de quiconque en posant des questions moralisatrices telles que : « et si tout le monde en faisait autant ? »

• *Vous devriez être content de ce que vous avez.*

Cette petite phrase s'accompagne généralement de quelque chose comme « Vos grands-parents n'avaient rien » ou « il y a des enfants qui meurent de faim en Albanie. » Ces sentences sont destinées à engendrer en vous un sentiment de culpabilité — alors que vous demandez ce qu'il vous semble mériter — sous prétexte que les autres n'en ont pas eu autant dans le passé ou en sont privés ailleurs. Cette technique implique que vous ne revendiquiez jamais rien, en une situation donnée, parce que des hommes, dans d'autres situations, ont connu ou connaissent des difficultés. Si vous vous laissez gruger au point de ressentir de la culpabilité à propos de situations dont vous n'êtes pas responsable et pour lesquelles vous ne pouvez rien, votre « oppresseur » aura beau jeu de déclarer que vous n'avez pas droit à quelque chose que vos grands-parents n'ont jamais eu ou que les pauvres d'Albanie n'ont pas...

• *Ne faites pas tout ce tapage, vous me gênez.*

Cette astuce a pour but d'obtenir que les gens respectent les règles de la bienséance, au lieu de défendre leurs droits en haussant le ton, parce que celui qui parle ne peut supporter la confrontation publique. Cela est destiné principalement aux jeunes pour qu'ils fassent plus confiance en ce qu'on leur dit ; ce qui au bout du compte les conduit à ne plus se faire confiance à eux-mêmes, à se déprécier et à avoir besoin d'une thérapie.

• *Dommage que vous ne ressembliez pas plus à vos frères et sœurs !*

Beaucoup d'êtres sont plus perturbés dans leur vie d'adultes par ces comparaisons avec les membres de leur famille que par les autres genres de comparaisons. Les enfants ne peuvent acquérir de personnalité ni le sens de leur propre valeur si on attend d'eux le même comportement que celui de leurs frères et sœurs. Chaque personne est unique et doit être traitée en conséquence.

• *Ils le veulent ainsi. Ils ne le permettent pas.*
C'est la façon dont ils procèdent, etc.

Faites bien attention à ce pronom magique « ils »

qui surgit quand vos «oppresseurs» veulent vous donner l'impression qu'une autorité toute puissante a édicté les principes qui doivent guider immuablement votre conduite. Si celui qui parle ne peut vous dire que représentent ces «ils» alors vous pouvez en conclure qu'«*ils*» n'existent pas et que par conséquent vous seriez bien sot de tenir compte de *leurs* diktats.

• *C'est la volonté de Dieu que je fasse cela.*

Beaucoup de gens imaginent qu'ils sont reliés par des pipelines spéciaux à Dieu. Et quand cette croyance les mène à dominer le voisin, c'est comme si Dieu leur disait : «Tant pis pour toi !» Dans le numéro du Miami Herald du samedi 12 décembre, on rapportait que l'entraîneur de l'équipe de football de New-York, les Jets, expliquait, en ces termes, à la presse pourquoi il n'allait pas remplir les quatre dernières années de son contrat auxquelles légalement il était tenu : «Je ne peux donner mon cœur au football professionnel. Dieu n'a pas mis Lou Holtz sur la terre pour cette raison.» Ainsi, ayant déclaré que c'était la volonté de Dieu, il a cherché une autre situation dans une autre partie des États-Unis. Une question m'intrigue : comment les entraîneurs de football peuvent-ils croire que Dieu a si peu à faire qu'il puisse s'inquiéter de déterminer qui va entraîner telle équipe ?

QUELQUES STRATÉGIES À METTRE EN ŒUVRE POUR VENIR À BOUT DES PERSÉCUTIONS PAR LE BIAIS DES COMPARAISONS

Comme en ce qui concerne les autres marches à suivre indiquées dans cet ouvrage, il faudra avant tout que vous sachiez bien évaluer les situations dans lesquelles vous vous trouverez, pour éviter d'être pris au dépourvu et être prêt à une contre-offensive qui désamorcera toute tentative de brimade. Il y a des techniques qu'il faut avoir présentes à l'esprit quand on a à faire face à des gens qui vous comparent aux autres, à seule fin de vous empêcher d'atteindre vos objectifs et de vous faire faire ce qu'ils désirent.

• Dans quelque confrontation que ce soit, quand on fait référence à d'autres personnes qui ont été brimées et qu'on s'attend à ce que vous vous laissiez faire, rappelez-vous que ces comparaisons n'ont rien à voir avec votre personne ; le même procédé serait utilisé avec n'importe qui d'autre. Refusez de vous laisser démonter et vous aurez déjà fait un grand pas sur la voie de la libération.

• Quand on vous propose l'exemple de quelqu'un d'autre pour vous inciter à faire quelque chose que vous refusez de faire, essayez de demander : «Croyez-vous que je m'intéresse au client que vous avez pu voir la semaine dernière ?» ou bien «Pourquoi voulez-vous que je me préoccupe de savoir comment vous vous en êtes tiré avec d'autres clients ?» N'ayez pas peur de poser carrément ce genre de questions. Votre adversaire est prêt à vous en demander beaucoup plus.

Tentez d'interrompre vos interlocuteurs au moment où ils se lancent dans les comparaisons pour vous déprécier. Dites simplement «Une minute, s'il vous plaît ! Vous me donnez d'autres gens en exemple pour que *je me comporte* d'une certaine façon mais je n'ai rien de commun avec eux.» Une attaque aussi directe quand vous n'êtes pas encore habitué à ce genre de procédé peut vous faire trembler mais il faut passer outre à vos craintes. Une fois que vous l'aurez essayé à quelques reprises, vous aurez moins d'appréhensions et vous remarquerez que ceux qui

vous persécutent d'une façon habituelle y regarde-
ront à deux fois quand ils verront que vous savez
faire face.

• Servez-vous de phrases qui commencent par
«vous». Par exemple «Vous trouvez que je devrais
ressembler davantage à Sally ?» — «Vous estimez
que je devrais agir comme tout le monde ?» — En
vous y prenant de cette manière vous faites comprendre que vous ne vous sentez pas concerné personnellement par ces tentatives et que vous avez
parfaitement conscience de but recherché par lui ou
elle. Prenez un ton incrédule et stupéfait à l'idée que
votre interlocuteur ait de pareilles idées.

• Si tous les autres moyens échouent, faites semblant d'ignorer totalement ces références aux
autres. N'y réagissez pas. Cette tactique est particulièrement efficace avec les membres de sa famille.
Si vous demeurez parfaitement paisible quand on
vous dit que vous devriez prendre exemple sur les
autres, votre silence ne passera sûrement pas ina-
perçu. Si les gens vous posent alors des questions
sur votre silence, répondez que vous avez essayé
tous les autres moyens pour les empêcher de vous
manipuler par cette tactique des comparaisons ;
comme jusqu'à présent vous avez échoué, vous avez
décidé de ne plus réagir. Ils se mettront peut-être en
rogne (encore un moyen de vous intimider) mais
ils comprendront.

• Vous pouvez également leur emprunter la référence à la «dame» dont j'ai parlé plus haut. Ainsi
vous direz : «Je suis heureux que vous ayez men-
tionné cette fameuse *dame* de la semaine dernière
qui n'a pas protesté, parce que justement moi aussi
je voudrais vous parler du garagiste que j'ai vu la semaine passée qui m'a demandé moins cher que
vous.» Ou «Si vous continuez à me dire que je de-

vrais m'habiller à la dernière mode comme la cousine Liz, moi je vous conseillerai de vous montrer aussi généreux que l'oncle Harry». Je vous prédis qu'il ne vous faudra pas longtemps pour que vos «persécuteurs» se rendent compte que vous êtes devenu habile à leur petit jeu.

• D'une façon plus spécifique vous pouvez mettre une étiquette sur le comportement de votre persécuteur et lui montrer que vous voyez clair dans son jeu. «Vous êtes troublé et vous me comparez à quelqu'un d'autre pour que je cesse d'agir *conformément à ce que je crois.*» N'importe quelle déclaration de ce genre enfoncera le clou, manifestera votre position de contre-victime et débutera une ère de franc-parler qui remplacera avantageusement les paroles évasives ou les comparaisons dénuées de sens.

• Arrêtez vos pourparlers avec les persécuteurs tels que les vendeurs, employés etc., à partir du moment où vous réalisez qu'ils n'ont aucune bonne volonté pour vous aider ou qu'ils en sont incapables, ce que vous devinerez dès qu'ils insisteront sur le fait qu'«ils», «tout le monde», «la dame», le «règlement» (et ainsi de suite) sont les standards d'après lesquels vous devez être traité. Si vous continuez la conversation, ne serait-ce qu'un instant après vous en être rendu compte, vous vous trouverez dans un piège plus profond dont il vous sera plus ardu d'émerger. Si, en parlant avec un avocat, un agent du fisc, un médecin ou qui que ce soit, vous découvrez tout à coup que vous en savez plus que ce prétendu «expert», prenez congé poliment et allez voir quelqu'un qui pourra répondre à vos questions et vous aider. Si vous ne vous sortez pas à temps de ces situations, vous finirez presque obligatoirement par vous soumettre aux intentions de l'autre, qu'elles soient honnêtes ou malfaisantes.

• Quand vous vous trouvez nez-à-nez avec un éventuel persécuteur qui se sert de comparaisons, demandez-vous : «Qu'est-ce que j'attends de cette rencontre» plutôt que «Bon sang ! Est-ce qu'il n'aura pas bientôt fini de me dire que je devrais ressembler à un autre type ?» En usant de ce genre de monologue intérieur, vous serez à l'affût des occasions favorables au lieu de vous laisser obnubiler par votre indignation. Une fois que vous avez pris conscience de ce que vous désirez, vous pouvez vous acharner à l'atteindre plutôt que de vous braquer sur le comportement de votre interlocuteur.

• Ne manquez jamais d'évaluer les besoins du personnage en face de vous, tout en échappant aux pièges des comparaisons. Demandez-vous : «A-t-il besoin (ou a t-elle) de se sentir puissant(e), compris(e), important(e), respecté(e) ?» Si vous voyez un moyen pour permettre à cette personne de retirer un quelconque avantage de l'entrevue en «sauvant la face», alors vous avez une chance de plus de ne pas être brimé. Avez-vous à faire dans un hôtel à un chasseur-chef, un maître d'hôtel* qui a besoin de faire l'important, vous pouvez faire allusion aux grandes responsabilités qui lui incombent pour que tout fonctionne comme sur des roulettes (impliquant ainsi que vous vous attendez à ce que tout fonctionne de même pour vous). Si l'occasion se présente de parler plus familièrement, demandez depuis combien de temps il fait ce métier (si c'est depuis peu, admirez la vitesse avec laquelle il s'y est mis ; s'il y a longtemps, quelle expérience il doit avoir !) Quand vous pouvez mettre les gens ainsi de votre côté, ils sont bien mieux disposés à vous servir efficacement et n'abuseront pas de vous.

---

* En français dans le texte.

• Si vous constatez que, dans votre vie, certaines personnes essaient régulièrement de vous manipuler avec des comparaisons et autres références, choisissez un moment où vous n'êtes pas troublé par cette manière de procéder et discutez-en avec eux. Demandez-leur de faire un effort pour cesser leur manège. Une requête aussi simple présentée au bon moment réussit mieux en général que des paroles amères et rageuses quand vous êtes dans tous vos états car votre colère incite les autres à jouer de plus belle à leur petit jeu puisqu'il s'est révélé efficace à votre endroit.

• Entraînez-vous à simuler la «surprise», le sourire aux lèvres, l'air dégagé, et servez-vous de ces mimiques quand vous sentez que le jeu des comparaisons se met en branle. Dites : «Vous venez de me comparer à une personne que je n'ai pas le plaisir de connaître et qui n'est pas là pour appuyer vos dires. Si vous ne pouvez pas régler cette affaire avec moi dans le moment présent, allez voir cette personne dont vous me parlez et faites ce que vous voulez avec elle. Mais, en ce qui me concerne, je ne suis pas intéressé.» Ou «Le règlement ne s'applique pas à mon cas.» Ou de façon plus générale : «La médiocrité est fille de la standardisation». De si profonds aphorismes, que vous pouvez inventer au bon moment, désamorcent à merveille la campagne que mène votre adversaire pour triompher de vous et ils vous permettent de prendre la direction des débats.

• Si vous sentez qu'on cherche à vous brimer, ne craignez pas de prendre des initiatives. Rappelez-vous Chuck et «sa crise de nerfs» face à la «dame aux crêpes». Si l'on veut vous obliger à vous comporter comme quelqu'un d'autre, vous pouvez vous mettre à jouer le personnage de votre choix, c'est-à-dire celui qui a le plus de chance de remporter la victoire. «Jouer un rôle» est une de ces possibilités que doit recéler votre sac à malices ; c'est amusant et, si l'on en use avec modération, cela peut obtenir d'excellents résultats.

• N'oubliez pas de vous observer avec vigilence et impartialité quand c'est vous qui êtes dans la peau du manipulateur. Le meilleur moyen est de vous écouter parler et d'arrêter court les comparaisons avant qu'elles ne jaillissent de vos lèvres car il ne faut pas que vos proches soient en butte de votre part à ce même jeu. Éliminez impitoyablement les «Faites comme lui», les histoires analogues à celles de la «dame», cessez de prier vos enfants de ressembler à leurs frères ou sœurs ; traitez chacun comme un être unique au monde ; ne vous donnez pas non plus comme modèle ; pas de «Vous ne me verrez jamais vous jouer un tour pareil !» ou «Je ne fais jamais ça, pourquoi le faites-vous ?» Ne donnez pas à vos interlocuteurs la chance de vous rétorquer : «Mais justement vous me l'avez fait !» Si vous *cessez de parler ainsi*, les autres vous imiteront.

• Persévérez dans vos efforts pour ne pas vous laisser comparer aux autres. Il ne s'agit pas de résister une fois et d'abandonner ensuite la partie. Soyez d'une constance inébranlable tant que les autres n'auront pas compris ; votre obstination sera payante.

• Débarrassez-vous de toutes vos idoles, libérez-vous vis-à-vis des gens que vous avez envie d'imiter. Soyez votre propre héros ; n'espérez jamais ressembler à qui que ce soit. Il est juste d'admirer les belles actions d'autrui mais vous devez vous rappelez que chaque être a une personnalité à laquelle aucune autre ne peut être comparée. Si vous voulez toujours imiter les autres ou vous inspirer de ce qu'ils font, vous faites le jeu de ceux qui veulent vous manipuler en vous forçant à ressembler à tout le monde.

• Le point peut-être le plus important de tous sur lequel je veux attirer votre attention est le suivant : Essayez de faire de toutes vos rencontres des moments de bonheur, de plaisir, des occasions de vous stimuler et de progresser plutôt que des champs de bataille sur lesquels vous croirez votre bonheur en jeu. *Amusez-vous* à voir combien vous pouvez être efficace. Si vous réussissez — mais en cas d'échec ne perdez pas conscience de votre valeur — vous effacerez du même coup de votre front l'estampille « Victime docile ». Par contre si vous abordez la vie et ses rencontres avec un visage d'une mortelle gravité, vous vous exposez à toutes sortes de brimades. « Vous allez au devant des déboires ». Les gens qui ne se donnent pas tant de mal, qui sont décontractés et profitent des bons moments sont bien plus efficaces dans tout ce qu'ils entreprennent. Observez les champions, comme ils font montre avec aisance de leur adresse. C'est parce qu'ils ont bien assimilé la technique et qu'ils ne se croient pas forcés d'en faire trop, de réussir avant tout. Généralement quand un champion est tendu et contracté, il rencontre la défaite mais quand il affronte la performance d'un cœur tranquille, il réussit.

PENSÉES FINALES

Albert Einstein disait : « Les grands esprits ont toujours rencontré une violente opposition de la part des cerveaux médiocres. » Ces propos sont d'une vérité criante. Si vous voulez atteindre votre pleine stature, gravir vos montagnes, il vous faudra prendre conseil toujours et partout de vous-même. La seule alternative est d'écouter les violents arguments « contre » de tous ceux que vous rencontrerez sur votre chemin.

Les masses vous compareront indéfiniment aux autres, puisque telle est leur arme favorite pour lutter contre tous ceux qui voudraient s'affranchir du fardeau du conformisme. Votre attitude de contre-victime vous fera refuser obstinément de prendre les autres comme modèle, et elle vous apprendra à désamorcer les tentatives d'autrui pour vous dominer à l'aide du jeu des comparaisons.

Chapitre 5

Viser à une efficacité discrète et ne pas attendre des «autres» qu'ils vous comprennent.

Les relations entre gens qui s'aiment sont efficaces parce que justement personne n'a à faire d'effort particulier.

TEST COMPORTANT DOUZE QUESTIONS

Vous ne serez jamais gagnant si vous avez à prouver que vous l'êtes. C'est ce que ce chapitre, consacré à la façon de devenir discrètement efficace tentera de vous expliquer.

Oui	Non	
___	___	1) Êtes-vous perturbé quand vous ne pouvez vous faire comprendre d'autrui sur un point donné.
___	___	2) Ressentez-vous le besoin d'annoncer aux autres vos exploits ?
___	___	3) Ressentez-vous le besoin de signaler aux autres chaque fois que vous avez remporté une victoire sur quelqu'un ?
___	___	4) Êtes-vous facilement offensé(e) par le comportement ou les paroles des autres à votre égard ?

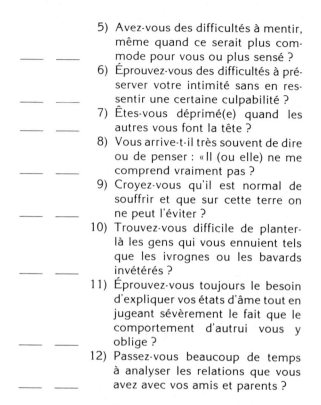

5) Avez-vous des difficultés à mentir, même quand ce serait plus commode pour vous ou plus sensé ?

6) Éprouvez-vous des difficultés à préserver votre intimité sans en ressentir une certaine culpabilité ?

7) Êtes-vous déprimé(e) quand les autres vous font la tête ?

8) Vous arrive-t-il très souvent de dire ou de penser : «Il (ou elle) ne me comprend vraiment pas ?

9) Croyez-vous qu'il est normal de souffrir et que sur cette terre on ne peut l'éviter ?

10) Trouvez-vous difficile de planter-là les gens qui vous ennuient tels que les ivrognes ou les bavards invétérés ?

11) Éprouvez-vous toujours le besoin d'expliquer vos états d'âme tout en jugeant sévèrement le fait que le comportement d'autrui vous y oblige ?

12) Passez-vous beaucoup de temps à analyser les relations que vous avez avec vos amis et parents ?

Les réponses affirmatives indiquent les domaines où vous êtes vulnérable ; il faut donc vous mettre au travail pour y mettre bon ordre. S'il vous faut expliquer votre conduite aux autres et essayer qu'ils comprennent *toujours* vos motivations ou bien si vous éprouvez le besoin de démontrer de quoi vous êtes capable par des actions et des paroles, cela vient de ce que vous êtes atteint(e) de la maladie suivante : «Vous ne savez être discrètement efficace».

DEVENIR DISCRÈTEMENT EFFICACE

Qu'entendons-nous par là ? Le mot sur lequel l'accent doit être mis est « *discrètement* » puisque nous avons exposé en détail au début de cet ouvrage ce qu'était l'*efficacité*. Être discrètement efficace, cela signifie qu'on a pas besoin de crier ses victoires sur le toit pour qu'elles prennent de l'importance à ses yeux. Il est parfois tout à fait justifié de parler aux autres des événements de son existence ; mais vous devenez vulnérable à partir du moment où vous avez BESOIN d'en informer autrui avant d'en éprouver une satisfaction personnelle. Une fois que ce mot « *besoin* » entre dans votre vocabulaire, vous êtes à la merci du jugement des autres et, au cas où ils refusent de reconnaître votre propre valeur ou celle de vos réalisations — pour quelques raisons que ce soit —, vous capitulez et ils finiront par tirer les ficelles à votre place.

Cela signifie également que vous n'avez pas à mettre le nez des copains dans vos victoires. Si vous vous y sentez invinciblement enclin, ils vous rattraperont au tournant en essayant d'une manière où d'une autre de vous gâcher votre joie. La voie royale pour atteindre cette discrète efficacité, c'est le jugement favorable que vous portez sur *vous-même*. Si vous avez confiance en vous, il vous suffira de vous sentir satisfait puisque vous accordez de l'importance à votre propre jugement. Par contre si cette estime de vous-même vous fait défaut, vous demanderez aux autres confirmation de ce que vous pensez... et c'est justement là que le bât blesse. Si vous devez mendier l'approbation d'autrui, vous êtes une victime toute disposée à ce qu'on la manipule.

Un exemple typique d'homme « bruyamment inefficace » me fut donné par Daryl, un de mes clients, âgé de près de quarante ans, qui avait perdu sa situation quelques années auparavant au moment où sa société avait fait faillite. Il était venu me trouver car il n'arrivait pas à retrouver du travail et se sentait mal dans sa peau. Comme il me le dit en arrivant : « J'ai été incapable de faire les démarches voulues et je crains de me trouver indéfiniment en quête de travail. » Au cours de nos séances de thérapie, il apparut rapidement qu'il était passé maître en l'art de l'épate. Il ne pouvait dire un mot sans glisser le nom de tel ou tel personnage célèbre avec lequel il était à tu et à toi, toutes ces grandes relations étant pour la plupart le fruit de son imagination. Il faisait aussi beaucoup d'esbrouffe en parlant de toutes les entreprises qu'il avait menées à bien ; là encore son imagination suppléait à la médiocrité de ses exploits. En résumé Daryl était incapable de garder pour lui la moindre de ses réussites car il ne ressentait à son endroit aucune fierté intime. Si les autres ne reconnaissaient pas sa valeur, il se sentait mal à l'aise.

Quand il se mit à analyser son besoin d'être important aux yeux d'autrui, il s'aperçut que cela venait de ce qu'il ne s'attribuait à lui-même aucune valeur ; il se jugeait ainsi depuis qu'il avait perdu sa situation et parce qu'il avait en permanence un sentiment d'échec. Il avait lié si étroitement le sens de sa propre valeur à celle de son travail professionnel qu'étant privé de ce dernier — par la faute de son employeur — il ne se sentait plus rien. C'est alors qu'il avait cherché à compenser en prouvant à tout le monde quel type « sensationnel » il était. Mais les gens savaient à quoi s'en tenir et il devint la victime de son manque d'estime de soi. Quand il cherchait à faire de l'épate, en arguant de ses hautes relations, ses amis n'y prêtaient pas la moindre attention. Quand il se vantait de tel ou tel haut-fait, il ne réussissait qu'à s'aliéner famille et amis. Il commença à s'extirper de ce piège quand il s'exerça à garder ses succès pour lui, à éviter toute jactance et vantardise, tout comportement de «m'as-tu vu». Au fur et à mesure qu'il se libérait de ses fâcheuses habitudes, il devenait plus agréable à fréquenter ; aussi acquit-il plus de confiance en soi et surtout ne fut-il plus la victime de sa mauvaise attitude intérieure.

UN MOT SUR L'INTIMITÉ

Quand vous aurez commencé à développer votre confiance en vous, vous cesserez d'avoir besoin que chacun prête l'oreille à vos histoires et la solitude vous deviendra plus supportable. Le besoin de solitude est un besoin très réel dans notre vie ; la solitude avec soi-même est indispensable pour que nous nous sentions heureux. Vouloir à tout prix que d'autres comprennent et partagent tout ce que nous pensons, ressentons, disons et faisons, nous fait énormément de tort. Quand on n'a pas forcément besoin d'être compris et qu'on aime garder ses secrets, on risque moins de se laisser manipuler par autrui. Ce n'est pas une raison pour adopter une vie d'ermite ; je vous suggère simplement de veiller jalousement à préserver votre intimité ; c'est votre droit absolu. Regardez d'un mauvais œil ceux qui cherchent à empiéter sur ce terrain ou qui vous refusent toute possibilité d'être seul.

Henry David Thoreau, qui vécut seul pendant près de deux ans à Walden Pond, écrit ce qu'il pense de ce temps de solitude dans Walden :

L'on me disait fréquemment : «J'aurais cru que vous auriez souffert de la solitude là-bas et que vous auriez préféré rentrer au bercail». Je suis tenté de dire : «Pourquoi me sentirais-je isolé ? Notre planète n'est-elle pas située au beau milieu de la Voie Lactée ? Je m'épanouis à me trouver seul ainsi la majeure partie du temps. La compagnie d'autres êtres humains, fût-ce les plus chers, est parfois lassante : on se disperse. J'aime la solitude. »

Nous ne sommes pas tous des Thoreau et nous vivons au vingtième siècle ; pourtant ses réflexions me paraissent tout à fait appropriées au temps présent. Point n'est besoin d'être accroché aux autres ou de leur faire tout le temps partager vos états d'âme, pour accéder à la plénitude intérieure. Vous serez manipulé(e) si vous comptez sur autrui à cet égard ou si autrui compte sur vous. Il faut du courage pour défendre votre droit à la solitude, surtout quand les gens prennent ce légitime désir comme un rejet de leur présence donc de leur affection. Mais la plupart du temps il est futile d'essayer de leur faire comprendre vos vraies raisons. Mieux vaut exercer ce droit dans la pratique et si vous le faites suffisamment souvent vous leur apprendrez à le respecter. Vous pourriez en parler indéfiniment et analyser ce besoin de solitude dans ses moindres détails ; si vous n'agissez pas, vous vous retrouverez pris(e) au piège et privé(e) des moments de répit dont vous avez si urgent besoin.

VOUS NE POUVEZ PAS ÊTRE TOUJOURS COMPRIS(E)

Vous devez sans doute vous rappeler ce qui a été dit au précédent chapitre de la solitude existentielle : personne ne peut vous comprendre de façon permanente et vous ne pouvez pas non plus comprendre les autres de façon permanente. Votre conjoint fera des choses qui vous paraîtront incompréhensibles ; vos enfants seront, toute votre vie, une source d'étonnement et de perplexité ; les hommes politiques diront des paroles que vous jugerez dénuées de sens et agiront de manière également mystérieuse pour vous ; les hommes continueront à être déçus et à décevoir jusqu'à la fin des temps. Si vous vous attendez à ce que tous vos faits et gestes soient admis et compris de tous, vous vous préparez bien des déceptions et vous serez, qui plus est, brimés(es).

Voici quelques notions dont vous pourrez vous inspirer dans vos exercices pour devenir discrètement efficace tout au long de votre existence.

• *Savoir hausser les épaules est une qualité.*

Apprenez à fermer les yeux sur certaines choses. Ne croyez pas qu'il faille faire des critiques tapageuses de comportements qui peuvent vous irriter mais qui ne vous nuisent pas. Haussez les épaules et continuez votre chemin comme si de rien n'était. Si vous ne vous plaisez pas dans une soirée, vous pouvez vous dire in petto : « Ils peuvent bien se croire obligés de jacasser et de s'habiller comme des excentriques, moi je me sens entièrement libre et j'en suis bien content(e). Vous pouvez partir ou rester en étant satisfait de la façon dont vous prenez la situation. Mais inutile de faire tout un plat sur « ce genre qui ne vous plaît pas », de devenir agressif, excité, et de finir par être écœuré de vous et des autres. Un haussement d'épaules, un « qu'est-ce que cela peut faire » murmuré intérieurement et l'affaire est réglée. C'est ainsi que se comporte la contre-victime : étrangère à ces excentricités d'un milieu au sein duquel elle ne se plaît pas, elle ne se croit pas obligée pour autant à exprimer tout haut ce qu'elle en pense.

• *La susceptibilité vous prédispose à être une éternelle victime.*

Ne soyez pas froissé(e) par les regards dédaigneux qu'on vous lance, ni scandalisé(e) par les faits ou attitudes qui vous choquent en ce monde. Si vous désapprouvez la conduite ou les discours de tel ou tel, ne vous en souciez pas, surtout quand cela n'a rien à voir avec vous personnellement. Si vous êtes choqué ou perturbé, si vous tenez des propos comme « Comment ose-t-il dire une chose pareille ! » ou « de quel droit me scandalise-t-il ainsi ? » ou « J'ai horreur de me trouver avec des mabouses », vous vous laissez affecter par la conduite d'autrui, ce qui équivaut à vous laisser manipuler — émotionnellement — par ceux que justement vous ne pouvez supporter. Haussez les épaules, n'y faites pas attention, regardez du côté opposé, demandez-vous si c'est réellement terrible ; si vous désirez changer l'état de choses, allez-y mais de grâce n'optez pas pour l'attitude de victime qu'un rien offusque ou perturbe.

- *Analyser une relation dans ses moindres recoins peut vous être nuisible.*

Si vous pensez qu'il est nécessaire de vous asseoir pour réfléchir à fond à certaines relations qui ont de l'importance dans votre vie, notamment votre mariage, et ce d'une façon régulière, vous optez pour un exercice qui participe — plus que vous ne le croyez — d'une conduite névrotique. Travailler à approfondir une relation implique souvent de longues conversations sur tel ou tel sujet, des tentatives pour mieux comprendre les motivations du conjoint et le désir d'une constante proximité affective. Ces moments de rencontre plus approfondie et de réflexion en commun peuvent occasionnellement avoir leur intérêt et leur beauté mais si cela devient une institution régulière, il en résultera une sorte de tension, une frustration possible, et peut-être tout crûment une grande lassitude. Qui peut désirer au terme d'une longue journée de travail trouver à la maison un nouveau sujet d'étude sur lequel pencher son front déjà las ?

Regardez ce qui est ici en jeu, avant de décréter que ces propos dénotent un manque de chaleur affective. Les relations les plus belles qu'il m'ait été donné de voir sont celles qui unissent deux êtres qui s'acceptent tels qu'ils sont plutôt que de passer leur temps à éplucher chacun de leurs faits et gestes. Des amoureux de quinze ans ne manquent pas de maturité ; ils acceptent tout l'un de l'autre ; ils se regardent dans les yeux et aiment ce qu'ils y découvrent. Ils ne cherchent pas les «pourquoi», les «comment» ; n'exigent pas l'absolue compréhension réciproque. Mais s'ils parviennent à ce qu'on nomme communément une relation «mature», voici comment ils se parleront au bout de cinq ans de mariage : «Pourquoi as-tu fait cela ?» «Je ne pensais pas que tu étais comme cela.» «Pourquoi ne fais-tu pas ce que je veux ?» «Tu ne m'as pas demandé mon avis.» Comparez ces rapports avec ce que vous appelez un peu dédaigneusement «des amours de jeunesse» et demandez-vous si vous aimez réellement ceux qui vous sont chers, tels qu'ils sont en réalité.

Le partage des pensées et des sentiments peut être une merveilleuse expérience, je ne le conteste pas et même je l'encourage à condition que cela ne devienne pas une astreinte régulière ; je pense qu'on se livre de nos jours à une surenchère d'analyse en ce qui concerne les relations conjugales notamment ; c'est la raison pour laquelle beaucoup de couples vivent une expérience douloureuse plus que passionnée. La réalité est qu'il s'agit de deux être différents unis par les liens du mariage et qu'ils ne se connaîtront jamais à fond ; d'ailleurs qui désirerait ce plongeon dans les abîmes de l'autre, si on réfléchit bien ? Ne vaut-il pas mieux s'évertuer à s'accepter l'un l'autre tel qu'on est et stopper net sur cette pente savonneuse des vaines discussions, et remâchages, et analyses, et remises en question ? Laissons-nous le privilège de l'unicité et, comme dit Khalil Gibran : «Ménageons des espaces de liberté dans notre union».

• *Cela ne vaut pas la peine de discuter.*

Le vieil adage qui dit que, quand les gens discutent c'est le signe qu'ils s'aiment bien, me semble sujet à caution puisque cette discussion, quelle qu'en soit l'issue, fait de vous une victime. Si vous vous trouvez entraîné dans une discussion, vous vous excitez, votre tension grimpe, l'ulcère vous guette, le ton monte puis le calme revient ; tout, croit-on, revient à la normale. Mais ce n'est pas vrai, vous vous êtes fait du mal à vous-même.

Renoncez à l'idée de discuter est un exercice sain. Alors qu'une bonne empoignade est parfois salutaire à condition que les combattants en sortent indemnes, les altercations purement verbales sont dangereuses surtout avec les «raisonneurs», les gens qui adorent les controverses qui n'en finissent pas. Il est éprouvant de vivre auprès d'eux ; ils ont toujours la critique à la bouche et vous assènent leurs arguments à tout moment et hors de propos ; *chacun* est perdant. Quand vous discutez avec un interlocuteur qui ne vous comprend pas, vous êtes surpris de constater que vos explications ne servent le plus souvent qu'à le renforcer à la fois dans son incompréhension et dans son point de vue personnel. Vos arguments ne réussiront qu'à apporter de l'eau à son moulin, tout en comprenant l'utilité de ces débats.

Il y a peu de temps, Hank, en sortant de sa voiture dans un parking, a involontairement heurté la portière de l'auto voisine. Un homme en est sorti, cramoisi de rage, mourant d'envie de cogner : «Bon Dieu ! hurla-t-il, qu'est-ce que c'est que ces façons !» Il voulait que Hank lui répondît sur le même ton, ce qui lui aurait donné l'occasion de crier encore plus fort et peut-être d'en venir aux coups. Mais Hank ne se laissa pas entraîner dans la bagarre. Il se contenta de répondre calmement : «Excusez-moi, oui c'est vrai, je n'ai pas fait attention ; je comprends parfaitement votre colère. Moi non plus je n'aime pas qu'on abîme mes portières. S'il y a le moindre dégât, je suis prêt à payer.» Ce comportement pondéré suffit à rétablir une situatiton qui risquait d'être explosive. L'autre conducteur se calma en un instant : «Je ne sais pas pourquoi je me suis mis dans cet état contre *vous* ; j'ai eu une fichue journée mais je ne voulais pas faire un drame pour si peu. Il n'y a aucun dégât, tout cela n'a aucune gravité.» Et ils se quittèrent après s'être serré la main.

La morale est aisée à tirer : si vous vous laissez entraîner dans une discussion en pensant ainsi parvenir à faire comprendre votre position, presque toujours il vous en coûtera. Admettons que vous «l'emportiez» au terme d'une discussion acharnée, le stress physique que vous avez à supporter vous fera comprendre que vous n'êtes pas vraiment gagnant. Pouvez-vous prouver que vous tirez avantage d'un procédé qui engendre ulcères, hausse de tension, maladie de cœur, que sais-je ? Mieux vaut éviter pareilles discussions et concerver votre santé et votre équilibre.

- *Mentir n'est pas toujours contraire à la morale.*

Dans les efforts que vous faites pour que chacun vous comprenne et vous approuve, vous avez peut-être adopté une attitude très rigide vis-à-vis du mensonge, ne vous permettant jamais de tomber dans ce «détestable travers».

Regardez-vous d'un peu plus près. Êtes-vous souvent brimé(e) parce que vous vous conformez habituellement au principe de dire la vérité à tout prix ? Vous serez sans doute d'accord avec l'opinion générale qui pense, par exemple, que pour ne pas etre exécuté(e) par les Nazis si vous êtes juif ou juive, vous nierez l'être. Dans des cas aussi *extrêmes* on est d'accord pour penser que rien n'oblige à dire la vérité à ses ennemis et même qu'il faut se jouer d'eux au maximum. Donc vous n'êtes pas partisan de la vérité en toute circonstance mais vous délimitez sans doute le plus restrictivement possible les cas où le mensonge vous paraît permis par la morale. Donc, ce dont vous avez besoin, c'est de *réfléchir* plus attentivement aux *raisons* qui *à vos yeux, justifient* le mensonge. Quand vous savez que la vérité risque de faire souffrir les autres, est-il sensé de fuir le mensonge ? Vos principes (les règles que vous vous donnez) ont-ils plus d'importance que les êtres qu'ils sont censés servir ? Il faut vous pencher sur ces questions et vous demander si vous n'êtes pas victime de votre rigidité.

Une de mes clientes vint me trouver un jour, stupéfaite de ne pas pouvoir trouver de situation ; elle était âgée de soixante et un ans. Pourtant elle était une sténographe fort capable et bien entraînée. Elle se plaignit d'être victime d'une discrimination à cause de son âge. Quand je l'encourageai à lutter contre cette discrimination avec ses armes à elle, c'est-à-dire en ne disant pas son âge véritable, elle me regarda d'un air scandalisé : « Je ne veux pas tricher. » Bien sûr, je savais à quoi m'en tenir. Elle s'était déjà vu refuser sept emplois par des employeurs incompréhensifs (et qui même enfreignaient la loi) et elle continuait à se brimer elle-même pour observer ses principes. Finalement elle fit « une petite entorse à la vérité » en se donnant cinquante-cinq ans (elle avait l'air d'en avoir quanrante-cinq) et fut embauchée. Elle fit la preuve de ses talents et, au bout de six mois, eut une promotion. Toutefois, si elle avait persisté à respecter son stupide tabou, jamais elle n'aurait vu s'ouvrir en sa faveur les portes de la vie professionnelle.

Une autre question à vous poser à propos du mensonge est la suivante : «Qu'est-ce qui, à mes yeux, constitue un mensonge ?» Supposons qu'il y ait des détails vous concernant que vous pensez avoir le droit de garder pour vous. Il est bien évident que cela ne regarde absolument pas autrui. Voilà que survient une personne qui vous demande de lui révéler ces informations, qui s'arroge le droit d'empiéter sur votre vie privée. Elle voudra vous faire croire que c'est une sorte de mensonge que de «cacher» ce que vous jugez être votre secret. Elle fera tout afin de vous donner un sentiment de culpabilité pour n'avoir pas été «capable» de le communiquer. Mais avez-vous réellement l'obligation morale de le faire ? Bien sûr que non ! Est-ce mentir que de dire «cela ne vous regarde absolument pas» ? Cela va de soi ; toutes les cours de justice du monde donnent aux gens le droit de refuser de répondre à certaines questions qui, s'ils y répondaient, correspondraient à une mise en accusation d'eux-mêmes par eux-mêmes. Surtout si vous sentez que les gens vont se servir de ce que vous leur avez révélé pour le retourner contre vous, vous avez parfaitement le droit de rester bouche-cousue.

Les gens ne vous comprendront pas toujours. C'est le thème de ce chapitre. Réfléchissez bien à votre attitude vis-à-vis du mensonge et voyez si votre besoin de dire toujours la vérité ne fait pas de vous une victime, soit de vous-même, soit des autres à qui vous donnez ainsi prise sur vous. Une fois que la vérité est dite, si elle vous fait du tort à vous ou aux autres, pensez-vous que cela les aidera à vous mieux comprendre ?

Il y a des risques certains à aborder ce thème du mensonge alors que tant et tant de gens estiment que

mentir est mauvais — que cela vous donne un sentiment de culpabilité — même si en certaines circonstances cela peut se justifier. Je ne me fais pas
l'avocat des mensonges systématiques. Mais si le fait
de dire constamment la vérité vous condamne finalement à être une victime parce que vous livrez à
autrui des détails sur vous que vous devriez garder
secrets, alors vous vous faites du tort et vous auriez
besoin de réviser vos attitudes. En outre si mentir est
pour vous le seul moyen — ou le meilleur — d'éviter
d'être piégé(e), je vous en prie, n'hésitez pas. Est-ce
qu'un prisonnier de guerre songerait à dévoiler ses
projets d'évasion si son geôlier lui demandait ce qu'il
est en train de préparer ? Il mentirait et n'en aurait
aucun scrupule de conscience. Eh bien ! examinez
votre comportement de captif, face aux inquisitions
quotidiennes, et tirez vos conclusions. Imaginez qu'un
cambrioleur vous demande en braquant sur vous son
revolver : «Avez-vous de l'argent caché dans votre
maison ?» Évidemment vous n'iriez pas lui dire la
vérité, ce qui vous retomberait sur le nez. De même
ne vous laissez pas *manipuler* par autrui en révélant
des informations dont on se servirait contre vous et
ne soyez pas victime d'une aveugle idolâtrie de la
vérité.

• *Il est absurde de toujours chercher à se justifier.*
Le besoin de se valoriser aux yeux d'autrui signifie
qu'on se remet entre les mains de ceux qu'on cherche à convaincre. Une conduite discrètement efficace n'implique pas cette quête de l'approbation des
autres. Quand vous étiez enfant, vous passiez votre
temps à dire «regardez-moi». Vous vouliez que tout le
monde — et surtout vos parents — vous regarde
plonger dans la piscine, patiner à reculons, monter à
bicyclette, en bref effectuer des exploits de plus en
plus difficiles au fur et à mesure que vous grandissiez.

166

Vous aviez besoin de ce regard posé sur vous parce que vous construisiez votre «moi» d'après les réactions des «autres». Mais ces jours sont passés ; vous n'êtes plus cet enfant en pleine phase de développement qui veut se faire remarquer ou qui doit constamment faire ses preuves, à moins que vous ne soyez de ces adultes qui convoitent constamment l'approbation de quiconque se trouve sur leur chemin.

Ce besoin de vous valoriser aux yeux d'autrui vous jouera bien des tours dans la vie. Vous serez perturbé(e) quand les autres ne vous remarqueront pas assez ou quand ils vous désapprouveront ou, pire, quand ils ne vous comprendront pas. En conséquence vous vous évertuerez avec encore plus d'acharnement à vous faire comprendre ; à ce spectacle les autres verront qu'ils peuvent vous manœuvrer à leur guise. Pour illustrer mon propos, je vous raconterai ce qui est arrivé à un de mes amis qui voulait convaincre sa femme qu'il avait parfaitement le droit de jouer au football le dimanche après-midi et qu'il n'était pas moralement obligé de rester à la maison pour lui tenir compagnie. Elle ne voulait pas comprendre comment il pouvait avoir envie de jouer au ballon avec une équipe de gars transpirants au lieu de passer d'agréables moments avec elle qui ne le voyait pas de la semaine. Plus mon ami cherchait à expliquer son point de vue, plus il devenait évident que sa femme ne comprenait rien à ses arguments. Il ne fallut pas longtemps pour qu'il se mît à lui reprocher de ne pas le comprendre ; il finit par renoncer à jouer cet après-midi là. Non seulement ce fut un après-midi gâché puisque sa femme et lui ne s'adressèrent plus la parole mais cela n'avait servi à rien puiqu'elle continuait à ne pas comprendre son besoin de jouer au football. Il était donc trois fois victime. S'il avait admis qu'elle ne comprendrait jamais son désir de faire du sport avec ses copains et qu'elle avait parfaitement le droit d'avoir cette attitude, il ne serait pas tombé dans le piège de vouloir lui démontrer à tout prix qu'il n'avait pas tort de faire quelque chose bien qu'elle n'en comprît pas la raison.

Si vous vous croyez obligé de vous justifier, les autres, réciproquement s'attendent à ce que vous le fassiez. Il vous arrive souvent de vous entendre dire : « Pourquoi avez-vous agi ainsi ? » ou « Expliquez-nous vos raisons ». Soyez bien vigilant pour voir si vous êtes enclin à vous justifier. Vous pouvez être discrètement efficace simplement en ayant soin de vous demander intérieurement : « Suis-je obligé(e) de me justifier auprès de cette personne ? Mes explications amélioreront-elles la situation ? Peut-être puis-je ne pas m'en soucier ; elle en pensera ce qu'elle voudra. » Ceci est particulièrement important quand vous avez à faire à des inconnus. Avez-vous pris le temps de réfléchir à la stupidité qu'il y a à vouloir vous justifier aux yeux de parfaits inconnus et à gaspiller votre temps à essayer de les convaincre de votre bon droit ? En réalité, la plupart du temps c'est *vous* que vous tentez de convaincre et votre interlocuteur vous sert de miroir.

Vous ne tarderez pas à apprécier vos victoires discrètes. Au cours d'un entr'acte lors d'un récent concert, Kevin se rendit au bar situé dans le foyer et prit quatre sodas pour les gens qui l'avaient accompagné au concert. Il s'apprêtait à rentrer dans la salle avec ses bouteilles quand il aperçut, sur le mur jouxtant l'entrée, un écriteau signalant que les boissons douces devaient être consommées au bar. Il était là avec ses quatre drinks se demandant quoi faire. Il avait le choix entre quatre solutions, car il savait bien que le gardien de l'ordre planté à l'entrée ne demandait qu'une chose : pouvoir l'empêcher d'entrer et affirmer ainsi sa personnalité dans l'exercice de ses fonctions: il pouvait soit boire les quatre sodas, soit en donner, soit en jeter, soit les laisser tous et se faufiler dans la foule jusqu'aux places occupées par ses compagnons, soit expliquer au gardien que l'écriteau est placé de telle façon qu'on ne peut le voir qu'*après* avoir acheté les rafraîchissements et qu'il ferait mieux de le laisser passer avec ses boissons et de faire enlever l'écriteau. Mais il s'avisa tout à coup qu'il y avait une meilleure solution ; en effet il aperçut derrière le comptoir des rafraîchissements une porte qui donnait sur un couloir qui longeait le bâtiment. Il sortit par là et vit une porte de sortie ouverte qui donnait sur la partie de la salle où étaient placés ses amis. Il leur fit signe de loin et ils purent tous aller boire leurs sodas dans la rue. S'il avait éprouvé le besoin d'aller dire au gardien : « Voilà ce que j'ai fait, na ! na ! na !» il aurait en fait perdu la partie parce qu'il aurait perdu son temps à faire une démonstration à la fois désagréable et inutile. Mais il a réussi à évaluer en quelques secondes la situation et le moyen de s'en sortir d'une façon satisfaisante sans se laisser brimer, sans faire de tort à personne et sans avoir à prouver sa supériorité devant qui que ce soit.

Dans des circonstances analogues le tact est un atout précieux. Avoir du tact implique qu'on fera attention à ne pas entraîner les autres dans des situations dont ils pourraient souffrir, parce qu'on se soucie de leurs états d'âme et de leurs responsabilités. Quand vous tenez absolument à vous faire voir sous le meilleur jour, vous risquez de manquer de tact et de devenir pesant tout autant que de vous faire manipuler. Voici une anecdote que j'aime beaucoup et qui est contée par un de nos plus grands romanciers, John Steinbeck :

Deux hommes se retrouvent dans un bar et commencent à bavarder. Ils en viennent à parler de Green Bay dans le Wisconsin. Le premier dit : «C'est un patelin très chouette.» Le second de répondre : «Qu'est-ce que tu lui trouves de sensationnel ? À Green Bay il n'y a que les Packers* et de sales putains.» «Minute, mon salaud ! Ma femme est native de Green Bay». «Oh, rétorque le second, c'est vrai ? *Quel poste elle tient dans l'équipe ?*»

SE JUSTIFIER AUX YEUX DE SA FAMILLE ET DE SES AMIS

La famille proche est le milieu au sein duquel il est particulièrement important de vous entraîner à développer la conscience de votre propre valeur plutôt que de gaspiller énergie et temps à vous justifier en donnant mille explications des moindres de vos faits et gestes.

De nombreuses familles croient dur comme fer que chaque membre est en droit de connaître tout ce qui concerne les autres membres. La notion de «jardin secret» est proscrite ; on considère comme un défi menaçant l'existence même de la famille. Les membres de la cellule familiale ne cessent de se demander les uns aux autres des explications sur leurs états d'âme ou leurs motivations ; il faut toujours avoir une réponse prête quand on affronte les personnes dominatrices du clan. Les familles ont également tendance à exiger l'assiduité aux cérémonies telles que noces, funérailles, remises de diplômes, bar mitzvahs, soirées, fêtes-anniversaires etc. Si vous avez manqué l'une ou l'autre de ces cérémonies parce que vous préfériez vous rendre à une autre invitation, cela sera très mal vu. On aura

---

* Équipe de football américain.

également tendance à critiquer votre façon de vous habiller et même votre aspect physique. On vous demandera pourquoi vous ne vous êtes pas fait couper les cheveux ou pour quelle raison vous avez fait de la peine à tel ou tel parent.

Mais les familles excellent notamment dans l'art de corriger les comportements qu'elles — ou leur milieu — jugent contraires à la « norme », même s'ils ne peuvent nuire à personne. Ce sont les plus farouches adversaires à affronter quand on s'avise de rester indifférent à leurs jugements car ces gens se targuent de vous comprendre et visent à la limpidité des relations, sans grand succès d'ailleurs. Certes les liens familiaux peuvent être fort étroits et l'harmonie réussie ; pourtant restez en éveil car vous risquez fort de vous faire aisément manipuler.

Je suis toujours étonné du nombre d'hommes et de femmes qui, sur le point de divorcer, font des déclarations de ce genre : « Oui, je vais bientôt retrouver ma liberté. » Pourquoi tant d'êtres voient-ils le divorce comme le moyen d'être enfin libres ? Même s'ils le disent sur un ton de plaisanterie, ils le pensent vraiment. Le mariage est-il aussi universellement conçu comme le contraire de la liberté, c'est-à-dire comme un esclavage ?

Il faut avouer que cela est ainsi dans bien des cas. Les gens, au sein de la famille ou du couple, ne se sentent pas libres surtout parce qu'ils vivent avec la hantise d'avoir toujours à se justifier ou avec la crainte de ne pas être compris en toute occasion. Si l'on supprimait ces deux obsessions, la plupart des unions qui finissent par des divorces seraient remises à flot.

Regardez par contre une amitié, une de celles qui durent toute la vie : c'est une relation au sein de laquelle aucune des parties n'a à faire ses preuves. Un ami n'attend rien d'autre de vous que d'être vous-même, et la loyauté est la pierre angulaire sur laquelle reposent vos rapports. Quand je m'entretiens avec des groupes de parents, je leur suggère de regarder attentivement la façon dont ils se comportent avec leurs amis et de commencer à traiter leurs enfants et les membres de leurs familles de la même manière que leurs amis. Par exemple si un ami vient à renverser un verre de lait sur la table vous direz probablement « Cela n'a aucune importance, je vais l'essuyer ». Tandis que si votre enfant fait la même chose vous lui crierez : « Imbécile ! Fais donc attention à ce que tu fais ! Seras-tu donc toujours aussi maladroit ? » Traitez votre conjoint, vos enfants et tous les membres de votre famille, comme des amis. La cellule familiale est le terrain où sont jetées les semences de bien des détresses et maladies mentales parce que trop peu de familles réalisent que, si les membres ne sont pas traités avec respect, s'ils n'ont pas droit à leur « jardin secret », s'il leur faut *tout le temps* se justifier et s'expliquer, les liens d'amour les enserrent trop étroitement et ils se.sentent pris dans un véritable carcan, ce qui engendre souffrances et rancœurs persistantes.

Les paroles poignantes tirées du magnifique essai d'Emerson « Friendship » me paraissent résumer si bien ce point crucial que je m'en suis servi dans la dédicace de cet ouvrage :
Un ami est une personne avec qui je puis être sincère. Devant lui, je puis penser tout haut.

Au cours de mes années de thérapie familiale et conjugale, j'ai rencontré fort peu de familles qui s'inspiraient de cette comparaison avec les relations d'amitié pour améliorer leurs contacts quotidiens. Si on se laissait guider plus régulièrement par ces principes qui régissent tout naturellement les rapports entre amis, il y aurait beaucoup moins de victimes dans le monde. Mais vous pouvez enseigner aux membres de votre famille que vous désirez les respecter et être respecté par eux ; pour ce faire, il faut vous comporter de manière à ne pas les inciter à vous manipuler, et abandonner cette obsession de justification perpétuelle.

IL Y A DES GENS QUI VEULENT
VOUS FAIRE PARTAGER LEURS MALHEURS

Écoutez ce que dit Lydia Sigourney, un auteur américain du début du XIXe siècle, sur la façon d'agir vis-à-vis des gens d'humeur sombre :

Gardez-vous de la tristesse, dit un écrivain islandais, car la tristesse est une maladie de l'âme. La vie a, en vérité, de mauvais côtés mais l'esprit qui regarde chaque objet sous son aspect le plus réconfortant et chaque décret incertain de la Providence comme riche de joies à venir, porte en lui un antidote puissant et durable. L'âme sombre aggrave les infortunes tandis qu'un joyeux sourire dissipe souvent ces brouillards annonciateurs de tempêtes.

La façon d'agir la plus simple et généralement la plus raisonnable vis-à-vis des gens maussades qui ne veulent pas changer, c'est de se tenir à l'écart. Ces paroles peuvent vous sembler dures mais, croyez-moi, c'est une stratégie très utile. Les esprits chagrins, comme tous ceux qui ont des tendances névrotiques influençant leurs vies, retirent quelque chose de leur mélancolie : habituellement ce sera votre attention ou mieux encore la satisfaction de vous entraîner à partager leur misère.

Rien ne vous oblige moralement à vous joindre à ces gens mélancoliques et à rester avec eux.

Entourez-vous de visages heureux, de personnes qui aiment à se développer et à jouir de l'existence, plutôt que de celles qui se lamentent à longueur de journée et aiment à ruminer les souffrances que le monde leur inflige. Vous devez bien certainement offrir consolation et assistance aux êtres malheureux mais — surtout quand vos efforts pour les aider se révèlent inutiles —, vous avez la responsabilité vis-à-vis de vous-même d'éviter leur contact car ils pourraient vous entraîner dans leur neurasthénie chronique.

D'autres ronchonneront contre vous ou vous feront grise mine pour attirer votre attention et si vous réagissez, vous ne ferez que renforcer les mauvaises habitudes que vous voudriez éliminer. Plus vous fréquenterez ces chevaliers à la triste figure dont le comportement vous irrite et plus vous les inciterez à persévérer dans leur pénible comportement. C'est à eux et à vous que vous ferez une faveur en les abandonnant à leurs tristes habitudes. Ils apprendront à ne plus gémir, à se ressaisir et à faire quelque chose d'utile tandis que vous aurez le loisir d'occuper plus agréablement votre temps.

Il y a des gens qui passent leur vie à tout dramatiser et à tout critiquer ; la cause est à chercher dans une sorte de mélancolie congénitale. Ils ont rarement quelque chose d'agréable à dire et s'attendent au pire au lieu d'affronter l'avenir avec joie et optimisme. Ils se sentent vaincus et opposeront leurs lamentations sempiternelles à tous vos efforts pour les égayer. Ils briment les autres en clamant que personne ne les comprend, tout en refusant énergiquement d'être compris. Ils sont par définition impossibles à contenter et toujours réticents quand il s'agit de faire des efforts sur eux-mêmes. Certaines personnes de cette catégorie passent leur existence

174

entière, de la jeunesse à la vieillesse, dans cet état d'esprit destructeur. Vous serez le plus fieffé imbécile si vous continuez à les fréquenter, que vous ayez ou non des liens de parenté avec eux. Tout ce que vous pouvez en attendre, ce sont d'interminables histoires de catastrophes, de gangsters par-ci, de morts par-là, de tel accident survenu hier, de mon aérophagie, de ma sciatique, du temps infect, de l'hiver qui n'en finit pas, des politiciens véreux, de l'économie en crise etc, etc. Pour eux il n'y a jamais de beaux jours. Le mieux que vous en puissiez tirer est : « Il va sans doute pleuvoir ».

Ces comportements persistent parce qu'il y a toujours eu des imbéciles pour les supporter et les aider à s'aggraver au cours des ans. Mais vous n'avez pas à vous ranger au nombre de ceux-ci. Vous pouvez vous tenir à l'écart, les ignorer ouvertement ou réagir de cette façon : dites par exemple : « Pour quelqu'un qui a eu une enfance aussi épouvantable, c'est fou ce que vous aimez en parler ! » « Vous devez tenir à cette aérophagie, vous passez votre temps à en parler et elle ne vous quitte pas ! » Ce n'est pas la peine de vous montrer sarcastique mais faites leur comprendre que vous ne pouvez plus supporter ces éternelles jérémiades et ces ruminations moroses. Soyez de bonne compagnie mais, si les grognements continuent, partez et demandez carrément pourquoi. Vous aimez la vie et ne voulez pas qu'on vous sape le moral.

La meilleure façon de s'en sortir pour ces professionnels du pessimisme, c'est de se laisser entraîner dans des entreprises qui les intéressent et où ils peuvent s'investir. Soyez disposé(e) à les aider mais si vos offres complaisantes se voient rejetées, refusez de vous sentir coupable ou de vous asseoir pour écouter ce que les pauvres « victimes » ont à dire pour leur défense. Acceptez éventuellement de les rencontrer, si le cœur vous en dit, mais ne soyez pas victime d'une «victime». Quand des gens déprimés s'aperçoivent que vous n'avez pas envie de les voir, ils cessent presque toujours d'essayer de vous manipuler et, par une ironie du sort, leur mélancolie commence à se dissiper.

PHRASES COMMUNÉMENT UTILISÉES POUR MANIPULER LES GENS EN PRÉTEXTANT QU'ON NE LES COMPREND PAS :

Voici d'habiles petites variations sur le thème qu'on ne comprend pas votre attitude et qu'on n'accepte pas l'efficacité discrète.

- *Je ne comprends pas pourquoi tu agis ainsi.*

Ce qui revient à dire que vous avez l'obligation de vous expliquer sinon vous avez une mauvaise note.

- *Comment as-tu pu faire cela ?*

Non seulement l'interlocuteur est perturbé par ce que vous avez osé faire mais il essaie également de vous faire croire que vous êtes impardonnable d'agir d'une manière incompréhensible pour lui.

- *Je n'en croie pas mes oreilles !*

Ici la dimension d'incrédulité s'ajoute à la tactique ci-dessus. Votre «manipulateur» prétend être abasourdi par ce que vous avez dit, fait, etc., sous-entendant que tout un chacun (ou «ils») serait scandalisé ; donc vous avez eu tort et vous avez tort, et il vous faut faire ce qu'il vous dicte.

- *Comment un type de ton intelligence et de ton standing peut-il se comporter ainsi ?*

Même tactique que précédemment qu'on assaisonne de culpabilisation et d'un brin de flatterie : «Je ne suis pas seulement choqué, scandalisé, je suis déçu qu'un garçon (ou une fille) *tel que toi* puisse agir ainsi.

- *Je ne sais vraiment que dire, tu me poses un problème.*

Ce genre de confession signifie, si on la déchiffre correctement : «Tu dois éclairer ma lanterne». On se servira de cet argument si l'on sait que vous ne supportez pas de ne pas être compris. Vous allez vous sentir obligé(e) de donner des explications et donc vous vous faites manipuler.

- *Expliquez-moi cela une fois de plus, je n'ai pas très bien saisi.*

Si vous obéissez à cette demande, vous n'avez pas fini de sitôt ; on en profitera.

- *Tu devrais te rendre compte à quel point j'en souffre.*

Ici on vous demande de vous sentir coupable parce que vous ne réalisez pas la souffrance qu'un autre choisit de ressentir. Cette fois-ci ce n'est pas l'interlocuteur qui ne vous comprend pas, c'est vous qui ne le comprenez pas comme vous le devriez.

- *Je ne peux pas croire que tu t'apprêtes à faire cela maintenant, alors que...*

Ce genre d'argument vise à vous empêcher de vous livrer au jogging, à la lecture, de faire une petite sieste, bref tout ce dont vous auriez envie à cause d'un programme qu'on a fixé pour vous ou qu'on va fixer. Ce n'est pas l'occupation que vous auriez choisie qui est en cause mais votre «meneur» s'arroge le choix de ce qui doit être fait maintenant ; il sera gêné et peiné si vous agissez à votre guise ; nous connaissons la chanson ! La requête est souvent accompagnée de ces propos : «Tu pourrais bien attendre à demain et sacrifier cela pour une fois.» Certes on ne tient aucun compte de votre projet initial car l'autre ne comprend absolument pas votre intransigeance en la matière.

- *Je ne comprends vraiment pas comment un tout petit bout de gâteau pourrait te faire mal.*

Cette petite phrase est destinée à vous faire abandonner vos fermes résolutions d'observer un régime, sous prétexte que le voisin ne les comprend pas. On se sert du même manège pour vous clouer dans des comportements d'échec dont il ne faut surtout pas que vous vous débarrassiez (dans l'intérêt de celui qui veut vous manipuler). En clair, voici le message : vous devriez faire des choses que vous n'avez pas envie de faire (être réduit à l'état de victime) parce que l'autre veut que vous le fassiez ou ne comprend pas que vous n'ayez pas la même conception que lui (ou elle). À l'inverse, on peut dire : «Je ne comprends pas que tu puisses manger ce gâteau, regarde-moi, je n'en prends pas.» Même logique dans un but différent.

- *Tu ne me dis jamais ce que tu penses.*

Voilà une façon de vous inviter à vous «ouvrir» et à abandonner ce besoin «névrotique» d'avoir un «jardin secret». Une fois que vous avez révélé ce que vous pensez, l'autre pourra peser sur vous en alléguant que vous n'avez pas le droit de penser ainsi.

- *Tu peux bien le faire pour moi.*

Quand les autres ne peuvent venir à bout de votre résistance en vous démontrant qu'ils ne comprennent pas votre comportement, ils recourent à ce chantage personnel et vous demandent par ce biais de faire ce que vous ne voulez pas faire, sous prétexte de leur faire plaisir.

- *Vous m'avez vexé(e).*

Observez bien ces gens qui se prétendent blessés afin de vous donner de «bons motifs» de remords et de vous inciter à changer votre fusil d'épaule parce que cela les arrange.

- *Il faut que vous me fassiez des excuses.*

On contrôle ainsi votre conduite en faisant pression sur vous, soit que vous soyez amené à prononcer des paroles qui ne correspondent pas à ce que vous pensez ; soit que vous soyez obligé de battre en retraite, ne pouvant vous excuser — même si vous en avez envie — car ce serait reconnaître le pouvoir de l'autre sur vous. Surtout rappelez-vous et soyez prêt à le déclarer ; des excuses de cette sorte n'ont aucun sens car celui qui les énonce n'y met aucune sincérité.

Voici quelles sont, dans notre société, les formes les plus communes de brimades au nom d'une non-compréhension. Ces exemples ont été glanés au cours d'innombrables séances de thérapie durant lesquelles les gens m'ont raconté comment ils avaient été manœuvrés et malmenés par des personnes qui se prétendaient amis, collègues, voisins et parents. Je vous donne ci-dessous quelques tactiques dont vous pouvez user pour contre-attaquer et désamorcer les tirs d'artillerie des gens qui ont toujours sur les lèvres le « je ne comprends pas ».

STRATÉGIES À UTILISER DANS LE JEU DES « JE NE COMPRENDS PAS » POUR PARVENIR À UNE EFFICACITÉ DISCRÈTE

- Stoppez vos explications dès que vous réalisez votre réticence à les exprimer. Dites à vous-même et aux autres que vous n'êtes absolument pas tenu de rendre compte de vos faits et gestes à qui que ce soit et que ce ne sera pas pour répondre à une attente des autres mais par libre décision de votre part que vous donnerez des explications. Une fois que vous aurez appris aux autres à ne pas compter sur des éclaircissements pour la moindre de vos actions, ils cesseront de vous les demander à tout bout de champ. Sentez-vous parfaitement libre d'en donner si cela vous chante mais si vous vous y sentez contraint(e), c'est que vous êtes manipulé(e).

• Cessez de vous dire que vous avez le devoir de vous faire comprendre et n'hésitez pas à déclarer aux autres que vous vous attendez de temps en temps à ne pas être compris mais que c'est chose naturelle entre humains et que ce n'est pas un symptôme pathologique qui affecterait votre personnalité ou vos relations. Lorsque quelqu'un déclare ne pas vous comprendre, essayez un haussement d'épaules, un sourire, et la fameuse citation d'Emerson tirée de « Self-Reliance » : « Être grand c'est être incompris. »

• Entraînez-vous à ignorer toute demande d'explications formulée par de parfaits inconnus. Dites-vous qu'ils n'ont aucune chance de vous comprendre même si vous portiez votre écusson sur votre T-shirt donc ne vous souciez pas d'être incompris d'eux ; n'en concevez aucun sentiment de culpabilité ou d'échec personnel. Vous pouvez fort bien « tourner le bouton » pour ne pas laisser pénétrer en vous les assauts verbaux de ces inconnus. C'est exactement la même chose que lorsque vous ne voulez plus entendre votre radio. Devenez un spécialiste discret du « tournage du bouton » quand le besoin s'en fait sentir. Si vous vous excusez à « tourner le bouton » en ce qui concerne vos propres *obsessions*, il vous sera plus aisé d'ignorer les demandes des inconnus.

• Quand vous soupçonnez ne jamais pouvoir satisfaire la personne qui vous demande des explications, contentez-vous de lui demander : « Pensez vous *vraiment* que vous arriverez à me comprendre ?» Si la réponse est affirmative, demandez donc qu'elle vous donne son interprétation personnelle de votre conduite et tombez d'accord sur les points exacts. De cette manière la responsabilité ne repose plus sur vos épaules mais sur les siennes.

• Il en est de même quand vous pensez que quelqu'un allègue son incompréhension de votre point de vue pour vous manipuler ; essayez de lui faire répéter ce que vous venez de dire avant de lui permettre de dire ce qu'il en pense. La règle du jeu, en l'occurrence, doit être respectée par votre interlocuteur comme il suit : vous donnez votre point de vue ; il doit vous écouter sans vous interrompre puis il répète ce que vous avez dit et c'est à *vous* de juger si cela correspond. Ensuite si vous reconnaissez qu'il ne s'est pas trompé, c'est à lui d'exposer son point de vue et *vous* devez l'écouter et lui répéter ses propos d'une manière satisfaisante pour *lui*. Chaque fois que l'un ou l'autre d'entre vous dira : «Non, ce n'est pas ce que j'ai dit», il faudra répéter ce qu'on avait dit.

Ces quelques marches à suivre vous permettront de ne pas vous laisser faire et feront progresser d'une façon remarquable les capacités d'écoute des participants. Il y a beaucoup plus de chances de se faire comprendre quand on se livre à plusieurs échanges de ce type.

• Entraînez-vous à être discrètement efficace en retardant l'annonce de ce que vous avez fait. Donnez-vous par exemple, une, deux, trois heures de délai et demandez-vous alors si vous avez encore besoin de le dire à quiconque. C'est particulièrement utile quand il s'agit de nouvelles qui marqueront votre supériorité sur la personne à qui vous les annoncez. Ce système de délais fonctionne à merveille car, après avoir attendu plusieurs heures ou même plusieurs jours, vous ne ressentez plus le besoin de vous présenter en vainqueur et quand cela se saura (si cela se sait) vous aurez l'air de ce que vous êtes en train de devenir, à savoir quelqu'un qui prend ses succès avec calme et modestie.

• Si vous vous trouvez en compagnie de gens pesants qui vous fatiguent de leurs histoires, vantardises, ou autoritarisme, prenez l'habitude de vous excuser, de vous lever et de prendre congé. Même dans des endroits tels qu'un restaurant, ne vous croyez plus obligé(e) de rester assis à «encaisser». Allez faire un petit tour. Non seulement vous vous sentirez mieux d'avoir pris un certain contrôle de la situation mais vous aurez également appris à vos pénibles compagnons qu'il ne fallait plus user de telles tactiques avec vous puisque vous pouvez partir sans un mot d'explication.

• Guettez chez vos compagnons le moindre signe manifestant leur désir de vous démoraliser. Quand vous sentez que quelqu'un veut vous entraîner à partager ses misères, dites : «Je crois que vous me demandez de vous aider à supporter vos malheurs». Une telle phrase prononcée sans hostilité montrera à votre «manipulateur» potentiel que vous voyez dans son jeu ; il ne pourra que respecter votre perspicacité et votre loyauté, même s'il n'en convient pas tout de suite. Puis vous pouvez dire que vous n'avez pas envie de passer l'heure qui suit à écouter tout ce qui va mal. Regardez votre montre et dès qu'il est question d'une mauvaise nouvelle, vous stoppez l'interlocuteur en disant : «Pardon ! Nous avons convenu de ne pas parler de tels sujets pendant une heure». Cela lui rappellera gentiment une habitude dont il n'a peut-être jamais encore pris conscience et l'encouragera à essayer de s'en corriger. En tout cas cela vous libèrera de la corvée d'avoir à entendre toujours les mêmes sombres litanies pendant une heure, un jour, pendant tout le temps où vous exigerez ce répit.

• Apprenez aux gens par votre comportement que vous allez défendre jalousement votre «jardin secret». Ne passez pas des heures à *réclamer* qu'on vous laisse seul(e). Prenez le temps dont vous avez besoin pour vous. Faites-le fermement mais gentiment mais FAITES-LE. Marchez, faites la sieste, lisez dans votre chambre, n'importe quoi, mais ne renoncez pas à ces moments de solitude sous prétexte que l'autre n'en comprend pas les raisons ou vous traite d'ermite.

• Apprenez à accepter comme une chose naturelle le fait qu'on vous accole une étiquette ; il n'y a pas de quoi se troubler. Si l'on vous traite de raté, de maboule, d'être associal, de rebelle, et que vous y opposiez une parfaite indifférence, l'étiquette n'aura plus d'utilité et personne ne songera plus à vous en affubler. Mais, comme toujours, si ces noms qu'on vous donne vous culpabilisent ou si vous vous efforcez de démontrer que vous ne les méritez pas ou si vous en êtes traumatisé, alors vous encouragez les gens à vous en coller de plus en plus.

• Quand une personne commence à se scandaliser de votre conduite ou à vouloir vous faire toucher terre, analyser devant elle ses motivations. «Vous êtes perturbé(e) par ces circonstances et vous m'en reparlez pour que j'en sois aussi mal à l'aise.» «Vous ne me comprenez pas pour l'instant et vous êtes déçu(e) de moi». Montrez aux gens que vous êtes conscient de ce qu'ils ressentent et que vous n'avez pas peur de jouer cartes sur table.

• Quand quelqu'un veut absolument que vous «mangiez de cela» ou fait une mine incrédule en vous voyant observer scrupuleusement votre programme d'entraînement physique, dites avec fermeté, sans hésiter : « Je suis un régime et ne veux rien prendre » ou « Je vais faire de la course ». Surtout pas d'excuses du genre : « J'espère que tu ne m'en voudras pas », « Pardonnez-moi, je vous prie » ou « j'espère que vous me pardonnerez ». Ce sont là des invites à pousser la discussion plus loin et, en fin de compte, vous vous retrouverez en train de manger le gâteau en question pour ne pas froisser la maîtresse de maison etc., etc. Soyez ferme et convaincu(e), vos désirs seront de ce fait respectés.

• Dites : « C'est vous qui le prenez mal », « Vous vous faites du tort à vous-même ». Ces déclarations vous empêchent de vous sentir coupable et font endosser la responsabilité par celui qui se dit choqué ou peiné.

• Débarrassez-vous de cette idée stupide selon laquelle vous devriez vous sentir coupable si certains de vos amis n'apprécient pas d'autres de vos amis. Il y a apparemment beaucoup d'êtres au monde que vous ne choisiriez pas pour amis, alors pourquoi vous attendre à ce que ceux que vous avez choisis selon des critères bien personnels, se lient eux aussi d'amitié ? Pourtant il arrive souvent qu'on se fasse du souci ou qu'on soit peiné parce que les efforts qu'on fait pour présenter des gens que l'on croit pouvoir « aller très bien ensemble » n'ont pas été couronnés de succès ; acceptons, dans la « chimie amicale », que jouent les lois de la sélection.

De même ne vous faites pas de mauvais sang quand vos amis veulent absolument que vous adoptiez leurs amis(es) de cœur. Vous n'êtes pas obligé de partager les sentiments des amis de vos amis ou des amis des membres de votre famille. Il n'y aura aucune conséquence sur la relation amicale d'origine. Mais faites attention aux expressions que vous surprendrez sur vos lèvres ou sur celles des autres, telles que : «Comment pourrais-je en faire mon ami ? Je le trouve franchement antipathique !» On n'a pas à rendre des comptes sur le choix qu'on fait de tel ou tel ami ; on ne doit pas accepter qu'on fasse pression sur vous pour vous écarter de certains en faveur d'autres. Si vous sentez qu'on essaie de vous manipuler de la sorte, comme dans les autres domaines, n'hésitez pas à faire toucher du doigt ce procédé ou restez ferme sur vos positions en utilisant les stratégies les plus «discrètement efficaces» dont vous disposiez.

• Chaque fois que vous sentez qu'on veut vous entraîner dans une discussion que vous préfériez éviter, tâchez de l'esquiver en déclarant : «Je viens de décider de ne pas en discuter. Si vous avez envie d'en parler, il faudra vous résigner à monologuer... à moins qu'il s'agisse d'un échange paisible où chacun respectera les positions de l'interlocuteur.» Votre amateur de controverses restera bouche-bée devant votre franc-parler qui constitue une sorte de thérapie de choc. Mais persévérez dans cette attitude, même s'il vous faut sortir plutôt que d'accepter le débat.

• Quand vous usez de la plus extrême logique et que cela ne vous mène nulle part à cause de l'incompréhension de votre «adversaire» apprenez à chercher une autre sorte d'arguments.

Ainsi un de mes amis, du nom de Jim, eut à faire un jour à une contractuelle qui voulait lui mettre une contravention ; il eut beau dire que le parcomètre était détraqué — et elle pouvait le constater — elle ne voulut pas en démordre, disant que justement on n'avait pas le droit de se garer là où les parcomètres ne fonctionnaient pas, qu'il aurait dû choisir un autre stationnement. Jim répondit avec logique que les places où il y a des parcomètres sont justement destinées aux voitures et qu'il ne faut pas priver les conducteurs des espaces qui leur sont légalement réservés sous prétexte que les machines sont en dérangement. Il expliqua son point de vue calmement par trois fois mais manifestement elle n'en tenait aucun compte. Finalement il abandonna toute logique et la supplia d'être gentille et de ne pas lui donner de contravention même s'il était dans son tort. Cette solution eut l'heur de lui plaire. Elle avait besoin d'entendre Jim *reconnaître ses torts* afin de pouvoir exercer son autorité sur lui : Aussitôt qu'il lui demanda de ne pas tenir compte de « l'erreur » qu'il avait commise, elle accepta et il put s'en aller.

Il aurait pu continuer son « argumentation » parfaitement justifiée mais il eût été « victime de sa parfaite logique » et obligé de prendre un jour de congé pour passer devant le tribunal afin de ne pas avoir à payer ses dix dollars de contravention. Sans compter que là il aurait été soumis aux brimades de l'immense machinerie bureaucratique qu'il avait appris à éviter à tout prix. Sa solution pragmatique qui consistait à abandonner toute logique et à jouer un peu la comédie fut visiblement plus efficace.

• Cessez de vouloir jouer au plus fort vis-à-vis des inspecteurs, des représentants de l'autorité, des notabilités etc. Laissez-leur l'impression que ce sont eux qui commandent, que ce sont eux qui *l'emportent* sur vous. Même si en votre âme et conscience vous êtes sûr(e) d'avoir raison en ce qui concerne telle procédure, telle promotion, n'allez pas voir le patron en déclarant : « Je pense que vous avez tout à fait tort sur ce point », ce-disant vous le mettez dans une position où il est *obligé* de s'opposer à vous pour défendre son ego.

Une tactique bien classique est de préparer le terrain de telle façon que le patron soit persuadé que c'est *lui* qui a suggéré la solution que vous préconisiez, surtout s'il s'agit pour vous d'une augmentation de salaire ou d'un avancement.

Cela ne signifie pas du tout que vous êtes une chiffe molle mais que vous savez manœuvrer habilement au mieux de vos intérêts, ce qui implique qu'on sache quand il faut taire son point de vue et quand il convient de l'exprimer ouvertement.

• Cessez de faire de petites choses que vous n'aimez pas parce que vous craignez « qu'ils » ne comprennent pas si vous vous y refusez : par exemple embrasser des parents ou des relations que vous préféreriez ne pas embrasser. La prochaine fois, abstenez-vous en. S'ils veulent en débattre servez-vous des marches à suivre indiquées ci-dessus mais en attendant n'embrassez plus X ou Y. Pour une fois *n'allez donc pas* à ce thé mortellement ennuyeux donné par la tante Myriam, vous verrez bien ce qui se passera. Si d'autres membres de la famille veulent vous contraindre à y aller, utilisez les stratégies que je vous ai indiquées mais d'abord décidez vous-même pour ce qui concerne votre corps. Après tout n'est-ce pas à vous ? Vous n'êtes pas obligé(e) de le mener là où il ne veut pas aller et où rien ne l'oblige.

• Ne vous excusez plus pour ce que vous êtes et ce que vous faites. Vous n'avez pas à regretter d'avoir fait telle ou telle chose qui ne vous plaît pas ou ne convient pas aux autres ; tirez-en simplement une leçon ; dites à quiconque a pu en souffrir que vous tenterez de ne pas recommencer à agir ainsi puis continuez à vivre sans vous ronger de remords inutiles. Rappelez-vous que vous n'êtes pas obligé(e) moralement de regretter que les autres ne vous comprennent pas. Si vous leur présentez des excuses, vous endossez leur responsabilité et les encouragez à continuer à ne pas vous comprendre vous et vos motivations.

C'est une horrible habitude que de dire à tout bout de champ «pardonnez-moi», c'est la réaction de la victime-type, le réflexe de «se charger de tous les péchés d'Israël». Un jour j'ai vu une femme dans le métro qui disait : «Excusez-moi» à quelqu'un qui venait de *lui* marcher sur le pied !

• Si vous avez la manie d'analyser constamment vos relations, prenez la résolution d'arrêter, de «laisser aller» pour un temps, de vous débarrasser de ce besoin d'éplucher par le menu les motivations, les comportements etc. Il peut devenir pathologique au lieu de servir à la solution des difficultés. Plus d'une merveilleuse relation, entre deux êtres qui s'aiment, a été détruite par cette manie de l'analyse. Ne vous laissez pas entraîner par cette prétendue nécessité de travailler à «améliorer vos rapports» avec les autres. Ils risquent de devenir un fardeau au lieu d'être une joie. Et tout est gâché.

• Si de *ne pas* révéler quelque chose s'avère plus efficace pour le mieux-être de toutes les personnes concernées et si une quelconque révélation aboutirait à violer votre intimité, ne dites rien. Si vous ne pouvez refuser de parler, déguisez-la de la meilleure façon qui soit, sans penser que vous mentez pour autant. Rappelez-vous que vous avez le droit de garder pour vous vos pensées et vos sentiments les plus profonds, surtout quand vous estimez que la personne qui voudrait les connaître n'y a aucun droit.

EN CONCLUSION

Vous ne serez jamais prophète dans votre propre pays. Vous ne serez jamais compris de tous et vous tomberez dans le piège chaque fois que vous ressentirez le besoin de vous justifier aux yeux d'autrui. Être discrètement efficace implique qu'on puisse faire un clin d'œil malicieux au genre humain, sachant qu'on se débrouille bien, qu'on est assez libre intérieurement pour ne pas avoir de comptes à rendre à qui que ce soit. Pour être apprécié à votre propre valeur, il faudra que vous ayez quitté la planète depuis belle lurette. Si vous le comprenez une bonne fois, vous cesserez d'avoir *besoin* d'être bien vu(e) et vous vous arrangerez pour améliorer mille fois votre vie tant que vous êtes là pour en profiter. Dostoyevsky l'a bien compris qui écrit dans Les Frères Karamazov : Les hommes chassent les prophètes et les mettent à mort mais ils aiment leurs martyrs et honorent ceux qu'ils ont assassinés.

Ainsi donc pourquoi permettriez-vous qu'on vous tue, même s'il ne s'agit que d'un meurtre psychologique ? Plus important encore : pourquoi attendre d'être mort pour être apprécié ? Décidez de vivre pendant qu'il est temps en acceptant de n'être pas reconnu tout le temps par tout le monde. À vous de choisir.

Chapitre 6

Apprendre aux autres de quelle façon vous voulez que l'on vous traite.

La plupart des gens sont plus gentils avec de parfaits inconnus qu'avec leurs proches ou qu'avec eux-mêmes.

Comment vous traite-t-on ? Trouvez-vous qu'on use et abuse de vous ? Que les autres se servent de vous et ne vous respectent pas en tant que personne ? Fait-on des projets sans vous consulter et en pensant que vous suivrez le mouvement ? Jouez-vous des rôles qui vous déplaisent parce que tout le monde attend cela de vous ?

Voilà le genre de lamentations que j'entends le plus souvent de la part de clients ou d'amis qui se sentent des victimes brimées de mille et une façons. Ma réponse est généralement la même : « C'est vous qui avez appris aux autres à vous traiter ainsi. »

Si vous considérez qu'on vous maltraite, accordez donc de l'attention à la manière dont vous pensez et vous vous conduisez. Demandez-vous pourquoi vous avez permis et même encouragé ces mauvais traitements dont vous vous plaignez. Si vous ne découvrez pas votre propre responsabilité en ce domaine, vous continuerez à ne rien pouvoir changer.

Le philosophe romain Épictète a résumé ces idées, voici deux mille ans :

Ce n'est pas celui qui nous insulte qui nous offense mais l'idée que nous nous faisons de cette insulte qui nous blesse.

Ce chapitre s'inspire de ces antiques paroles qui contiennent un des plus importants messages pour la conduite de notre vie en les appliquant à notre société actuelle. Leur vérité essentielle demeure malgré les siècles qui ont passé. Vos blessures ne sont pas provoquées par les actions d'autrui mais par ce que vous choisissez de faire vis-à-vis de ces actions. Si vous modifiez vos comportements et vos réactions à l'égard de ces blessures, vous constaterez rapidement que vous ne serez plus en butte à ces mauvais traitements et votre statut de victime sera aboli.

COMMENT APPRENDRE AUX AUTRES ?

Vous apprenez aux autres la façon dont il faut vous traiter, vous ai-je dit, mais par quel biais ? Eh bien en montrant ce que vous êtes décidé(e) à supporter. Si vous «encaissez» et ce, depuis longtemps, vous avez lancé le message : «vous pouvez y aller, je ne résisterai pas».

La théorie n'est pas très compliquée. Si vous envoyez le message que vous ne tolérez pas les mauvais traitements et que vous ayez l'attitude correspondante, vos «tyrans» ne recevront pas le bénéfice qu'ils attendent, c'est-à-dire vous voir réduit à leur merci. Mais si vous les laissez tirer les ficelles ou si vous leur opposez que de faibles objections, vous continuerez à vous laissez faire et vous leur montrerez ainsi à vous traiter comme une quantité négligeable.

Gayle vint me trouver un jour parce qu'elle souffrait de la tyrannie de son mari. Elle se plaignit d'être traitée comme un vrai paillasson, d'essuyer toutes sortes d'injures et de mauvais procédés. Ses trois enfants ne lui témoignaient pas grand respect et elle se sentait au bout du rouleau, en proie à une profonde dépression, sans espoir de s'en sortir un jour. Elle me raconta son passé : c'était le cas classique de quelqu'un qui s'était laissé malmener depuis l'enfance. Ses parents ne lui avaient jamais laissé le droit à la parole et avaient exigé qu'elle rendît compte de ses moindres faits et gestes. Son père était excessivement autoritaire et l'avait menée à la baguette tout au long de son enfance, de son adolescence et jusqu'au mariage. Quand elle avait élu un partenaire, voilà que «par hasard» elle était tombée sur un homme qui était le portrait craché de son père, au point de vue caractère. Donc le mariage l'avait fait tomber dans la même souricière. Elle n'avait jamais connu que des injonctions : que dire, que faire etc. Et elle avait souffert en silence puisqu'il n'y avait personne pour l'écouter.

Je démontrai à Gayle qu'elle avait pris soin de montrer aux autres comment il fallait la traiter, que ce n'était pas du tout leur faute à eux, bien qu'elle fût très encline à rejeter la responsabilité sur eux et sur tout l'univers pour les maux qu'elle endurait depuis si longtemps. Elle réalisa rapidement qu'elle s'était brimée elle-même en acceptant tous ces mauvais traitements sans chercher d'efficaces contre-attaques. Une fois qu'elle eût réalisé qu'elle devait chercher en elle et non au-dehors les réponses à ses problèmes, elle apprit dans les séances suivantes de nouveaux moyens pour inciter les gens à la traiter différemment. C'est elle qui eut la primeur de ma théorie que j'appelle la théorie du coup de karaté.

LA THÉORIE DU COUP DE KARATÉ

Pensez à la toute première fois où votre conjoint vous a maltraitée en haussant la voix, en se mettant en colère, en vous frappant ou Dieu sait quoi. Il a agi ainsi pour vous débousoler.

Il y a des chances pour que cet incident ait eu lieu avant votre mariage, avant que vous ayez des enfants etc. La conduite odieuse de votre futur époux vous a stupéfiée puisque c'était la première fois qu'il agissait ainsi. Supposons qu'au lieu d'être atterrée, anéantie, effrayée, en larmes, vous ayez montré à votre partenaire votre main en lui disant que c'était une arme homologuée, et que vous lui ayez asséné un bon coup de karaté au niveau de l'estomac avec ces paroles : «Je suis bien décidée à ne pas tolérer ces mauvais traitements ; j'ai le souci de ma dignité personnelle et je ne me laisserai pas faire ni par toi ni par qui que ce soit. Je te conseille d'y réfléchir à deux fois avant de faire une nouvelle tentative de ce genre. C'est tout ce que j'avais à te dire.» Et ensuite vous auriez enchaîné avec une conversation normale.

Cela peut paraître une hypothèse absurde mais cela illustre le point suivant : avez-vous réagi avec énergie et sans tolérer une seconde pareils écarts de conduite à votre égard, dès le début ? Vous auriez dû, une fois pour toutes, apprendre à votre futur conjoint une chose très importante, à savoir que vous ne tolériez pas cette façon de se conduire. Votre réaction a dû être désastreusement différente. Que vous ayez crié, pleuré, manifesté à quel point vous étiez blessée, terrorisée par lui, vous avez envoyé le fatal message : non pas que vous appréciiez la façon dont il vous traitait mais que vous l'encaisseriez et plus encore que vous vous laisseriez manipuler émotionnellement par de tels procédés.

Quand j'énonçai à Gayle cette théorie, elle me dit : «Je n'aurais jamais pu réagir de la façon que vous conseillez !» Au début elle se retrancha dans sa position habituelle où elle rejetait tout le blâme sur son mari et ses enfants et elle voulait que je sois son allié pour la défendre contre la persécution dont elle était victime. Quand je persistais à dire que le «coup de karaté» ne nécessitait pas de violence physique ou d'une autre sorte pour avoir son impact psychologique, et qu'elle aurait pu simplement quitter la pièce, refuser de lui parler ou appeler la police pour manifester qu'elle ne pouvait tolérer ces procédés, elle commença à comprendre ; elle ne tarda pas à convenir qu'elle avait incité les autres par son comportement à la traiter comme moins que rien. Et elle décida de changer du tout au tout.

Elle s'orienta vers la recherche des meilleurs moyens pour manifester à son mari et à ses enfants qu'il fallait compter avec elle. Il lui fallut un certain temps pour faire comprendre son message car les gens qui vous briment n'abandonnent pas sans combat le pouvoir qu'ils ont pris sur vous ; mais elle avait toute la détermination requise et elle gagna la plupart des batailles. Quand les enfants se montrèrent irrespectueux à son égard, elle prit une très grosse voix pour leur enjoindre de faire les besognes dont ils voulaient se débarrasser sur elle. Ce fut un gros choc pour eux qui ne l'avaient jamais entendu élever la voix. Elle refusa de faire le chauffeur à jours réguliers et les laissa se débrouiller eux-mêmes. S'ils ne pouvaient se rendre à pied, à bicyclette ou se faire conduire par quelqu'un d'autre à leurs rendez-vous, ils durent renoncer à leurs projets.

Les enfants de Gayle apprirent rapidement qu'elle n'était plus la gentille personne entièrement à leur dévotion et qu'ils pouvaient traiter par-dessous la jambe. Elle n'eut pas besoin, pour obtenir de résultat, de crier et tempêter beaucoup ; elle se contenta de leur apprendre, grâce à de nouveaux comportements et à la détermination farouche de ne pas broncher même s'ils réussissaient à lui donner un sentiment de culpabilité.

Avec son mari également, elle changea de comportement. Une des tactiques favorites de ce dernier était de se mettre en colère et d'avoir l'air irrité et déçu par elle, spécialement devant ses enfants ou d'autres adultes. Pareilles scènes la faisaient se recrocqueviller dans son coin, elle craignait *d'aggraver* les choses et prenait un air gêné, se faisait docile et subissait les reproches sans mot dire. Son premier signe d'opposition fut de tenir tête en élevant la voix au même diapason que lui et en quittant la pièce.

La première fois que cela se passa ainsi, son mari et les gens présents furent abasourdis. La douce petite Gayle rendait coup pour coup ; ils ne pouvaient en croire leurs oreilles ! Son mari réagit selon la tactique classique qui consiste à culpabiliser le rebelle : «Que vont penser les enfants en entendant leur mère parler sur ce ton à leur père ?»

Au bout de plusieurs mois de ce genre d'exercices, Gayle eut la joie d'annoncer que tous les membres de la famille commençaient à la traiter tout différemment. Ils avaient d'abord tenté de la stopper dans sa nouvelle voie en lui collant d'étiquette d'égoïste ; en lui reprochant de n'être «pas gentille» ; en disant par exemple : «Tu ne devrais pas dire ces choses-là, maman!» et «Si tu nous aimais vraiment tu ne te conduirais pas comme ça avec nous». Mais Gayle avait été alertée sur ce genre de procédés et comme elle leur opposa une parfaite indifférence, ils disparurent pour ne pas reparaître.

Gayle apprit ainsi que vous recevez le traitement que vous encouragez les autres à vous faire subir. Maintenant trois ans ont passé et on ne lui manque plus de respect, surtout dans sa famille.

C'EST PAR SON COMPORTEMENT, NON PAR SES PAROLES QU'ON TRANSMET LE MESSAGE AUX GENS

«Nous ne devrions croire qu'en l'action ; les paroles ne mènent à rien», voilà ce que disait Fernando Rojas, un auteur espagnol d'il y a presque cinq cents ans. Si vous essayez de passer votre important message de «contre-victime» dans des discussions sans fin, vous aurez, en fin de compte pour tout bénéfice, des mots, des mots et des mots. Or les gens qui vous briment s'en servent volontiers pour exercer leur domination. «D'accord nous avons échangé nos idées ; maintenant je vois ce que vous voulez me faire comprendre : je ne dois plus agir ainsi avec vous.» Mais dès qu'un nouveau problème surgit, les propos échangés sont oubliés et vous voilà traité de la même façon qu'auparavant. Si vous reprenez le débat et obtenez que la situation se clarifie, vous tombez encore plus profond dans le piège. Il peut s'échanger des masses d'informations entre vous et X,Y Z. Mais jusqu'à ce que vous ayez appris à vous conduire d'une manière efficace, vous continuerez à vous faire manipuler et à donner de vaines explications. Bien des thérapeutes reçoivent des flots de confidences sur ces horribles persécuteurs qui gâchent la vie de leurs clients... C'est tout ce qu'il en sort, rien que des discours.

La thérapie doit être l'occasion d'apprendre de nouveaux *comportements* et de renoncer à ce fatras de mots inutiles. Si vous vous contentez de confier à *quelqu'un* vos misères et ne recevez en échange que de l'empathie et du réconfort, vous êtes doublement victime : victime de vos persécuteurs dans votre vie de tous les jours et victime de la personne que vous payez uniquement pour qu'elle compatisse.

Dans le monde, ce qui est le plus efficace, c'est la façon dont on se comporte. Une action qui manifeste votre détermination est un million de fois plus utile que les paroles les mieux intentionnées. Observez vos jeunes enfants et la façon dont ils se comportent avec les brutes : un enfant brutal va intimider neuf sur dix de ses cadets ; chacune des petites victimes va supplier, pleurer, hurler, ou venir geindre dans le giron d'une grande personne mais les brutalités continuent. Et puis voilà que le dixième, même s'il est petit, va avoir l'idée de résister et donne un bon coup. La petite brute va se dire : « Attention ! celui-ci rend les coups ; même si je suis le plus grand, je n'ai pas envie de recevoir un coup de pied, d'être obligé de lui courir après et de perdre la face... je vais le laisser tranquille et en choisir un qui se laisse faire. »

C'est uniquement par votre comportement que vous apprenez aux gens à ne pas vous brutaliser. Faire face et prendre les risques même si vous êtes en danger de recevoir le choc en retour. Vous transmettez ainsi le message que vous n'entendez pas vous laisser brutaliser et qu'il ne faut pas s'y frotter. Ne tenez pas compte de toutes les belles paroles, de toutes les vaines promesses ; avec ces gens-là, cela ne sert absolument à rien.

Carlyle l'exprime ainsi :
Si vous n'avez pas envie que quelqu'un agisse d'une certaine façon, faites-le parler de cela ; plus les hommes parlent, moins ils agissent. Chaque fois que vous essayez d'expliquer à quelqu'un comment vous désirez être traité, demandez-vous si cela en vaut la peine. Allez-vous user votre énergie à parler à un vendeur qui se soucie de vous comme de l'an quarante ? Les paroles que vous adressez à vos enfants entrent par une oreille et sortent par l'autre ; votre conjoint écoute paisiblement vos suggestions ou vos demandes et recommence aussitôt à faire ce que vous lui recommandez d'éviter... n'avez-vous pas constaté cent fois la vérité de ce que je vous dis ? Ces trois exemples démontrent qu'en de telles situations les mots ne servent strictement à rien. Par contre une recherche créative de comportements adéquats obtient d'excellents résultats.

1) Enfants et Parents.
Corinne a trois jeunes enfants par qui elle se sent brimée la majeure partie du temps. Elle passe virtuellement toutes ses journées à leur parler mais apparemment ils n'enregistrent rien.
Pendant les vacances, la famille passe la journée à la plage. Le mari en profite pleinement mais *Maman* a appris aux enfants qu'elle sera toujours l'arbitre de leurs disputes, voici donc ce qu'on entend :
«Mommy ! Billy jette du sable sur moi».
— Billy ! arrête tout de suite !
Trois minutes plus tard : «Mommy ! Billy m'écla-bousse, dis-lui d'arrêter».
— Dis-le à ton père.
— Je le lui ai dit mais il dit que ça lui est égal, qu'il faut que ce soit toi qui t'en occupes.

Ce genre de dialogue peut durer éternellement. Chaque enfant « rapporte » à Corinne et obtient ainsi son attention. Elle réagit comme elle a dit aux enfants qu'elle le ferait : elle gronde ou elle gémit mais s'en tient là.

Au supermarché le benjamin des enfants réclame du chewing gum devant le distributeur. Corinne refuse. L'enfant pique une colère ; la mère au comble de l'exaspération cède. Le message est le suivant : « si tu désires quelque chose, ne t'occupe pas de ce que je dis, pique une colère et tu l'obtiendras. » Corinne a beau passer son temps à parler aux enfants, ils n'écoutent jamais ce qu'elle dit parce que les mots ne sont pas accordés à la réalité. Elle pourrait leur apprendre bien des choses par son comportement au lieu de tous ces discours. Quand ils lui demandent d'arbitrer leurs querelles, elle peut tout simplement disparaître, je veux dire physiquement, les laisser régler tout seuls leurs conflits. Elle peut s'enfermer dans la salle de bain, aller marcher un moment (si les enfants ne sont pas trop jeunes pour être laissés seuls dans la maison). Ou bien elle peut se contenter de dire : « Cette fois-ci vous vous débrouillez sans moi, » et faire la sourde oreille aux jérémiades.

Au magasin, elle pourrait laisser le petit faire sa colère sans intervenir, ce qui lui apprendrait que Mommy ne cèdera pas parce qu'elle est gênée par l'entourage.

Quand on ne s'en mêle pas, les enfants sont sensationnels pour résoudre leurs problèmes et ils demandent rarement l'arbitrage d'une grande personne, lorsqu'ils savent qu'ils ne récolteront aucune attention et aucun bénéfice. Si vous vous gardez d'intervenir à tout propos, vous leur apprenez à penser pour eux-mêmes, à se servir de leur force et à ne pas manipuler autrui. La plupart des comportements de ses enfants — dont elle se plaint — résultent de la méthode qu'elle emploie pour les élever : beaucoup de paroles mais peu d'actes.

2) Conflits entre époux.

George a des relations sexuelles désastreuses avec sa femme. Il lui en a parlé jusqu'à en perdre souffle mais sans résultat. Elle ne fait pas ce qu'il lui demande. Quand ils ont fini de faire l'amour, il se plaint ou lui exprime ce qu'il ressent mais apparemment elle ne comprend pas. Son but à elle est que l'acte sexuel soit fini le plus vite possible. George aimerait qu'elle soit plus agressivement excitable et fasse certaines choses plutôt que juste suivre le mouvement. Mais elle n'a pas appris comment il voudrait être traité.

Il pourrait lui enseigner d'autres façons de faire sans prononcer une seule parole ; il peut lui mettre les mains où il aimerait qu'elles soient ; il peut ralentir l'expérience et la mener au rythme désiré ; en un mot il peut montrer les techniques par gestes et non verbalement.

Si vous n'aimez pas la façon dont vous êtes traité(e) sexuellement, ce peut être bon d'en parler pour exprimer votre insatisfaction mais en général cela pose plus de problèmes que cela n'en résout. Il vaut mieux chercher en pratique ce que vous désirez. Si vous trouvez que cela va trop vite, ralentissez le rythme, ce qui montrera que d'aller moins vite peut être plus agréable pour les deux. Si vous n'avez pas d'orgasme, cherchez à aider votre partenaire à sentir ce que vous voulez. Tout cela implique des actes, non des explications.

Je ne veux pas dire par là que des échanges verbaux ne soient pas bons au sein du couple mais je suggère une méthode pour obtenir le traitement que l'on désire, une fois que l'on a constaté l'échec des explications en paroles.

3) La Femme Battue.

Les violences physiques contre les femmes sont beaucoup trop fréquentes dans notre société ; n'importe quel spécialiste de thérapie familial pourra l'attester. Cela ne se passerait pas ainsi si les épouses apprenaient à réagir non pas en paroles mais en actes.

Pendant trois ans Marie fut la cible de graves sévices de la part de son mari. Elle eut à supporter des rossées qui lui laissaient des contusions par tout le corps, parfois même quelques fractures. Après chaque incident, son mari se répandait en excuses et promettait de ne jamais plus recommencer et Marie ayant versé bien des larmes et beaucoup prié, se reprenait à espérer en des jours meilleurs. Mais le tempérament volcanique de son époux lui faisait piquer de nouvelles crises de rage... et la pauvre Marie trinquait à nouveau.

Un jour où elle en sortit avec un œil au beurre noir, elle se laissa persuader de ne pas retourner au logis pendant trois jours. Elle ne téléphona pas, n'expliqua pas où elle était ni ne fit savoir à son mari quoi que ce fût. Elle prit ses deux enfants et alla habiter dans un motel. Son but était de démontrer qu'elle ne tolérerait plus ces mauvais traitements et s'en irait si jamais cela devait se reproduire. Pendant ces trois jours où sa femme et ses deux enfants avaient disparu, son mari était fou d'inquiétude. Quand elle revint au logis, il se plaignit amèrement mais il avait appris une leçon d'un prix inestimable : S'il la frappait, il ne la reverrait plus.

Il recommença une fois, après quoi elle partit pendant une semaine. Si la nécessité s'en faisait sentir, elle était bien décidée à partir pour de bon. Mais elle ne se fatigua pas à le lui expliquer en long et en large ; elle se contenta de l'avertir en peu de mots. Cette fois son mari avait compris qu'elle avait décidé que d'être en vie et en bonne forme physique était beaucoup plus important pour elle que d'être mariée à un homme qui la battait régulièrement, bien qu'elle l'aimât beaucoup ; de son côté il *décida* qu'il lui faudrait dorénavant se dominer. En adoptant cette méthode radicale devant les mauvais traitements, Marie avait remporté la victoire : elle ne serait plus jamais une femme battue.

Ces exemples très typiques que vous pouvez rencontrer dans votre propre vie illustrent cette vérité, à savoir qu'il n'est pas besoin de faire quoi que ce soit d'immoral ou qui aille à l'encontre de vos principes personnels, quand il vous faut enseigner aux autres ce que des paroles n'ont pu transmettre. En vérité, comme l'a dit Ibsen : « Mille paroles ne laisseront pas d'empreinte aussi profonde qu'un seul acte. » Commencez donc à prendre des mesures efficaces pour enseigner aux autres comment ils doivent se comporter avec vous. Renoncez aux paroles quand elles se révèlent inutiles et découvrez un choix de comportements efficaces qui vous feront gagner du terrain.

QUE POUVEZ-VOUS ATTENDRE D'UN ALCOOLIQUE ?

Un des jeux où l'on est toujours sûr de perdre est celui qui consiste à attendre des autres des choses irréalisables et à être choqué, scandalisé, offensé et peiné quand ils déçoivent notre attente. Par exemple l'on souhaite que les autres apprennent ce qui ne peut être enseigné ou ce qu'il n'est pas en votre pouvoir d'enseigner. Un exemple classique en est la façon dont les gens réagissent vis-à-vis des alcooliques.

Voici un alcoolique ; vous l'avez repéré, étiqueté comme tel ; or vous savez fort bien ce qu'est un alcoolique. Alors si vous êtes dans tous vos états quand cet alcoolique boit, avouez que vous n'êtes plus accordé(e) à la réalité et à la façon dont elle fonctionne. Qui est à côté de la plaque ? L'alcoolique avec ses comportements d'ivrogne ou vous qui le voudriez sobre ? Si vous vous attendez à ce que les alcooliques soient indisciplinés, ultrabavards, incohérents dans leurs gestes et leurs actes etc., vous n'aurez pas lieu d'être étonné(e) ce soir d'en voir un se conduire ainsi. Et vous agirez en conséquence : ignorez-le, écartez-vous en ; adoptez la tactique la plus adéquate. Vous éviterez de cette façon qu'il vous importune.

Voici quelques exemples d'un état d'esprit analogue :

• Ma femme est une personne très calme. Ce qui me perturbe profondément c'est qu'elle ne me parle pas davantage.

Qu'attendez-vous donc d'une personne calme ? Qu'elle fasse du tapage ? Si elle est affectivement d'un tempérament calme, il est absurde de vous faire du souci parce qu'elle se conduit comme l'on pouvait s'y attendre.

• Mon gosse n'a pas envie de jouer au ballon ; je m'inquiète de le voir si peu sportif.

Pourquoi demander à quelqu'un qui n'aime pas lancer un ballon d'être bon à cette sorte de sport ? L'enfant a une conduite tout à fait prévisible étant donné ses goûts, ce n'est pas lui dont il faut s'inquiéter mais n'est-il pas ridicule de votre part d'attendre le contraire ?

• Mon diable de gendre est toujours en retard ; je

me fais un mauvais-sang terrible quand il n'est pas à l'heure.

Etc., etc., etc. La liste pourrait s'allonger à l'infini. J'attire simplement votre attention sur le point suivant : que vous ayez commencé ou non à apprendre aux gens à éliminer les habitudes qui pèsent sur vous, vous pouvez toujours leur faire comprendre que vous ne vous laisserez plus impressionner ou paralyser quand ils se conduiront d'une façon que tout vous laissait prévoir.

ÊTRE FERME AVEC EFFICACITÉ

Beaucoup de gens pensent que, pour être ferme, il faut se montrer désagréable ou délibérément agressif. Il n'en est rien. Il faut simplement s'exprimer avec assurance, confiance et détermination pour défendre ses droits et sa condition de contre-victime. Vous pouvez apprendre l'art de n'être pas du même avis que l'interlocuteur sans pour autant être désagréable. Et vous pouvez vous défendre sans vous montrer hargneux. Pour apprendre aux autres comment il faut vous traiter, vous avez besoin de faire montre de fermeté sinon vous vous retrouverez dans les rangs des victimes. Ceux qui ont atteint leur objectif en ne se laissant manœuvrer par personne n'ont pas peur de faire front et de défendre leurs droits quand on les menace. Ils ont appris à dominer leurs craintes intimes. Ils ne sont peut-être pas braves mais ils sont fermes et ne veulent pas battre en retraite devant d'éventuels oppresseurs. En revanche si vous fuyez les attitudes fermes, vous montrez aux adversaires qu'ils pourront vous avoir aisément comme victimes.
Ci-dessous vous trouverez quelques exemples de

succès dûs à la fermeté ; ils me furent racontés par des clients qui s'exerçaient en ce sens à l'époque.

• Lois emmène son fils de cinq ans avec elle à la banque. Il a soudain un urgent besoin d'aller aux toilettes. Elle va trouver le caissier : «Puis-je utiliser vos toilettes, s'il vous plaît, mon petit garçon a un besoin urgent». «Non, lui fut-il répondu, les toilettes sont réservées au personnel». Que pouvait-elle faire ? Accepter et laisser l'enfant mouiller son pantalon ? Courir chercher des toilettes dans une station d'essence ou Dieu sait quelle autre solution qui aurait été également brimante pour elle et son fils. Non, pas question ! se dit-elle et elle alla trouver d'un pas résolu le directeur pour lui faire le récit de l'incident : «Mon fils a un besoin urgent d'aller aux toilettes, votre caissier m'a refusé l'accès aux vôtres ; si vous refusez également, je ne remettrai plus les pieds dans cette banque.» Lois reçut immédiatement la permission demandée avec des excuses pour l'attitude du caissier. Conclusion : vous êtes traité(e) selon l'indication que vous donnez aux autres par votre comportement ; si vous êtes ferme vous ne serez pas brimé(e).

• Charlie pénètre dans un magasin et demande au vendeur la monnaie d'une pièce de vingt cinq cents pour mettre dans le parcomètre. L'homme lui dit d'un air irascible : «Pour qui nous prenez-vous ? Nous sommes ici pour vendre, et pas pour faire de la monnaie». Instantanément Charlie fait front : «Apparemment il y a quelque chose qui ne tourne pas rond pour vous et le simple fait que je vous demande un peu de monnaie vous a mis dans tous vos états. Je serais heureux que vous fassiez une exception à la règle et que vous me fassiez la monnaie. J'espère que tout ira mieux pour vous.» Charlie fut stupéfait de la réaction du vendeur qui lui donna sa monnaie et lui fit ses excuses : «Je suis désolé de vous avoir parlé sur ce ton ; en effet j'ai eu des ennuis. Ne le prenez pas pour vous personnellement». Si Charlie s'était contenté de battre en retraite, il aurait été contrarié, se serait retrouvé une fois de plus victime et sans menue monnaie. Un simple acte de fermeté avait tout transformé. Il était radieux de se découvrir de nouveaux talents en ce domaine et nous en fit part au cours d'une séance de thérapie.

• Le mari de Patty rapporte à la maison un bébé-chien et l'informe «qu'ils» ont maintenant deux chiens. Mais il s'attendait à ce que ce fût elle qui nettoyât ses saletés, se chargeât de la promenade, de la nourriture, du dressage, acceptât ses mordillages et les dégâts dans tout l'appartement etc. Par la façon dont elle s'était comportée jusqu'alors elle l'avait habitué à penser qu'elle accepterait toujours de lui toutes les corvées. La solution qu'elle choisit fut de dire qu'elle accueillait bien volontiers un nouveau chien dans la maison mais c'est lui qui avait pris cette décision donc c'est lui qui serait responsable du chiot. Aussi refusa-t-elle de nettoyer les saletés, de le laisser entrer dans la cuisine et de le promener. Au bout de deux jours le mari alla rapporter le chiot au chenil. Il avait appris à traiter sa femme autrement.

• Murray a décidé de ne plus boire. On lui avait fait remarquer quelques symptômes d'un alcoolisme naissant, au cours de séances de thérapie et il avait décidé de prendre les choses sérieusement en main. Mais ses amis en ce domaine ne l'aidaient guère comme l'illustre l'anecdote suivante : voici le dialogue qu'il eut dans une boîte de nuit :

— Murray, prends une bière.

— J'ai décidé de ne plus boire.

— Oh je t'en prie, ne gâche pas la soirée, prends quelque chose.

— Non merci.

— Barman, donnez-lui une bière.

— Non *merci*.

— Donnez à mon ami Murray une bière, dit l'ami au barman. Tiens, Murray, laisse-toi faire, voilà ta bière. Tu ne peux pas la laisser puisque je te l'offre.

— Tu peux m'offrir tout ce que tu veux mais je ne boirai rien.

En évitant de s'engager dans des excès de boisson qui lui auraient été funestes, Murray a fait montre de sa nouvelle détermination à ses amis pour qu'ils ne le traitent plus en victime.

• Adèle a toujours fait le dîner du Thanksgiving pour toute la famille et jamais personne ne l'a aidée. Elle n'en a jamais retiré de plaisir et petit à petit c'est devenu un grand événement. Elle dépense beaucoup de temps et d'énergie à préparer le repas, nettoyer la maison de fond en comble, faire des achats dispendieux, servir à table, faire la vaisselle et les rangements ensuite, tout cela sans qu'on lui en sache aucun gré. Pendant ces jours de fête, elle s'est toujours sentie brimée et à la fin elle s'offre en général une bonne semaine de dépression, en jurant ses grands dieux que jamais elle ne recommencera. Pourtant cela fait vingt-deux ans que cela se passe ainsi et elle continue parce que c'est ce qu'on attend d'elle.

Mais voilà qu'une année, Adèle expédia à tous les membres du clan, le 10 octobre, une lettre leur signalant qu'allait s'instaurer une nouvelle façon de faire : le repas du Thanksgiving aurait lieu dans un beau restaurant du quartier chic et chaque famille serait chargée de faire ses propres réservations. Ensuite tout le monde pourrait assister à un concert.

L'idée fut trouvée merveilleuse. Ainsi depuis trois ans Adèle est libérée de ce repas de fête qui lui donnait tant de tintouin quand il se passait chez elle ; elle pouvait profiter tout à loisir de ces jours de congé pendant lesquels elle avait été sur les nerfs. Sa conduite ferme avait été un beau succès non seulement pour elle mais pour les autres membres de la famille.

• Irène et Harold ont été victimes d'une de leurs relations qui a adopté leur maison comme refuge, Sam est arrivé un beau jour à l'improviste et leur a raconté pendant des heures l'histoire de sa rupture d'avec sa femme et tous ses ennuis avec les uns et les autres. Au début Irène et Harold n'ont pas voulu lui faire de la peine ; ils ont préféré cacher leurs véritables sentiments et se laisser prendre de leur temps et leur attention plutôt que de manquer d'hospitalité envers un ami. Mais au bout de deux mois où il débarquait constamment chez eux sans manifester le moindre désir de repartir, Irène n'en put plus. Elle osa dire à Sam qu'elle ne voulait plus entendre raconter les tristesses de sa vie et l'avoir à demeure dès qu'il éprouvait le besoin de trouver une oreille attentive. À compter de ce moment, Sam n'abusa plus de leur amitié. Il prenait la peine de téléphoner pour demander quand il pouvait venir sans déranger et il venait moins souvent. La fermeté d'Irène avait porté ses fruits. Il savait maintenant à quoi s'en tenir de même qu'au début la timidité du couple l'avait encouragé à se montrer sans-gêne.

• Tony avait toujours été timide dans ses rapports avec les commerçants. Il lui arrivait souvent d'acheter des articles qui ne lui plaisaient pas de crainte de froisser les vendeurs. Pendant la période où il essayait de changer de comportement, il alla se choisir une paire de chaussures. On lui montra une paire qui lui convenait ; il dit qu'il les prenait mais, au moment où le vendeur remettait les chaussures dans leur boîte, il remarqua une légère égratignure sur l'une d'elles. Il surmonta son premier mouvement qui était de se dire tant pis ! et il demanda : « Voudriez-vous m'apportez une autre paire, celle-ci est un peu abîmée. » À son grand étonnement le vendeur répondit tout de suite : « Mais oui, monsieur, je vais vous la chercher ». Tony repartit avec une magnifique paire de souliers et la certitude qu'il n'était pas difficile d'éviter de « *se faire avoir* », même pour de petits détails, pourvu qu'on fût bien décidé.

Cet incident là marqua un tournant dans son existence ; il commença à pratiquer la fermeté dans tous les domaines de sa vie, là où le bénéfice en était bien plus grand que d'éviter qu'on vous collât une chaussure légèrement égratignée. Son patron, sa femme, ses amis, parlent tous du « nouveau » Tony qui n'est plus enclin à « encaisser ». Non seulement il obtient plus souvent ce qu'il désire mais il s'est attiré un grand respect et a récolté de grandes satisfactions intérieures.

QUELQUES CATÉGORIES TYPIQUES DE GENS À QUI VOUS AVEZ APPRIS À VOUS PRENDRE POUR VICTIME.

Vous allez trouver ci-dessous quelques catégories de persécuteurs potentiels avec quelques indications pour vous permettre de savoir comment vous y prendre pour leur envoyer votre message de « contre-victime ». Vous reconnaîtrez sûrement que vous avez dû vous laisser manipuler par certaines catégories d'entre eux et, si vous êtes tout à fait franc avec vous-même, vous admettrez que parfois vous en avez fait partie.

• *Alcooliques et Drogués.*

Vous ne voulez sans doute pas — et vous n'en seriez pas capable — apprendre quelque chose à quelqu'un qui n'est pas dans son état normal et qui l'oublierait aussitôt mais vous pouvez sur l'instant lui prouver qu'il ne gagnera rien à vous importuner. Alcooliques ou drogués qui sont disposés à vous faire des discours sans queue ni tête, à larmoyer sur votre épaule ou à trébucher en s'accrochant à vous, iront ailleurs s'ils ne trouvent pas à qui s'adresser. Si vous restez de marbre quand ils essaient de vous coincer dans un coin de la pièce, ils iront autre part chercher une âme sœur et s'ils ne s'en vont pas, c'est vous qui partirez.

• *Les Raseurs.*

Si vous restez assis à écouter poliment un raseur mais en grinçant des dents, tant est grand l'ennui qui se dégage de sa conversation qui tourne toujours autour de lui-même, vous lui apprenez à faire justement ce dont vous lui en voulez. Mais les raseurs sont conscients à un certain niveau qu'ils vous ont piégé, aussi vous laisseront-ils partir si vous montrez que vous savez comment vous échapper, peut-être avec une remarque joviale mais ferme comme par exemple : «Tiens! voilà un bon quart d'heure que vous me tenez là sans remarquer que cela ne m'intéresse pas!» Mieux vaut vous séparer de lui que de perdre votre oreille.

• *Les spécialistes de jérémiades.*

Les gens qui vous accaparent pour vous confier toutes leurs misères peuvent aussi apprendre de vous que si leurs victimes se dérobent, ils se trouvent le bec dans l'eau. Vous leur montrerez qu'ils n'ont pas prise sur vous.

• *Les brutes et tyrans.*

Ceux qui bousculent tout le monde, «pour

s'amuser» ou autrement, seront rarement sensibles aux subtilités ; il faut beaucoup de fermeté et de résolution pour leur prouver qu'on n'encaissera certainement pas.

• *Maîtres et Maîtresses de Maison importuns.*

Si vous êtes invité(e) par eux, ils peuvent essayer avec acharnement de vous faire jouer à des jeux qui ne vous amusent pas, déguster des mets qui vous déplaisent ou vous plier à ce qui est demandé aux hôtes bien élevés. Mais les stratégies discrètement efficaces peuvent leur apprendre que la politesse pleine de tact doit s'exercer des deux côtés.

• *Les chicaneurs et ergoteurs.*

Pour éviter de vous laisser entraîner dans des discussions qui vous semblent oiseuses, il faut refuser d'adhérer à leur jeu. Ils savent que leurs victimes se laissent prendre au charme d'une conversation et ensuite ils les soumettent au feu de leurs vitupérations. Le secret avec eux est de demeurer émotionnellement détaché pour pouvoir utiliser les stratégies indiquées ci-dessus.

• *Les vantards et les conteurs de bonnes histoires.*

Ne rivalisez pas en fanfaronnades, ne vous laissez pas prendre au piège du concours où il s'agit le plus souvent de raconter la plus longue histoire et la plus dépourvue d'intérêt. Si vous vous abstenez de participer, vous pouvez faire comprendre aux autres ce qu'ils ont besoin de savoir ; que vous les considérez comme des raseurs.

• *Les prêcheurs et donneurs de conseils.*

Les gens qui adorent vous expliquer pourquoi ils n'auraient pas agi comme vous ou qui vous font des sermons basés sur la conviction que vous devriez penser, sentir et vous conduire comme eux continueront indéfiniment si vous n'y mettez pas le holà en déclarant qu'ils n'ont aucune raison de vous traiter avec une telle condescendance.

• *Les gens qui vous coupent la parole.*

Il faut apprendre la patience à ceux qui se jettent dans la conversation, sans qu'on les en prie, en imposant leurs points de vue personnels qui n'ont en général rien à voir avec ce qu'on était en train de dire.

Si vous les interrompez à votre tour, vous renforcez la règle qui veut que ce soit «la voix la plus forte et la plus persévérante qui ait gain de cause». Par contre si vous réagissez par un silence «contrarié» dès qu'ils vous ont coupé la parole, vous leur faites réaliser ce qu'ils ont fait et souvent ils s'en excuseront. S'ils ne le réalisent pas, la fois d'après vous pourrez vous exclamer : «Cela fait la dixième fois que vous m'interrompez, tâchez de vous rappeler ce que vous voulez dire jusqu'à ce que j'ai fini de parler». À moins que la personne en question veuille vous intimider (et vous savez comment agir en ce cas), elle fera effort pour se corriger bien qu'elle ait besoin sans doute de se voir de temps en temps rappelée à l'ordre.

• *Les gens qui aiment scandaliser.*

Si vous êtes facilement choqué(e) par les écarts de langage, les plaisanteries grivoises, les grossièretés etc., ils sortiront tout leur arsenal pour vous ennuyer. Ayez l'air de ne pas vous en soucier, ce qui les privera du plaisir escompté ou montrez-leur que vous les trouvez vraiment puérils.

• *Profiteurs et beaux-parleurs.*

La seule arme avec eux c'est de leur battre froid car ce sont des gens qui s'intéressent absolument pas à vous (bien qu'ils prétendent le contraire) si ce n'est pour vous extorquer tout ce qu'ils peuvent.

• *Les rancuniers.*

Ceux qui utilisent un prétendu tort que vous leur avez fait pour vous manipuler ne baisseront pavillon que si vous leur manifestez que vos décisions futures ne sont en rien modifiées par leur ressentiment. Si cela n'a pas d'influence, essayez de vous servir des stratégies destinées à ceux qui ne vous comprennent pas.

• *Les gens qui rapportent et qui dénoncent.*

Vous ne pourrez être victime d'un chantage que si vous attribuez à l'opinion d'un autre sur vos actes une plus grande importance qu'à ce que vous en pensez vous-même ou si vous ressentez des craintes qui vous paralysent à propos de « qu'est-ce qui arrivera au cas où... » Bien des fois un haussement d'épaules et un bref « et puis après ? » montrera au « rapporteur » qu'il ne vous fait pas peur. Rappelez-vous que les menaces peuvent être utiles vis-à-vis de ces gens-là. De nos jours les dénonciateurs ne paient pas.

• *Les importuns obstinés.*

Les gens qui s'obstinent, sans en vouloir démordre, à vous faire faire ce qu'ils veulent ne se laisseront pas émouvoir par des paroles. La seule façon de combattre leurs prières, supplications, cajoleries et réclamations, sera de faire la sourde oreille et d'opposer une inertie absolue.

• *Les marchands de culpabilité.*

Les gens qui veulent vous vendre de la culpabilité à leur prix, c'est-à-dire moyennant mainmise sur vous, apprendront à ne pas gaspiller leur marchandise en vous la présentant si vous leur opposez une fin de non-recevoir. Vous pouvez tenter de leur expliquer que leur stock est sans valeur mais ne vous faites pas d'illusions, les paroles seules ne suffiront pas à faire cesser leur marchandage.

- *Les gens moroses.*

Si vous vous laissez entraîner par la contagion des «peurs bleues» de ceux-ci, du spleen de ceux-là, c'en est fait de votre indépendance (sans parler de votre bonheur) et vous serez une docile petite victime. Gardez votre état d'âme à vous, celui que vous préférez ; dites aux gens que leur mélancolie n'a pas besoin de votre compagnie ou vice versa ; demandez-leur si deux êtres mijotant dans la tristesse valent mieux qu'un, restant tout seul. Mais surtout soyez prêt à ignorer les morosités qui voudraient vous envahir.

- *Les gens avides.*

L'avidité est sans doute la source première des brimades. Si l'un de vos proches est avide et que vous placiez votre attachement pour lui (ou elle) au-dessus de vos principes de votre indépendance, vous serez dépouillé(e) de tout ce que vous avez, qu'il s'agisse de temps, d'argent, de liberté, etc.

On peut fort bien aimer quelqu'un et ne pas céder à sa convoitise illégale ou immorale. En fait si vous vous contentez de suivre le mouvement et d'accepter, vous ne savez pas très bien ce qu'«aimer» signifie. Être avide c'est vouloir plus que sa part de quelque chose, aux dépens de quelqu'un d'autre et les rapaces ne sont jamais des gens heureux. Quand il s'agit de gens que vous ne connaissez pas ou dont vous ne vous souciez pas, vous utiliserez n'importe quelle stratégie qui leur apprendra à vous laisser tranquille mais si c'est quelqu'un que vous aimez qui est affligé de cette maladie, il faudra lutter contre, avec tous les principes et comportements qui sont à la disposition des «contres-victimes».

Dans les dix-sept catégories ci-dessus se trouvent des persécuteurs qui vous manipuleront sans merci si vous ne leur enseignez à vous laisser en paix.

Vous avez toujours beaucoup plus pouvoir sur vos réactions et sur vos habitudes que vous ne pouvez l'imaginer.

CERTAINES CATÉGORIES DE PERSONNES QUI REPRÉSENTENT LES CIBLES FAVORITES

Nous sommes tous plus ou moins victimes des autres. Riches ou pauvres, noirs ou blancs, jeunes ou vieux, chacun d'entre nous a ses combats spécifiques à livrer. Qui que vous soyez, vous pouvez, un beau matin voir pleuvoir sur votre tête, sans savoir pourquoi, les traits acérés des persécuteurs à moins que vous ne portiez toujours avec vous votre parapluie de contre-victime et que votre vue perçante ne vous permette pas de repérer de loin l'ennemi qui vous guette. Il y a pourtant des êtres qui sont des proies plus faciles à atteindre que d'autres et qui auront, de ce fait, des batailles plus acharnées à livrer. La philosophie et les stratégies qui permettent d'échapper à la mainmise d'autrui sur notre destin individuel s'appliquent aussi à eux mais il leur faudra lutter encore plus longtemps et plus vigoureusement sans pouvoir éviter de nombreux échecs. Parfois ils auront tant de mal à enseigner aux autres qu'ils ne veulent pas être soumis à leurs mauvais traitements qu'ils penseront souvent que le jeu n'en vaut pas la chandelle. Mais pour ceux qui ont su persévérer et qui ont gagné, il n'existe aucune sorte de compromis. Comme le dit John Gardner : «Il n'y a pas de victoires faciles».

Les plus grands meneurs d'hommes de l'histoire ont su parfaitement que c'est par son comportement qu'on apprend aux autres la façon dont on veut être traité. Laissons pour un moment l'approche hautement personnalisée de la lutte contre les persécuteurs de tout acabit et passons à une vision plus large concernant la vie des sociétés ; comparons la philosophie que nous venons d'exposer avec les attitudes de quelques «grands hommes» qui ont lutté pour libérer de l'oppression certains groupes de victimes au cours de l'histoire. Nous verrons qu'ils ont anticipé ces méthodes à leur époque.

Abraham Lincoln savait que l'esclavage ne serait jamais aboli tant qu'on ne lui opposerait que de belles paroles. Il comprit qu'il fallait montrer aux propriétaires d'esclaves, par une attitude rigoureuse, que cette «institution» ne serait plus tolérée.

Martin Luther King savait que son peuple devait se manifester bruyamment, organiser des marches, des démonstrations de masse, préparer de nouvelles lois, s'il voulait que son rêve se réalisât.

Lincoln et King savaient tous deux que les droits civiques des minorités continuaient à être violés parce qu'il n'y avait pas assez de personnes pour se dresser et crier : «Cela ne peut continuer ainsi, nous ne tolérerons plus une seule *minute* l'esclavage dans *notre* société» et comme les mots ne suffisaient pas, ils étaient conscients qu'il fallait passer à l'*action* pour démontrer de quelle façon ces opprimés devaient désormais être traités.

Churchill comprit qu'il ne fallait pas *marchander* avec les Nazis, comme Chamberlain l'avait appris à ses dépens. Tout le monde eût été conquis par eux si les peuples ne s'étaient dressés, n'avaient risqué — et pour beaucoup perdu — leurs vies, pour mettre un terme à cette tyrannie démente qu'ils voulaient imposer à l'univers. Jefferson et Franklin savaient que les colonies américaines avaient montré par leur comportement aux Britanniques qu'elles étaient disposées à être traitées en «fidèles sujets» et que, s'ils voulaient un nouvel état de choses, les colons auraient à passer des paroles aux actes pour obtenir leur indépendance.

De la même manière, dans l'Amérique contemporaine, les femmes ont appris qu'elles devaient revendiquer le respect de leurs droits par des actes plutôt qu'en le demandant avec des mots dénués de vigueur et de belles phrases. Elles ont été longtemps victimes des hommes parce qu'elles leur avaient montré par leur comportement qu'elles étaient disposées à endurer leur joug. Quand la patience disparaît, il est assez curieux de constater que commence l'égalité. Les Indiens américains ont appris que traités et conférences sont vains et on les écoute à présent parce qu'on sent qu'ils ne sont plus disposés à se laisser opprimer.

La liste d'exemples analogues pourrait s'allonger indéfiniment. Ralph Nader incarne cette façon de se comporter dans l'Amérique actuelle. Il a convaincu les gens par son comportement et celui de ses «commandos» qu'il ne resterait pas bien sagement assis tandis que les consommateurs continueraient à être exploités. C'est un activiste qui opère des changements parce qu'il sait se faire voir et qu'il fait preuve d'esprit combatif là où cela est nécessaire. Il obtient des résultats. Qu'on soit ou non d'accord avec lui, il oblige les grandes organisations du monde des affaires (le gouvernement des États-Unis inclus) à tenir compte de sa position de «contre-victime». C'est ainsi que tous les experts en changements sociaux ont opéré : avec des actes et une pleine conscience de notre responsabilité personnelle dans les mauvais traitements dont nous sommes les victimes consentantes.

Les catégories de personnes qui ont été le plus opprimées dans les dernières années sont aisées à déceler : Les *gens âgés*, qui ont pris leur retraite et ont laissé les plus jeunes générations prendre le relais, ont plus à offrir au monde que n'importe quel groupe pris en particulier mais ils ont été relégués au rang de citoyens de seconde zone, que la société tolère tout au plus, parce qu'ils ont enseigné aux plus jeunes à les traiter ainsi. Quiconque est âgé de plus de soixante-cinq ans et ne souhaite pas être traité comme un inférieur ou un être fini peut être considéré comme un citoyen à part entière mais, en tant que groupe, ces gens âgés ont permis qu'on les traite, dans la société occidentale, comme des gens pratiquement sans influence et sans pouvoir. (Attention au groupe activiste « Gray Panthers* »

Les minorités religieuses. Elles ont été brimées aux États-Unis ; notamment, à des époques différentes ; les Juifs, les Catholiques, et en général les membres de toutes les sectes protestantes. Ces groupes qui ont revendiqué le droit à leurs convictions et qui se sont dressés pour les défendre ont obtenu satisfaction en général. Oui, il a fallu payer le prix et la lutte a été dure mais le principe reste vrai : si vous permettez qu'on vous persécute en n'offrant pas de résistance, vous ne pourrez jamais prendre votre destinée en main ; ce ne sera jamais vous qui tirerez les ficelles. L'histoire des *minorités raciales* dans ce pays n'est qu'une longue suite de luttes, qu'il s'agisse des Noirs américains, des Américains d'origine, des Jaunes américains, des Portoricains, des Indiens et de tous les autres ; ils ont dû se lever pour revendiquer le respect de leurs droits sinon ils auraient à jamais été victimes de la persécution. Les grands leaders de ces minorités

---

* Les Panthères grises, par analogie avec le mouvement des Panthères Noires.

savaient prendre leurs risques pour qu'on tînt compte de leur existence. Il est certain que la discrimination raciale n'a pas disparu de notre société ; le vrai remède n'est pas dans les discours mais dans l'action qui montre aux persécuteurs, aux exploiteurs, comment les minorités doivent être traitées.

Bien des *étudiants des universités et des écoles secondaires* ont durement appris comment avoir le droit d'intervenir dans les affaires qui les concernent ; c'est-à-dire qu'ils ont pris conscience qu'il ne s'agissait pas simplement de siéger dans les assemblées «pour rire» que le gouvernement leur offrait dans leurs écoles mais de se faire entendre dans les questions d'importance vitale pour eux.

Ce qui est en jeu dans ces luttes des opprimés quels qu'ils soient c'est leur indépendance, le droit à tirer les ficelles de leur propre destin. Thomas Jefferson, dans la Déclaration d'Indépendance, traite du droit de toute une nation opprimée par un gouvernement «à le réformer ou à l'abolir et à instituer un nouveau gouvernement».

Les analogies de ces exemples de groupes opprimés avec ceux des individus dans le même cas sont douloureusement frappantes puisqu'il s'agit pour les uns et les autres de se libérer du joug de groupes ou de personnes qui sont en position de force. Appliquez donc ces leçons de l'histoire à votre propre vie. Quiconque tente de vous obliger à prendre une direction que vous n'avez pas choisie a autant de responsabilités qu'un propriétaire d'esclaves, un Tory ou un dictateur. Vous devez avoir la liberté d'être vous-même et vous ne l'obtiendrez qu'en enseignant aux autres les limites de ce que vous pouvez supporter.

STRATÉGIES À UTILISER POUR APPRENDRE AUX AUTRES LA FAÇON DONT VOUS VOULEZ ÊTRE TRAITÉ(E)

Voici quelques attitudes et comportements auxquels vous pouvez songer quand vous voulez enseigner aux autres de nouvelles manières d'être vis-à-vis de vous.

• Cessez de vous attendre à être maltraité(e). Acceptez l'idée que votre passé de mauvais traitements est dû à votre attitude personnelle en premier lieu et non à celle de vos persécuteurs. Modifiez d'abord votre état d'esprit en ce sens ; c'est de vous qu'il faut attendre le changement et généralement tout changement chez les humains commence par un changement d'attitude.

• Adoptez une éthique de non-victime qui vous permettra de vous exercer de façon discrète et efficace et que vous suivrez avec détermination, sans accepter le moindre compromis. Par exemple :

1) Je ne me laisserai pas ennuyer par les alcooliques ; je ne leur parlerai pas plus de cinq minutes et je ne monterai jamais dans une voiture conduite par eux pour rentrer à la maison ;

2) Je refuserai de m'expliquer devant quelqu'un qui, visiblement, ne s'intéresse absolument pas à ce que je peux lui dire. Dès que je m'apercevrai que je parle à un mur, je cesserai mes explications ;

3) Je ne courrai après personne.

Ces règles de conduite sont importantes mais à moins que vos résolutions ne comportent des changements pratiques dont il faut informer les autres — par exemple si vous refusez de conduire votre mari et ses amis au golf tous les dimanches, ce qui les oblige à chercher un autre mode de transport — il ne faut pas en discuter avec eux ; vous pourriez provoquer des discussions inutiles et croire que vous

avez obtenu un «résultat», ce qui serait une dangereuse illusion.

• Réagissez par des actes et non par des paroles
autant que possible ; opposez-vous énergiquement
à tout mauvais traitement. Essayez de nouveaux
comportements qui feront choc sur vos oppresseurs. Si vous êtes impressionné(e) par des
jurons qu'on vous lance à la tête, rétorquez de la
même façon pour l'effet de surprise que cela provo-
quera et pour montrer que vous êtes capable de
fermeté. Partez immédiatement quand quelqu'un
vous injurie ; si nécessaire, vous pouvez toujours
rentrer chez vous en taxi. Dès le début de votre
nouvelle orientation conduisez-vous résolument
afin que votre message, comme quoi vous n'êtes
plus disposé(e) à vous laisser faire, parvienne haut
et clair.

• Si à la maison quelqu'un esquive ses obligations et que votre tendance habituelle soit de vous
plaindre au lieu de faire le travail à sa place,
rappelez-vous que c'est vous qui lui avez appris à
agir ainsi. La prochaine fois, qu'il connaisse grâce à
votre fermeté un autre son de cloche. Si votre fils
est censé vider la poubelle et qu'il se défile, rappe-
lez-le lui une fois. S'il n'en tient pas compte, fixez-lui
un délai. S'il néglige d'observer le délai, allez calmement vider la poubelle sur son lit. Le fait d'être
obligé de nettoyer son lit fera plus pour lui faire
comprendre votre nouvelle façon d'agir que tous les
sermons qui ne vous ont menés nulle part et vous
ont fatiguée.

• Éliminez les récriminations et les plaintes de
votre langage. Cessez d'incriminer les autres pour
les mauvais traitements qu'ils vous infligent. Ne
dites plus : «C'est de sa faute à lui» ; «elle a tort» ;
«je ne peux pas m'en empêcher» ; «ils m'ont fait ce

coup là » ; « ils n'ont aucun respect pour moi » et ainsi de suite. Dites-vous plutôt : « C'est moi qui le leur ai appris » ; « c'est ma faute, je n'avais qu'à ne pas le permettre ». Ce sont des suggestions pour que vous parveniez à changer votre statut de victime au lieu de le consolider.

• N'attendez plus, en espérant que les choses iront mieux demain. Si vous attendez que les gens se mettent à ne plus vous manipuler, vous pouvez attendre ad aeternum. Commencez dès aujourd'hui à leur faire la leçon d'une manière efficace sinon Il n'y a pas de raison que les choses aillent mieux.

• Résolvez-vous à prendre des risques quand vous avez à faire à des persécuteurs éventuels. Prenez votre courage à deux mains pour rendre les coups juste ùne fois à celui qui vous brutalise et observez ce qui va se passer. Répliquez sur le même ton à celui qui vous parle durement ou qui dépasse les bornes ; réagissez vigoureusement quand vous êtes victime d'un groupe. Partez quand la situation paraît sans issue ou que vous jugez inutile d'entamer une discussion. Forcez-vous une bonne fois à *agir* ainsi et ensuite cela vous paraîtra beaucoup plus facile. Chaque longue marche à pied commence par une enjambée sur la route mais il faut surmonter votre appréhension et votre inertie pendant l'espace d'une minuscule seconde.

• Exercez-vous à prononcer des phrases d'un ton décidé même quand cela peut paraître stupide ; ce seront des avant-premières des vraies représentations. Parlez fermement aux serveurs, vendeurs, étrangers, grooms, caissiers, employés, chauffeurs de taxi, laitiers, etc. Dites-leur ce que vous attendez d'eux et voyez si vous ne récoltez pas, en échange de ce ton assuré, le respect et les services que vous êtes en droit d'attendre. Plus vous vous entraînerez, mieux vous serez en mesure de vous affirmer dans les circonstances importantes.

• Ne prononcez plus de ces phrases qui invitent les gens à vous dominer, telles que : «Je ne compte pas beaucoup», «je ne suis pas très élégante», «je n'y connais pas grand-chose en matière juridique» ou «je ne suis pas très organisé» ; les gens en profiteraient pour vous marcher sur le pied. Si vous dites à un serveur que vous n'êtes pas très bon en calcul pendant qu'il prépare votre addition, c'est comme si lui disiez que vous n'êtes pas capable de voir s'il vous compte quelque chose «en trop».

• Refusez de faire des besognes que vous détestez et qui ne sont pas «obligatoirement» de votre domaine. Si vous avez horreur de tondre la pelouse ou de faire la lessive, arrêtez pendant deux semaines et voyez ce qui se passera. Prenez quelqu'un pour le faire à votre place si vous pouvez vous le payer ou demandez aux autres membres de la famille de se débrouiller sans vous. Si vous vous êtes toujours occupée du linge des adultes de la famille qui seraient parfaitement capables de le faire eux-mêmes, vous leur avez donné l'habitude de vous traiter en victime et en esclave. La seule façon d'en sortir, c'est d'arrêter les frais ; quand ils voudront des sous-vêtements propres, ils les laveront eux-mêmes. Non seulement vous leur faites une faveur en leur apprenant à ne compter que sur eux mais également vous vous libérez de la servitude perpétuelle dans laquelle vous viviez. Cela peut aussi bien s'appliquer à la corvée de faire le café au bureau, de prendre les notes pendant une réunion etc. En général si les tâches domestiques sont votre lot, c'est parce que vous avez démontré aux autres que vous les feriez sans jamais vous plaindre.

• Ne vous laissez pas prendre au piège des réactions premières de vos oppresseurs pour rejeter le message que vous voulez leur faire passer. Elles peuvent être exagérées dans des sens opposés : vous pouvez tomber sur des gens qui se mettront en colère et seront bruyamment violents ou sur quelques tentatives de séduction telles que des présents ou une considération accrue. Regardez toutes ces premières réponses comme des tests et voyez si le temps les confirme. Que votre résolution persiste envers et contre tout sans vous soucier des réactions que la plupart du temps vous pouvez deviner. D'ici peu, les autres verront que vous ne plaisantez pas et ils vous traiteront comme vous leur apprenez à le faire, c'est-à-dire avec respect.

• Ne vous laissez pas donner un sentiment de culpabilité à cause de ce changement dans vos comportements. Résistez à la tentation de vous sentir mal à l'aise devant un regard blessé, une prière ou un cadeau (tentative de corruption) ou une réplique aigre. Dans la majorité des cas, les gens à qui vous avez appris à vous manipuler seront désarçonnés devant votre nouvelle manière d'être. Essayer de vous montrer affectueusement ferme. Vous pouvez vous montrer disposé(e) à expliquer le pourquoi de cette nouvelle fermeté s'ils sont, eux, disposés à vous écouter ; mais s'ils commencent à dire «oui mais» ou à gémir : «ce n'est pas juste» ou «jamais tu n'as fait cela avant, pourquoi commences-tu maintenant ?» alors reprenez votre comportement ferme qui signifie que vous agirez désormais selon ces nouveaux principes. Soyez à l'affût des réactions de sincère exaspération, auxquelles vous pouvez répondre par des explications, parce que ce ne sont pas des essais pour vous réintroduire dans votre ancienne condition d'asservissement, ce que vous refuserez toujours avec énergie.

• Apprenez aux autres que vous avez le droit de vous réserver du temps pour faire ce dont vous avez envie. Soyez intraitable quand il s'agit de temps de repos nécessaire loin du bureau et de son atmosphère fiévreuse, loin de la cuisine étouffante ou du tapage des enfants, etc. Explorez un peu le monde alentour. Comptez vos moments de détente et de «bon temps» parmi les choses les plus importantes de l'existence, parce que c'est la stricte vérité, et gardez-vous bien de permettre aux autres d'empiéter dessus. Si l'on vient sans cesse vous déranger, utilisez les mêmes tactiques conseillées ci-dessus quand on a à faire avec les gens qui vous coupent tout le temps la parole.

• Refusez automatiquement de jouer le «monsieur bons offices» dans les querelles des autres, surtout quand il s'agit de petits enfants. Apprenez aux gens que vous estimez que vous avez mieux à faire que d'arbitrer (ou prendre la défense de l'un ou de l'autre) leurs conflits à moins que vous n'en ayez *envie* ou puissiez vraiment être utile.

• Notez au jour le jour les mots avec lesquels les autres vous «persécutent». Si vous êtes une mère de famille perpétuellement assaillie de demandes, marquez sur un calepin combien de fois par jour vous entendez : «Mommy, Mommy, qu'est-ce que je dois faire ?», «tu ne peux pas le faire pour moi ?», «chic ! elle va le faire, elle l'a dit !» Vous réaliserez mieux ainsi combien de fois, rien que par leurs paroles, les autres, autour de vous, vous renforcent dans votre condition de victime ; donc vous serez motivée pour la combattre. Vous verrez combien cela sert de noter sur son calepin.

• Tâchez de ne pas vous mettre en colère avec ceux à qui vous avez démontré qu'ils pouvaient s'en servir pour vous manipuler. Si vous avez pris l'habitude de sortir de vos gonds pour finir par dire et faire des choses que vous regrettez amèrement après, exercez-vous à vous contrôler. Les enfants sont habiles à vous faire perdre votre calme, même si cela signifie pour eux une bonne fessée et une pénitence dans leur chambre. Ce qu'ils y ont gagné, c'est une certaine maîtrise de la situation. En étant ferme plutôt que violente vous maintenez le contrôle, vous évitez que les autres vous paralysent et, de ce fait, vous pouvez leur enseigner ce que vous désirez. Quand vos accès de colère cessent, cela seul peut suffire à faire stopper les brimades des autres.

• Faites-vous un(e) allié(e) avec qui vous puissiez discuter de votre nouvelle stratégie. Soyez assez intime avec quelqu'un afin de réfléchir avec lui (ou elle) sur vos victoires ou vos défaites. Soyez franc (franche), confiez à une oreille sympathiquement attentive vos efforts, vos espoirs ; cela vous donnera de la force et peut-être que vous aurez ainsi un appui dans certains affrontements.

• Rappelez-vous aussi que vous avez peut-être le choix entre diverses tactiques. Si certaines sont impraticables dans une situation donnée, notez sur un papier celles que vous pourriez utiliser. Partagez cette recherche avec votre confident(e) et voyez en fin de compte le meilleur choix à faire. En prenant la peine de les noter, vous serez surpris(e) de voir qu'il y a beaucoup plus d'options que vous n'auriez pu le croire de prime abord.

• Sachez dire NON. C'est un des mots les plus utiles à des fins pédagogiques. Plus de « peut-être », ne pesez plus le pour et le contre ; ces tergiversations donnent aux autres, prétexte à ne pas comprendre votre position. Vous constaterez que toutes les craintes que vous ressentez vis-à-vis de ce simple petit mot n'existent qu'en vous. Les gens respectent un NON ferme bien plus qu'une attitude de neutralité qui veut ménager la chèvre et le chou et qui cache vos véritables sentiments. Vous-même serez plus satisfait(e) intérieurement si vous pouvez dire ce mot chaque fois que ce sera nécessaire. NON, NON, NON, plantez-vous devant votre glace et exercez vous à le dire. Vous en avez le pouvoir, il suffit d'oser. TOUT DE SUITE.

• Quand vous aurez à faire à des geignards, des discuteurs, des vantards, des profiteurs, des raseurs, des gens qui vous coupent la parole ou autres gens du même acabit, vous pouvez les étiqueter calmement en déclarant : «Vous venez de me couper la parole», «Vous l'avez déjà dit», «vous vous plaignez de choses auxquelles on ne peut rien», «vous passez votre temps à vous vanter». Cela peut paraître cruel mais ce sont de merveilleux moyens d'informer les gens que vous ne compterez plus parmi les victimes de leur conduite aliénante. Plus vous serez calme, plus vos flèches seront aiguisées et moins de temps vous serez sur la sellette de la victime.

EN CONCLUSION

Vous êtes traitée par les autres de la façon dont vous leur avez appris à le faire. Si vous adoptez ce principe directeur, vous serez en bonne voie pour parvenir à tirer vos ficelles. S'il est plus malaisé de réussir à dresser certaines personnes, n'acceptez aucun compromis sur cette idée de base sinon vous cédez les rênes à ceux qui se jetteront avec joie dessus afin de vous manipuler à votre guise.

Chapitre 7

Ne jamais faire passer la loyauté envers les institutions et les choses avant la loyauté vis-à-vis de soi-même.

Si vous êtes ce que vous faites, alors quand vous ne faites pas, vous n'êtes pas.

TEST EN DOUZE QUESTIONS

Oui	Non		
___	___	1)	Accordez-vous plus d'importance à vos responsabilités professionnelles qu'à vos responsabilités envers vous-même ou envers votre famille ?
___	___	2)	Trouvez-vous difficile de vous détendre et de vous libérer l'esprit des problèmes professionnels ?
___	___	3)	Constatez-vous que vous sacrifiez votre temps dans le but de gagner de l'argent ou d'acquérir des biens matériels ?
___	___	4)	Consacrez-vous votre vie à la poursuite de buts tels que l'obtention de pensions ou à la préparation de votre retraite ?

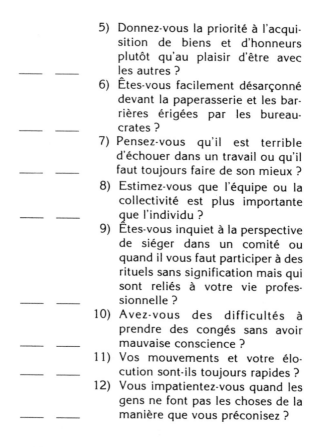

5) Donnez-vous la priorité à l'acquisition de biens et d'honneurs plutôt qu'au plaisir d'être avec les autres ?

6) Êtes-vous facilement désarçonné devant la paperasserie et les barrières érigées par les bureaucrates ?

7) Pensez-vous qu'il est terrible d'échouer dans un travail ou qu'il faut toujours faire de son mieux ?

8) Estimez-vous que l'équipe ou la collectivité est plus importante que l'individu ?

9) Êtes-vous inquiet à la perspective de siéger dans un comité ou quand il vous faut participer à des rituels sans signification mais qui sont reliés à votre vie professionnelle ?

10) Avez-vous des difficultés à prendre des congés sans avoir mauvaise conscience ?

11) Vos mouvements et votre élocution sont-ils toujours rapides ?

12) Vous impatientez-vous quand les gens ne font pas les choses de la manière que vous préconisez ?

Si vous répondez oui à l'une de ces questions, vous avez des chances d'appartenir à cette catégorie de victimes qui placent la loyauté vis-à-vis d'une institution au-dessus de celle que vous vous accordez. Une fois de plus, il faut mettre l'accent sur votre importance, en tant qu'être vivant, animé du souffle vital. Aucun but extérieur ne vaut que vous sacrifiiez votre propre bonheur. La doctrine qui fait préférer biens et institutions est la source d'un asservissement contre lequel il vous faut lutter ; vous devez bannir cette façon de voir.

La liberté, telle que nous en avons discuté dans le premier chapitre de cet ouvrage, n'est pas limitée à la liberté vis-à-vis de la domination des autres hommes. L'indépendance par rapport à la domination des biens, des professions, des sociétés et autres institutions créées par les hommes, est tout aussi importante. Certaines personnes luttent farouchement pour être libres dans leurs relations familiales et amicales. Elles revendiquent le respect de leur individualité et refusent qu'on leur dicte comment mener leur vie. Mais, par une ironie du sort, elles sont totalement esclaves de leurs situations professionnelles, des institutions qu'elles sont payées pour servir. Elles se trouvent souvent dans l'incapacité de disposer de leur temps et n'ont presque rien à dire dans l'organisation de leur vie quotidienne. Ces individus sont rarement en paix avec eux-mêmes. Leur cervelle fonctionne à bride abattue. Ils n'ont pas d'énergie de reste pour faire autre chose que leurs travaux professionnels. Et pourtant ce sont ces hommes qui se disent des hommes libres.

Jetez un regard attentif sur vous-même en lisant ce chapitre. Si vous êtes esclave d'une quelconque institution, que ce soit un travail, un organisme, un violon d'Ingres, une école, vos études etc., et si vous ne gardez pas de temps pour vous ; si vos devoirs vous paraissent plus importants que votre propre bonheur, en ce cas vous vous êtes laissé(e) asservir (ou vous vous êtes asservi vous-même) par ce qui est institutionnalisé dans votre vie.

MAUVAIS USAGE DE LA LOYAUTÉ

Loyauté ne veut pas dire esclavage. Vous pouvez remplir fidèlement vos engagements vis-à-vis d'une organisation et vous y dévouer avec toute votre conscience, avec votre sens du devoir, sans pour autant en devenir l'esclave. La personne la plus importante au monde et vis-à-vis de qui vous devriez manifester la plus farouche loyauté, c'est vous. Vous ne disposez que d'une seule vie et la laisser passer sous le contrôle d'un travail professsionnel quel qu'il soit ou d'une institution d'un autre genre est particulièrement stupide alors qu'il y a tant d'autres choix possibles. On fait un mauvais usage de la loyauté quand les profits prennent le pas sur les êtres et que l'esprit humain est sacrifié sur l'autel de « X et Cie ».

L'usage que vous en ferez dépend absolument de vous et de vous seul(e). Le plus important objectif de votre existence peut être de vous dévouer à votre famille et de faire son bonheur en même temps que le vôtre. Vous n'avez de comptes à rendre à personne mais vous pouvez commencer à vous inspirer dans la conduite de votre vie de ce concept de loyauté vis-à-vis de vous-même. Il est fort vraisemblable que vous obtiendrez de ce fait de meilleurs résultats professionnels et que vous serez également bien plus agréable à fréquenter.

Un « cadre » qui ne peut se résoudre à quitter son bureau ne se rend pas compte qu'il y a tout de même d'autres réalités dans la vie que son job. Vous avez aussi votre vie à « administrer », ce qui ne vous empêche pas de consacrer le temps qu'il faut à vos affaires, mais ce qui implique que vous teniez compte de votre bonheur, de votre équilibre physique et surtout de votre épanouissement.

Le mauvais usage de la loyauté est une vraie calamité. Par sa faute, votre vie sur cette planète sera remplie de stress, de tensions, d'anxiété, de tourments, qui vous mèneront prématurément à la tombe. Les choses qui ont du prix à vos yeux seront toujours mises de côté au profit d'une tâche qui aurait dû *absolument* être exécutée hier et cette bousculade perpétuelle, ce rythme effréné, quelle que soit la lassitude ressentie, ces éternelles «épreuves et tribulations» seront défendues par vous au nom du sacro saint devoir. Mais finalement ce que vous aurez défendu, avec les mêmes arguments qu'ont brandi d'autres fous avant vous, sera la cause de votre mort. Comme eux vous aurez passé votre courte vie à clamer que la gloire de X et Cie vaut que ses serviteurs s'y sacrifient corps et âme.

Continuez sur cette voie et croyez ces inepties, si le cœur vous en dit, mais prenez conscience que vous êtes victime de la plus grande oppression quand vous mettez votre loyauté au service de tâches professionnelles, de profits, de votre Devoir avec une majuscule. Rudyard Kipling a écrit : «Le monde n'est pas si important qu'il faille que tant d'hommes se tuent au travail pour lui».

Oui vraiment les institutions devraient être au service de l'homme et non le contraire. Les «Cie» n'existent pas dans le monde *réel*, le monde de l'homme. Videz la General Motors des hommes qui la font fonctionner, que vous reste-t-il ? Des machines qui se rouillent, des ateliers déserts, des bureaux vides, des fichiers remplis de rapports inutiles, bref tout un équipement qui n'a plus sa raison d'être. Ce sont les personnes humaines qui font fonctionner les institutions et puisque vous êtes l'une de ces personnes, tout le dévouement que vous manifestez envers ces institutions devrait s'orienter vers l'amélioration des conditions de vie des gens et notamment, de votre vie à vous ainsi que de celle des êtres qui vous sont chers.

COMPÉTITION AU LIEU DE COOPÉRATION

Les gens qui sont esclaves des institutions sont très souvent des partisans de la *compétition à tout prix*. Ils ont appris à déifier le saint «esprit de compétition» et ils s'efforcent de communiquer la névrose de la sacro sainte compétition à tous ceux qu'ils rencontrent sur leur chemin.

Réfléchissez de nouveau à cette question. Demandez-vous si vous n'êtes pas victime de cet état d'esprit que vous prisez si fort.

Les institutions vivent de la compétition. Il s'agit toujours de «faire mieux que l'autre gars» aussi s'acharne-t-on à endoctriner ses subordonnés dans ce sens. Elles secrètent tout un système pour infuser l'esprit de compétition dans le crâne de leurs dévoués serviteurs : des récompenses sont distribuées pour s'assurer que chacun s'évertuera à faire plus et mieux que le voisin, dans l'espoir de se voir attribuer promotions et «standing». On apprend aux individus à regarder par-dessus leur épaule pour voir si «l'autre gars n'essaie pas de vous rattraper».

Dans une société capitaliste il faut beaucoup de compétition pour faire marcher une entreprise. Eh oui ! Nous sommes dans un monde régi par la compétition. Mais vous, en tant qu'individu, vous pouvez faire preuve de cet esprit à l'intérieur de votre cadre de travail sans toutefois le porter à des excès, surtout en ce qui concerne votre vie personnelle. Si vous vous laisser entraîner par cet esprit au-delà des limites normales vous imposez une terrible tension à votre famille pour arriver au but toujours plus élevé que vous vous donnez et rivaliser avec tous les autres. Les résultats sont partout visibles dans nos immeubles ultramodernes, nos super autoroutes, nos machines électroniques dernier cri etc. Évaluez ce que cela a pu coûter en efforts humains.

Les managers et tous les cadres dans notre pays sont surtendus. Les crises cardiaques, les ulcères, l'hypertension, sont monnaie courante ; on les considère comme des choses «normales» dans les hautes sphères des affaires tandis que les employés disposent d'un temps infinitésimal pour leurs familles et «normalement» deviennent des alcooliques invétérés, des intoxiqués de tabac, ou de médicaments, des insomniaques, trop harcelés de travail pour avoir le loisir d'aimer ou de faire l'amour.

Voici un court extrait de «The Gospel According to the Harvard Business School» de Peter Cohen ; il illustre comment cette folie compétitive s'infiltre dans nos écoles et nos universités.

8 avril :

> La scène n'était que trop familière. D'abord la police, puis le doyen, puis deux heures après, — au moment du repas — la petite voiture noire. Il y avait deux hommes à l'intérieur de la voiture avec un charriot à deux roues. Ils emmenèrent le charriot dans une des ailes du dortoir et ils en émergèrent avec cette chose attachée par des courroies au charriot... Voici comment James Hinman acheva sa première année à la Harvard Business School ; il s'était suicidé en s'empoisonnant.

C'est le troisième gars qui s'en va comme ça. Dieu sait combien de fois vous avez entendu dire que la compétition est une méthode américaine et la seule bonne ; vous l'avez entendu clamer en chaire dans les églises et dans les écoles ; vous en êtes arrivé presque à le croire. Et puis voici que vous voyez un petit charriot emporter inerte un être qui eût pu être empli de joie, de tendresse, de brillantes idées pour sa vie entière. Soudain vous prenez conscience qu'il y a là de sérieux problèmes ; vous voyez ce que celà coûte et vous vous demandez s'il n'y a pas d'autres issues. Parce que, si l'on prend la peine d'y réfléchir, qu'est-ce que la compétition sinon un comportement ? Une sorte de comportement basé sur le besoin d'être plus rapide, plus intelligent, plus riche que le type d'à côté. Tout le monde oublie qu'en dépit de ses indéniables avantages la compétition entraîne beaucoup de gaspillage, que chaque vainqueur coûte cent, mille, cent mille perdants. Et c'est à ça qu'en est venue la société américaine : elle parle de la compétition comme si elle n'avait jamais entendu parler de coopération. Elle refuse de regarder en face ce fait : une tension trop grande ne fait pas bouger les gens, elle les tue purement et simplement.

Je crois que ce texte de Cohen transmet un message de grande valeur. Si vous en venez à donner la haute priorité à un excessif esprit de compétition dans votre philosophie ou votre comportement, vous réduisez à l'état de victime, vous-même, votre conjoint et vos enfants. Les écoles, qui exigent de leurs étudiants uniquement des «A» et les contraignent ainsi à une féroce rivalité peuvent former quelques brillantes étoiles mais ces étoiles, qui sont des têtes surchauffées et soumises à un terrible stress, vous inspirent-elles l'envie de leur ressembler ? Et si tout le monde vous admire comme l'as des as, qu'est-ce que cela vous rapportera sur le plan humain ? Avez-vous besoin de cette vénération pour réconforter votre égo ; en ce cas si les applaudissements des autres vous sont plus nécessaires que le sentiment que vous avez de votre propre valeur, c'est mauvais signe ; cela prouve que vous manquez de sécurité et que vous vous prisez fort peu : Mais ce qui est plus grave, si votre valeur humaine dépend de votre réussite, de votre place au sommet des honneurs, de votre victoire incontestée sur tous les concurrents, qu'adviendra-t-il de vous quand le bruit des applaudissements se sera tu et que vous n'occuperez plus le poste le plus élevé ? Vous vous effondrerez parce que vous n'aurez plus l'occasion d'avoir conscience de votre valeur.

Dans ce pays la compétition est la cause la plus importante des suicides. Les premières victimes sont ceux qui n'ont eu conscience de leur valeur que lorsqu'ils réussissaient «à dépasser l'autre gars». Quand ils échouent en ce domaine, ils ne se croient plus rien et décident d'en finir avec une vie qui n'a plus aucun sens.

Le taux des suicides parmi les enfants entre huit et douze ans s'est élevé de quatre cents pour cent depuis 1967. Imaginez vos enfants se suicident parce qu'ils trouvent que leur *vie individuelle* ne vaut pas la peine d'être vécue, beaucoup croyant que pour avoir de la valeur, il faut faire mieux que les autres. Être tendu pour arriver à entrer dans telle équipe sportive, pour avoir les meilleures notes, pour satisfaire les objectifs que leurs parents ont pour eux, et contenter tout le monde, sont-ce là des valeurs pour lesquelles un être sain voudra risquer sa vie et encore bien moins la perdre ?

Tous les êtres humains sont dignes de vivre et peuvent accéder au bonheur et à l'épanouissement, sans avoir à lorgner ce que font les autres pour être sûrs qu'ils ne se laisseront pas gagner de vitesse. En fait les gens qui vivent à plein ne cherchent pas à faire mieux que le voisin ; ils cherchent en eux-mêmes leurs raisons de vivre et les buts qu'ils veulent atteindre et ils ont conscience que la compétition ne fera qu'amenuiser leurs chances de faire les seules choses qui leur fassent envie.

Rappelez-vous, pour qu'il y ait «compétition», il faut avoir quelqu'un d'autre comme terme de comparaison. Et quand on a besoin de regarder à l'extérieur pour se rassurer sur sa position ou sa propre valeur, cela signifie qu'on n'a pas le contrôle de sa vie. Regardons en nous plutôt que de nous jauger sur le type d'à côté.

RÉSULTATS D'UN ESPRIT EXCESSIF DE COMPÉTITION

Si cet esprit de compétition permet évidemment de fabriquer des souricières plus perfectionnées et d'améliorer la qualité de la vie, ce qui est une ambition certes estimable, il faut tenir compte aussi du revers de la médaille. La coopération est une façon bien plus efficace d'améliorer la qualité de votre vie et de celle des autres. Quand les hommes s'entr'aident, ils y trouvent tous leur avantage.

En classe, si les élèves entrent en compétition par ambition de récolter quelques « A » que font miroiter des maîtres et des professeurs irréfléchis, le résultat est piteux ; ils deviennent paranoïdes, se mettent à tricher, à mentir, et font n'importe quoi pour se voir attribuer la «récompense». Le travail en équipe, par contre, donne des enfants équilibrés qui tiennent à partager leur joie au lieu de la garder pour eux.

Nous avons dans notre pays plus de douze millions d'alcooliques. Plus de cent millions d'ordonnances par an prescrivent des antidépresseurs et des tranquillisants ; comptez en plus vingt cinq millions d'ordonnances pour des amphétamines afin de perdre du poids ; sans oublier les médicaments donnés sans prescription médicale, à savoir ceux pour faire dormir, pour se tenir éveillé, pour se décontracter, contre les douleurs, les crampes et le reste... tout cela distribué en quantités non mesurables. Nous sommes devenus un peuple avaleur de pilules et détraqué psychologiquement parlant. L'insomnie, l'impuissance, les crises de dépression, règnent à l'état endémique dans des proportions astronomiques et les gens courent après les thérapies de toutes sortes, en nombre toujours croissant. De véritables cargaisons de jeunes enfants sont traînées chez les assistantes sociales, les psychologues et les psychiatres. L'alcoolisme règne chez les adolescents d'une manière inquiétante et le suicide n'est que trop fréquent chez les jeunes de moins de ving-et-un ans.

Ces faits découlent directement d'une civilisation qui a institutionnalisé la compétition à la place de la coopération. Alvin Toffler analyse le problème dans Future Shock et prédit des catastrophes si nous ne prenons pas la situation en main dès à présent. Rien ne vous oblige de participer à cette mentalité de course éperdue aux profits, aux honneurs, au succès. Vous pouvez vous tirer fort bien d'affaire face à des problèmes urgents, sans pour autant vous laisser mettre sous pression. Vous avez le pouvoir de relâcher les tensions qui font partie de votre vie ; mais, comme dans les autres domaines dont il est parlé dans ce livre, vous devrez être vigilant pour prendre conscience de vos habitudes de victime, affronter certains risques et réformer votre comportement, si vous désirez vous libérer de cette forme d'esclavage.

UN DIRECTEUR PAR TROP COMPÉTITIF

Alex avait dans les quarante-cinq, quarante-six ans. Il vint me trouver pour une thérapie après avoir souffert d'une légère crise cardiaque et de deux ulcères perforés. C'était l'exemple parfait de l'homme d'affaires qui a merveilleusement réussi professionnellement, au grand dam de son équilibre physique, mental et social. Son mariage était brisé parce que sa femme ne pouvait plus supporter d'être mariée à un perpétuel absent ; sa santé était sérieusement menacée, ce qui ne l'empêchait pas de se pousser de plus en plus haut, au delà des limites du supportable. Il était devenu un fervent «amateur-mondain» des boissons alcoolisées et menait de front deux ou trois liaisons sans signification avec des femmes plus jeunes.

C'était un lutteur qui avait couru après les plus hauts diplômes au temps de sa jeunesse estudiantine. Il était un des plus jeunes présidents d'une de nos plus grandes sociétés. Et pourtant il suffisait de s'entretenir quelques instants avec lui pour constater qu'il était perdant. C'était un fanatique de la compétition et cela l'avait mené au seuil du suicide, qu'il fût prêt à mettre fin à ses jours directement par le poison, une arme à feu etc., ou indirectement par son style de vie qui était un défi perpétuel à la mort.

Le ton de nos entretiens fut ferme et direct. Je démontrai à Alex qu'il était en train de se tuer parce qu'il avait mis la réussite professionnelle au-dessus de tout le reste, y-compris sa propre vie. Il avait systématiquement négligé ce qui — *d'après lui* — avait de la valeur à ses yeux. En paroles il était à la hauteur mais, si bon «directeur» qu'il fût censé être, il n'était pas disposé — ou peut-être le redoutait-il — à mener sa barque dans le sens de son bonheur personnel. Il disait qu'il désirait la paix intérieure mais il passait son temps à s'activer frénétiquement. Il disait qu'il voulait être un bon père mais ne passait jamais plus de quelques minutes avec ses enfants. Il disait qu'il voulait santé et sécurité mais, en plus de sa crise cardiaque et de ses deux ulcères, il s'était donné de l'hypertension. En réalité tout ce que disait Alex était en contradiction flagrante avec ce qu'il faisait.

Je commençai par l'encourager à se fixer des buts au jour le jour plutôt que de se lancer dans une réforme à long terme de son mode de vie. Il devrait quitter son bureau à une heure fixe, sans se soucier de savoir s'il manquait une réunion importante. Ceci lui apprit rapidement que sa société pouvait fonctionner sans qu'il assistât à chaque réunion. Il devrait également s'arranger pour passer un après-midi avec ses deux enfants. Ces résolutions devraient être considérées par lui comme un véritable contrat qu'il avait à respecter.

Alex ne mit pas longtemps à acquérir de nouveaux comportements dépouillés de compétition et d'agitation. Il apprit à vivre à un rythme plus lent, à ne plus exiger de lui-même des tâches requérant des efforts surhumains et cessa d'obliger sa famille à vivre comme il l'entendait. Il passa en conciliation avec son épouse et ils vinrent de concert à des séances de thérapie conjugale. Alex apprit progressivement à se détendre malgré le travail ardu qui consistait à acquérir de nouvelles habitudes de pensée et de comportement ; il devint plus calme, mit plus de pondération dans son dévouement professionnel, et conforma désormais son existence aux principes directeurs qu'il avait lui-même choisis.

Deux ans après, Alex et sa famille purent cesser d'aller aux séances de thérapie. Il abandonna sa situation, ainsi que son appartement de New York, pour aller s'occuper d'une ferme d'élevage dans le Montana. Il sut prendre le gros risque d'abandonner une énorme source de revenus pour mener une vie beaucoup plus modeste mais plus paisible et qui lui apporta beaucoup de joies.

Ce n'est pas un conte de fées ; Alex est un homme en chair et en os qui a accepté de faire volte face, ce qui lui a sauvé la vie. Mais, au départ, il a dû repenser ce qui de prime abord lui avait semblé impensable, à savoir que la compétition n'était pas l'essence même de la vie. Il apprit une vérité fondamentale exposée par les philosophes au cours des siècles : *parfois le plus sort du moins.*

LES ÊTRES SONT PLUS IMPORTANTS QUE LES BIENS MATÉRIELS

Habituellement on a besoin d'un bon coup de pied quelque part pour commencer à comprendre que les êtres sont plus importants que les biens matériels. Vous vous mettez au rang des pires victimes si vous donnez la priorité à la recherche du profit par rapport à la qualité de votre vie. Si vous accordez grand prix aux objets, aux événements, à l'argent, vous avez toutes les chances de finir dans la neurasthénie.

Les gens axés sur les biens matériels ont beaucoup de mal dans leurs relations avec les autres. Ils trouvent pénible de parler *avec* eux ; ils leur lancent de préférence des pierres dans leur jardin ou des ordres ou encore les utilisent dans leur propre intérêt. Les gens qu'ils essaient de manipuler ainsi ne les voient pas d'un bon œil et décident de les éviter. Ces personnes axées sur les biens matériels s'y consacrent encore plus, c'est vraiment un cercle infernal. Elles n'ont plus que cet intérêt dans la vie et que ce réconfort. Or les objets ne peuvent donner de consolation ; ils sont stériles, inertes, sont incapables de vous rendre l'amour que vous leur portez. De ce fait un sentiment de solitude et de frustration est le seul bénéfice que l'on recueille de cette idolâtrie de consommation et d'acquisitions.

Les êtres et tout ce qui est vivant sont seuls dignes de notre attention. Qu'on se heurte à eux ou qu'on s'y accorde, ils nous entraînent dans le mouvement de la vie qui est source de joie. S'en priver aboutit à ne plus rien avoir qui donne sens à notre existence. Seule la vie a du prix.

Si vous vous surprenez à sacrifier, jour après jour, des relations humaines aux biens matériels, à l'argent et à la réussite sociale, demandez-vous où cela vous mènera. Si vous n'avez personne à aimer qui vous aime en retour, si vous avez perdu ce goût des êtres, toutes vos possessions finiront par vous sembler mortellement insignifiantes. Ne vous laissez pas entraîner à croire que, pour améliorer la qualité de votre vie, il vous faut acquérir plus, toujours plus. Beaucoup de personnes, parmi les plus fortunées, se rappellent avec nostalgie les jours où elles tiraient le diable par la queue car, en ce temps-là, elles appréciaient la plus petite joie et savaient que l'amour qui leur était donné s'adressait vraiment à elles et non à leur compte en banque.

On n'a pas besoin de tant de biens matériels pour être heureux. Regardez les petits enfants qui ne sont pas gâtés ; ils n'ont pas besoins de jouets ou d'argent ; ils sont simplement heureux de vivre.Il en sera de même pour vous, si vous acceptez de réviser votre échelle de valeurs et de mettre l'accent sur ce qui est vraiment important, c'est-à-dire sur ce qui est vivant.

Louise, à la quarantaine, voulait divorcer. Son mari lui rendait les choses difficiles en essayant de l'empêcher d'avoir l'argent et les biens qui lui revenaient de droit. Elle se plaignait à moi de toute cette injustice et me confiait qu'elle était folle d'inquiétude et profondément déprimée à l'idée de perdre ces biens — une maison, quelques meubles, une auto, plusieurs milliers de dollars et des bijoux —.

Au cours de nos séances de thérapie, Louise admit bientôt qu'elle était obsédée par l'idée de la «grande valeur» de ces biens qui menaçaient de lui échapper. Elle avait attaché beaucoup plus d'importance à leur acquisition qu'à la recherche de son bonheur personnel. Elle avait accepté de sacrifier ce bonheur — et presque sa santé — pour quelques objets. De tout temps elle avait été une personne axée sur les biens matériels, d'ailleurs son mari aussi.

Il était inévitable que leur divorce devînt le champ de bataille où elle sentait qu'il lui fallait guerroyer le plus audacieusement possible pour remporter un gros butin. Enfant, elle avait appris que c'était important d'avoir plus de jouets que les autres. Elle calculait tout en dollars. Ses habitudes de langage manifestaient qu'elle évaluait les choses de la vie en termes financiers : coût, valeurs, débit et crédit.

Quand elle parlait d'objets, elle donnait volontiers leur prix. Sa personnalité était vraiment édifiée sur son amour des dollars qui devenait le tyran de sa vie.

Elle apprit rapidement à valoriser ce qui pouvait la servir, au lieu de l'asservir, et à mettre en tête de liste son propre épanouissement. Je lui démontrai qu'elle sacrifiait sa joie intérieure en se rongeant d'inquiétude à propos du règlement de son divorce ; pourquoi vouloir absolument *gagner* alors que tant d'autres possibilités lui restaient, entre autres celles d'ignorer les efforts de son mari et de laisser son avocat régler au mieux ses affaires. Elle convint que son manque de sérénité était dû à sa mentalité de « gagneuse à tout prix » et elle résolut de chercher à acquérir de nouvelles habitudes de pensée et de comportement. En conséquence elle dit à son avocat qu'elle lui laissait les mains libres pour régler au mieux légalement le litige et qu'elle ne voulait plus être informée du plus petit détail de l'affaire. Elle accepta également de ne plus en discuter avec son ex-mari et de ne plus se prêter à des confrontations régulières avec lui. Ayant remis le soin de ses biens à un professionnel, elle s'orienta vers des activités plus bénéfiques comme de suivre à nouveau des cours, ne plus penser à son divorce, sortir avec des amis et surtout avoir du bon temps et profiter de la vie.

Pendant une de nos séances, je lui avais demandé : « Louise, si jamais vous gagniez votre combat et obteniez tout ce que vous désirez, serez-vous absolument heureuse intérieurement ? » Avant de répondre, elle connaissait déjà la réponse ; et ce fut à partir de ce moment-là que notre travail ensemble s'orienta sur l'aide à lui apporter pour modifier la mentalité qui la détruisait intérieurement. Rappelez-vous que les êtres sont plus importants que les biens possédés.

GAGNER ET PERDRE

Si vous perdez un match de tennis, qu'avez-vous réellement perdu ? Rien, en réalité. Vous n'avez pas réussi à faire passer une balle par-dessus un filet ou vous ne l'avez pas lancée dans l'espace délimité par les règles du jeu, alors que votre adversaire a pu le faire. Mais il est surprenant de constater à quel point les Américains ont le sentiment que le jeu n'a de valeur que si l'on gagne. L'accent porté dans notre société sur l'importance de la victoire dans les jeux et les sports fait autant de ravages — car qu'advient-il de la soi-disant « récréation ? » — que la compé-tition (qui a engendré cette mentalité) n'en fait dans le domaine des affaires et partout ailleurs. Mais dans ce contexte, qu'est-ce que gagner ? Être plus vite, lancer la balle plus loin, faire plus de levées dans une partie de cartes, et après ? Bien sûr il peut être très *amusant* de gagner et c'est sans doute plus amusant que de perdre. Mais si vous avez besoin de gagner pour faire vos preuves, ce ne devient plus un bon passe-temps pour vous. Si le jeu prend plus d'importance que la vie, au lieu d'être une plaisante récréation, et si vous vous trouvé piégé, enragé, déprimé ou Dieu sait quoi, alors vous devenez une victime. D'ailleurs il est amusant de constater que moins vous accorderez d'importance au fait de gagner, plus vous aurez des chances de gagner.

L'attitude absurde qui consiste à croire que de « battre » les autres fait la valeur du jeu est une maladie qui se répand systématiquement dans notre société : J'ai vu des entraîneurs distribuer à des athlètes des pilules vitalisantes appelées «greenies*», le jour des matchs pour les faire gagner. J'ai vu des jeunes gens exposés aux plus ridicules attaques parce qu'ils avaient mal joué ou parce qu'une légère erreur leur avait «fait perdre la partie». J'ai observé la scandaleuse attitude de certains recruteurs d'athlètes offrant des pots de vin, proposant de leur fournir des prostituées, de les payer sous la table etc., etc., tout cela pour qu'ils gagnent !

Si tel est le prix qu'il faut payer pour être vainqueur, je préfère être perdant à tout coup. Vous n'avez pas besoin de remporter la victoire sur d'autres êtres humains pour être maître de vous et accéder à votre plein épanouissement. Il n'y a que les gens qui partent perdants dans la vie qui ont besoin de gagner puisque ce besoin de victoire implique qu'on ne peut être heureux à moins de l'emporter sur quelqu'un. Si vous ne pouvez vous sentir satisfait à moins de trouver quelqu'un à battre, alors vous êtes dépendant de cette personne, ce qui vous rend perdant en fin de compte puisque les gens qui sont contrôlés par d'autres sont psychologiquement des esclaves.

Non, monsieur l'entraîneur ! gagner n'est pas tout ou n'est pas la seule chose qui compte, c'est simplement *une chose* parmi d'autres. Ce peut être distrayant et même merveilleusement agréable mais jamais au prix de la vie qui est le bien le plus précieux de tous. Si vous devez vous droguer, vous compromettre dans des histoires douteuses, avilir d'autres êtres humains, tout cela pour remporter la victoire alors cette victoire tant recherchée n'en mérite pas le nom. L'homme éclairé recherche la victoire comme si elle avait de la valeur à ses yeux mais, la partie achevée, il n'éprouve pas le besoin de

---

* Greenies en argot veut dire dollars, billets de banque.

se rappeler sa victoire. Il sait que le passé ne peut se vivre à nouveau ; il passe à une autre expérience de vie et y met toute son ardeur.

Quand nous nous persuadons qu'il nous faut vaincre à tout prix, nous devenons victimes de notre stupide système de valeurs. Nous ne nous permettons pas l'échec alors qu'il fait naturellement partie de la vie et qu'il est une occasion d'apprendre. Nous vivons l'échec avec un sentiment de honte et de colère qui englobe nous-même et les autres. Vous avez le droit de considérer la victoire comme quelque chose de passionnant à rechercher mais il faut bien vous convaincre que votre valeur essentielle ne dépend pas de l'issue du combat.

TRAITS CARACTÉRISTIQUES DES VICTIMES QUI PLACENT LA LOYAUTÉ VIS-À-VIS DES INSTITUTIONS ET DES BIENS MATÉRIELS AU-DESSUS DE LA LOYAUTÉ VIS-À-VIS D'EUX-MÊMES

Comme nous l'avons exposé plus haut les gens qui placent la loyauté vis-à-vis de leur profession et des biens matériels au-dessus de la loyauté vis-à-vis d'eux-mêmes sont des victimes et leur entourage également, par leur faute. Les docteurs Meyer Friedman et Ray H. Rosenman ont consacré un ouvrage entier aux effets d'une «personnalité de lutteur» sur les crises cardiaques. Le titre de ce livre est «Type A Behavior and Your Heart».

Les personnes au comportement de «type A» manifestent, par exemple, le besoin de mettre une force explosive sur certains mots-clés, alors qu'il n'y a nul besoin de mettre l'accent, car il leur faut toujours avoir le dernier mot dans la conversation ; il leur faut également toujours bouger, marcher et manger à toute allure. Ils sont impatients, forcent les autres et eux-mêmes à accélérer le mouvement et à «comprendre tout de suite» ce qu'ils expliquent. Ils piquent des rages incroyables, par exemple, devant un embarras de voitures, ne peuvent faire la queue sans faire du tapage ou se plaindre. Ils sont pour ainsi dire incapables de faire une chose à la fois : ils ne vous écouteront pas sans griffonner sur un bout de papier ou vous interrompre pour donner un coup de téléphone.

Si quelqu'un leur expose son point de vue, ils lui coupent je ne sais combien de fois la parole pour dire ce qu'ils en pensent eux et attirer la couverture à soi. Ils ont un sentiment de culpabilité s'ils passent un moment à se détendre ou à «ne rien faire». Ils ne jouissent pas de la beauté de la nature car ils sont constamment préoccupés. Ils ont un emploi du temps bourré et savent minute par minute ce qu'ils ont à faire. Pas de temps pour l'imprévu. Ils se sentent poussés à défier les autres personnes du même type (A) au lieu d'avoir pitié d'elles. Ils ont souvent les poings crispés, des rires nerveux, une attitude raide et des gestes emphatiques ainsi que des mimiques énergiques.

Si l'on en croit de très sérieuses études, ces gens-là sont couramment victimes de maladies cardiaques, d'hypertension et autres malaises physiques. Imaginez cela ! Vos propres choix de comportements, vos manies personnelles, sont à l'origine de vos troubles cardiaques et d'autres maladies peut-être encore plus couramment que le tabac, la bonne chère ou une mauvaise hygiène. Friedman et Rosenman ont montré, sans l'ombre d'un doute, que plus de quatre vingt dix pour cent des hommes au-dessous de soixante ans qui sont atteints de maladies cardiaques sont du types A. Et cette attitude qui les mène à se détruire la santé provient en grande partie du choix qu'ils font en accordant la première place aux institutions, aux biens matériels et à l'argent, aux dépens de leurs relations avec eux-mêmes et avec les autres.

Les six catégories de comportements exposés ci-dessous comprennent ceux qui seront les plus destructeurs pour vous s'ils vous sont habituels.

1) Lutte intense de tous les instants.

Cette sorte de comportement perpétuellement tendu est dépeint dans le roman : «What makes Sammy Run». Vous vous tendez sans cesse pour parvenir à satisfaire des désirs de plus en plus nombreux sans jamais jouir du moment présent : Ces efforts ne sont pas nécessairement orientés vers des buts précis ; c'est plutôt lutter pour le plaisir de lutter, ce qui vous tue aussi bien physiquement que mentalement.

2) La compétition.

Essayer de devancer toujours autrui mène à ne jamais chercher en soi-même la source de ses satisfactions. Vous jugez de votre valeur personnelle sur la base d'une comparaison de vos performances avec celles des autres.

3) Les questions d'une importance capitale à régler dans l'instant.

Organiser sa vie en respectant scrupuleusement l'emploi du temps au jour et à l'heure et en se bousculant pour respecter les délais draconiens qu'on s'est soi-même fixés fait régner une terrible tension nerveuse, surtout quand on ne parvient pas à accomplir toutes les tâches prévues à temps. Regarder sans cesse sa montre, courir pour arriver à l'heure à ses rendez-vous, et obligatoirement se fixer des délais trop rigoureux, tout cela ne vous laisse aucune possibilité de jouir de la vie et de votre famille.

4) Impatience.

Vous exigez sans cesse des autres un rythme accéléré ; vous vous imposez des délais que vous ne pouvez respecter pour ensuite vous reprocher de ne pas avoir fait ce que vous vous étiez *promis* de faire ; vous êtes constamment agacé par les embouteillages, les gens qu parlent lentement, les enfants «indisciplinés», les voisins qui «manquent d'ambitions» et les collègues sans «activité efficace».

5) Débit saccadé et gestes brusques.

Une manière brusque de parler, entrecoupée de oui,oui,oui, de hum, hum... de : disons... un déluge de paroles précipitées, toutes choses manifestant un désir de ne pas passer trop de temps en vaines explications et qui s'accompagnent de gestes invitant les interlocuteurs à se dépêcher aussi. La manie également d'insister sur certains mots pour se faire mieux comprendre.

6) Zèle intempestif et dévotion exagérée à l'égard du travail professionnel.

Ceci nous renvoie au comportement décrit dans les premiers paragraphes de ce chapitre où nous avons étudié les personnes qui accordent plus d'importance à leurs tâches, à leur situation, aux biens matériels et aux dollars qu'à leurs relations humaines.

Si vous vous reconnaissez dans les descriptions de ces six catégories, vous êtes en train de gâcher irrémédiablement votre existence et celle de votre entourage ; vous vous soumettez personnellement à une tension insupportable à longue durée et, de façon encore plus névrotique, vous détruisez votre propre corps.

COMMENT FONCTIONNENT LES INSTITUTIONS

Les institutions professionnelles n'existent que dans un seul but : le profit. Elles ne visent qu'à se perpétuer afin de rendre leurs dollars à ceux qui ont pris le risque de les financer, et à fabriquer des produits ou à rendre les services pour lesquels on les a fondées. Elles n'ont pas été créées par amour de l'humanité et elles n'en ont pas la prétention. Si vous vous retrouvez victime à cause de votre relation à une de ces institutions, cela est dû au fait que vous l'avez permis. Si vous imaginez qu'une entreprise industrielle ou commerciale a des engagements à votre endroit et a l'obligation de vous récompenser de vos bons et loyaux services en vous comblant de bienfaits en tant que personne, vous vous faites d'étranges illusions. L'établissement en question s'arrangera pour régler les choses avec vous de la façon la plus utilitaire possible. Vous serez payé pour les services que vous rendez jusqu'à ce que vous ne le puissiez plus et, à ce moment-là, vous serez congédié au moindre prix.

Je ne porte pas un jugement péjoratif sur le monde des affaires dans la société occidentale : je dis simplement les choses comme elles sont. Quand vous entrez dans une de ces institutions, tel est l'agrément tacite ; même s'il existe des retraites, une participation aux bénéfices, des stimulations de toutes sortes, qui sont des moyens pour conserver le personnel, il demeure vrai cependant que, lorsqu'on n'a plus besoin de vous, on fera tout ce qu'on pourra pour se débarrasser de vous dans les meilleures conditions (pour vos employeurs).

Ces institutions font ce pour quoi elles ont été créées — et je n'émets aucune critique dans ces pages — mais vous, vous n'êtes pas une institution, vous êtes un être humain qui respire, qui ressent, qui fait l'expérience de la vie. Vous n'avez pas de raison de vous inquiéter de la façon dont fonctionne le monde des affaires mais vous n'avez pas non plus à vous laisser asservir par lui, simplement parce que les gens qui parlent en son nom vous y encouragent, eux qui ont tout à gagner de votre zèle excessif. L'homme qui se retire après avoir consacré cinquante années de sa vie à servir sans défaillance une société et qui se voit offrir en récompense une montre en or et une petite retraite n'est pas victime de l'institution. Elle ne lui doit rien, aussi devrait-il être reconnaissant de recevoir une montre. Il a fait son travail, il en a été payé et la société a reçu ses loyaux services. C'est ainsi que les choses doivent se passer. Mais ce retraité est une victime s'il s'est dévoué plus qu'il n'était nécessaire, s'il y a sacrifié ses aspirations personnelles et ses activités familiales ; en effet les institutions vont leur bonhomme de chemin, que vous vous tuiez à la tâche ou que vous voyiez simplement dans votre travail à leur service un moyen de gagner votre vie.

QUELQUES EXEMPLES TYPIQUES SUR LA FAÇON DONT VOUS POUVEZ VOUS LAISSER PIÉGER PAR LES INSTITUTIONS

1) Faire de l'institution une personne.

Peut-être est-ce la façon la plus significative de vous laisser dominer par votre travail dans une institution ou par votre association avec elle que de la concevoir quasiment comme un être humain que vous traitez avec amour ou amitié.

Quand vous considérez une compagnie qui vous emploie comme une personne qui a besoin de vous ou qui ne peut s'en tirer sans vous, vous filez un mauvais coton. Les représentants de cette firme apprécieront infiniment cette manière de penser car ainsi ils pourront vous demander de travailler vingt quatre heures sur vingt quatre et obtenir que vous sacrifiiez toute vie personnelle. Si vraiment vous êtes dans cet état d'esprit, demandez-vous : «La firme continuerait-elle à vivre si je la quittais ?» «Mourrait-elle dans les plus brefs délais ?» «En serait-elle affectée ou déprimée ?» «En verserait-elle des larmes amères ?» Vous connaissez déjà la réponse, alors pourquoi ne pas remettre les choses dans leur véritable perspective et commencez à traiter firme ou institution *au mieux* comme un mécanisme au moyen duquel vous recevez un salaire agréable, pour faire usage de manière plaisante, stimulante et productive, de vos talents ? En réalité il n'existe pas de *juste* rétribution pour le sacrifice de votre bien le plus précieux : votre vie.

2) Lui jurer une fidélité éternelle.

Un autre moyen de vous rendre victime de «votre» firme est de lui jurer une fidélité éternelle et de faire de cette obligation que vous créez de toutes pièces un impératif moral auquel vous sacrifierez votre famille et vous-même. Ce genre de dévouement est absurde pour bien des raisons parce que neuf fois sur dix vous partiriez d'un cœur léger si l'on vous faisait une offre plus intéressante ailleurs et, si vous refusiez, la pire des raisons serait que vous vous sentiez coupable de trahison envers un engagement de loyauté implicite. Dans le sport professionnel où l'«esprit d'équipe» et la loyauté peuvent être d'une importance vitale pour remporter la victoire, vous voyez rarement pareille confusion. On voit des athlètes se battre à corps perdu pour une équipe tel jour, alors qu'en même temps ils sont en train de négocier de meilleurs contrats ailleurs. S'ils sont mieux payés par une autre équipe, ils quitteront l'ancienne et mettront tout leur cœur à jouer pour la nouvelle. Les managers des équipes professionnelles changent régulièrement de place ; pour eux, leur engagement dure le même temps que leur contrat. Vous êtes exactement dans le même cas dans votre travail. Si une meilleure situation se présente, vous seriez stupide de ne pas sauter dessus. Si vous êtes incapable de faire une infidélité à un employeur, rappelez-vous que votre firme n'aura pas les mêmes scrupules à votre égard.

3) Adhérer aux règlements édictés par des comités et des commissions exécutives comme s'ils avaient un caractère sacré.

Si vous prenez les règlements de votre firme ou institution quelconque comme des règles qui doivent gouverner votre vie, vous vous en faites la victime. Regardez-les plutôt comme la besogne de gens qui n'ont pas grand-chose d'autre à faire.

Regardez donc comment fonctionnent les établissements d'enseignement supérieur et les universités. Ne vous y trompez pas : ce sont de grandes firmes destinées à faire des affaires, c'est-à-dire à gagner de l'argent et à se perpétuer. Elles sont régies par des administrateurs atteints de la «névrose des commissions» qui convoquent lesdites commissions dès qu'il s'agit d'étudier des questions vaguement en rapport avec l'université : ils font, refont, défont le curriculum honorum, envisagent toujours la possibilité de lancer de nouvelles réformes aux études... et recommencent indéfiniment. S'il est vrai que les commissions universitaires, dans leurs efforts pour enfanter un cheval, accouchent d'un chameau, alors nous avons à faire à une véritable caravane de chameaux paradant avec une gravité solennelle.

Des adultes, hommes et femmes, se réunissent semaine après semaine et discutent des possibilités des «priorités» à établir, des modifications à apporter, décident de promotion ou de maintien en poste. On agite aussi les questions de construction ou d'aménagement, de nouvelles désignations, de distribution de diplômes, de notes, de procédures alternées etc., etc. De toutes ces délibérations, il sort rarement quelque amélioration substantielle. Mais professeurs, doyens et vice-présidents continuent religieusement à se rencontrer chaque semaine. Quand ils en parlent «entre quat'z'yeux» ils conviennent parfaitement que ce jeu est absurde et que toutes les décisions, qui mettent vingt semaines à mûrir au sein des commissions, pourraient aisément être prises en vingt minutes par une personne douée de bon sens et d'intelligence.

Comme il arrive fréquemment dans les institutions, les procédures deviennent plus puissantes que les gens qu'elles étaient destinées à servir. Et la majorité d'entre eux tombent dans le piège de ces parlottes interminables et semblent y prendre plaisir. Après tout, s'ils n'avaient leurs séances régulières de commissions, leurs compte-rendus à lire et relire, leurs Règlements de régie interne de leur université à méditer, ils n'auraient pas grand-chose à faire.

Les gens qui sont payés pour s'asseoir autour d'une table et palabrer sont rarement des hommes d'action. Ils deviennent des administrateurs pris au piège de leurs propres discours et ils illustrent parfaitement le principe de Peter : *la crème monte à la surface puis elle surit.* Ceux qui désirent l'efficacité refusent de discourir à plusieurs sur ce qui pourrait être fait si on décidait de mettre la main à la charrue, au lieu d'envisager indéfiniment les multiples conséquences possibles de la moindre suggestion.

Gail Thain Parker qui fut autrefois présidente d'un établissement d'enseignement supérieur et qui écrit des articles dans l'Atlantic Monthly décrit ainsi sa première séance au Conseil de l'Université Harvard en 1969 :

> J'avais l'impression d'assister à une partie de basket où l'objectif serait d'obtenir le plus d'interruptions de jeu possibles plutôt que de jouer. L'homme le plus actif en l'occurrence était le parlementaire qui passait son temps à bondir sur l'estrade pour conférer avec le président tandis que celui-ci était assis paisiblement devant un immense drapeau rouge où se détachait en grosses lettres le mot VERITAS.

Ayant fait tout mon devoir puisque je passai six ans comme professeur de faculté, je puis attester personnellement de la justesse de ses notations. Les professeurs siègent à une table ronde demandant la parole pour des motifs sans intérêt. Il s'ensuit un débat d'une demi-heure avec, pour résultat, la réunion d'une sous-commission *ad hoc* qui étudiera le projet sous toutes ses coutures : c'est-à-dire qu'il faudra encore deux ans avant qu'il ne revienne dûment décortiqué sur le tapis. À ce moment-là on en re-discutera pendant des heures et des heures, le ruminera et le recrachera en direction d'une autre sous-commission. On dirait qu'on cherche par tous les moyens à l'empêcher de se réaliser, même si l'objet n'en nécessite que la délibération rapide d'un spécialiste.

Les gens qui ne savent pas passer à l'action se délectent de ces vains palabres car ils y trouvent la justification de leur existence et l'affirmation de leur valeur propre. Ils maintiennent ainsi le statu quo par ces manigances évasives et complexes et leur donnent le terme pompeux de participation démocratique à la prise de décision. Les paroles suivantes d'un sénateur de l'État du Nord Dakota illustrent à quels sommets du ridicule peuvent atteindre ces spécialistes en balivernes que sont ces fameux «preneurs de décision» :

Il est urgent, à présent, de suspendre toute activité en attendant que nous puissions organiser un plébiscite qui permettra de choisir un jury qui nommera les membres d'une commission habilitée à désigner des experts qui, en équipe, étudieront s'il est opportun de constituer un répertoire de toutes les commissions qui ont, dans le passé, inventorié et classé les études diverses axées sur la découverte de ce qui était survenu aux anciens règlements, quand ceux-ci étaient tombés en désuétude, parce que de nouveaux règlements étaient édictés par un nouveau responsable.

Si vous participez à ce genre d'activités ou n'êtes que peu gêné par elles, vous êtes une victime. Cette sorte de discours qui ne débouche sur rien existe depuis le début, tout au moins dès que les hommes ont su former des conseils, des comités, des commissions, des gouvernements et cela subsistera toujours quels que soient les adversaires désireux de les éliminer de la surface de la terre. Votre seule échappatoire est le refus d'y participer en vous contentant d'être discrètement efficace et en haussant les épaules devant les absurdités qui sévissent autour de vous. Vous pouvez refuser d'y siéger ou, quand ce n'est pas possible, n'ouvrez la bouche que pour faire entendre la voix de la raison.

Refusez de vous laisser troubler par leurs travaux et poursuivez votre chemin en minimisant le plus possible votre participation à ces billevesées qui occupent l'attention de tant d'êtres humains. Que vous soyez un mécanicien, un professeur, un dentiste, un chauffeur de taxi, un fleuriste ou Dieu sait quoi, vous n'êtes jamais à l'abri des contraintes que les collectivités tenteront de vous imposer au nom du progrès, de la démocratie, ou d'un meilleur rendement. Mais de grâce, dès que vous voyez le plus léger symptôme de la névrose des réunions, optez pour un choix discrètement efficace qui ne vous asservira pas.

4) Vous laisser égarer dans le labyrinthe bureaucratique sur lequel s'édifient les institutions.

Les grandes organisations mettent de la distance entre les gens et les services qui sont censés travailler pour leur bien. Plus vaste est l'organisation, plus la machine bureaucratique doit comporter de rouages bien huilés afin que cela fonctionne de façon satisfaisante. Le gouvernement des États-Unis en est un exemple probant. Il fonctionne grâce à une série infinie de commissions, ministères, services, divisions et subdivisions. Chaque groupe a des administrateurs, des chefs de service et autres bureaucrates qui entendent bien garder leurs responsabilités et exercer leurs pouvoirs. En outre, cette énorme machine emploie des milliers de personnes qui ne veulent pas faire chavirer le navire et risquer de perdre leur situation. Aussi vous trouverez-vous confronté(e) avec des fonctionnaires redoutables qui détestent avoir à vous donner des réponses précises parce qu'ils obéissent à des supérieurs qui les en châtieraient.

Dès que vous avez besoin d'eux, vous devenez leur victime. Tentez d'obtenir des réponses claires des hommes politiques qui ont été toute leur vie des fonctionnaires ; ils s'expriment en phrases entortillées de cet acabit : « Il faut que j'envisage les alternatives... je me dois d'étudier plus avant la question... je m'en voudrais de vous répondre par un oui catégorique mais, d'autre part, je ne peux éliminer totalement la possibilité d'une réponse négative au cas où surviendraient des éléments nouveaux dont on n'a pu encore m'informer. »

Les bureaucrates ont le nez toujours fourré dans leurs paperasses et ils renvoient leurs victimes d'un bureau à l'autre pendant toute une sainte journée quand il ne s'agit parfois que d'immatriculer une auto dans un autre État. Vous savez ce que c'est que d'avoir à faire au personnel des caisses de chômage ou des cliniques administrées par l'État. Il faut faire une série incroyable de démarches, remplir un nombre incroyable de formulaires et les employés se font un malin plaisir de persécuter ceux qui veulent être traités avec respect et d'une façon rapidement efficace.

5) *Tomber dans le piège des divers jargons.*

Il convient de prêter attention au jargon des bureaucrates. Ils ont inventé un jargon bien à eux qui est une sorte de technique dilatoire leur permettant d'esquiver l'action et d'éterniser les faux fuyants sur lesquels repose l'institution.

La langue des psychologues étiquette les êtres humains d'horrible façon ; ils ont tôt fait de vous emprisonner dans une cage avec une dénomination en jargon psychologique comme si vous étiez une bête curieuse et non un être humain. Il y a les maniaco-dépressifs, les psychopathes, les sociopathes, les schizophrènes, les malades atteints de lésions cérébrales ou de troubles neurologiques. Ces dénominations peuvent rendre service aux thérapeutes mais elles sont dangereuses, dans la mesure où elles portent atteinte à la dignité des personnes en les faisant traiter comme de simples collections de symptômes.

Une fois qu'un être humain est étiqueté, il se voit retirer sa valeur propre. Si vous dites d'un enfant qu'il est «autistique» et que vous croyiez que l'autisme est incurable, vous renoncez à donner le moindre espoir pour un être humain. «Son Rise» par Harry Kaufman raconte l'histoire de deux parents qui ont refusé qu'on accole à leur petit garçon l'étiquette d'autistique ; ils se sont totalement consacrés à lui, parvenant à le faire émerger de son mystérieux «coma ambulant». Quand ils le ramenèrent devant les médecins qui avaient fait ce diagnostic, on leur dit qu'on s'était trompé en établissant le premier diagnostic car l'autisme est une maladie incurable. Telle est la logique passe-partout que les «spécialistes» emploient à tort et à travers pour protéger leurs théories aux dépens des personnes. Peu de professionnels le font et pourtant il est bien plus judicieux d'étiqueter les comportements que les personnes, par exemple : il a le comportement de quelqu'un «qui préfère rester couché» ou ce de quelqu'un «qui ne parle pas», au lieu de dire c'est un dépressif ou c'est un muet.

Le langage jurifique est également un bon exemple. Les juristes se sont arrangés pour que les lois soient rédigées de telle façon que l'Américain moyen n'ait pas la moindre chance de pouvoir déchiffrer les termes d'un contrat et soit obligé de payer les services de spécialistes pour lui interpréter les documents tels que contrats, baux, actes notariés, polices d'assurance. Tous les efforts orientés vers la simplification de nos lois se heurtent à une ferme résistance de la part du lobby des hommes de loi. Les associations de citoyens qui travaillent à obtenir la simplification des procédures de divorce ou à obtenir des dispositions pour les bonus d'assurances constatent que les hommes de loi font obstruction, au moyen justement des termes hermétiques que les citoyens voudraient extirper de la langue juridique, protégeant ainsi les « intérêts » de ceux qui gagnent leur vie parce qu'ils sont les seuls habilités à décoder le jargon. Il est bien évident que ceux-ci veillent jalousement sur cette « chasse gardée ».

Les services gouvernementaux sont également des experts en ce langage mystérieux qui permet de manipuler les pauvres administrés. Voyez par exemple la bureaucratie militaire : le Pentagone, une des plus gigantesques administrations gouvernementales, s'est créé sa jungle sémantique à l'accès impénétrable avec des règlements en quadruples exemplaires prévus pour chaque cas envisageable, rédigés en un langage si compliqué et chargé de tant de circonlocutions que le citoyen moyen y perd son latin.

Après des années d'exploration dans la brousse de la sémantique bureaucratique au Service de la Santé des États-Unis, un officiel de soixante-trois ans, Philip Broughton a enfin découvert la méthode sûre et certaine pour un fonctionnaire de convertir, grâce aux mystères du jargon, sa frustration en épanouissement : joie d'occulter le message pour en mettre plein les yeux au profane. Son système, sous le nom optimiste de « Pour éclairer l'usage systématique des mots qui font tilt dans le vocabulaire », présente un lexique de trente vocables soigneusement triés ; il a paru dans le magazine du Times, numéro du 9 février 1976 page 27, supplément à Army Times*/Navy Times : Air Forces Times.

Colonne 1	Colonne 2	Colonne 3
0 Intégré	0 Management	0 Options
1 Total	1 Organisation	1 Flexibilité
2 Systématique	2 Contrôlé	2 Capacité
3 Parallèle	3 Réciproque	3 Mobilité
4 Fonctionnel	4 Digital	4 Programmation
5 Sympathique	5 Logistique	5 Concept
6 Optionnel	6 Transitionnel	6 Phase
7 Synchronisé	7 Accroissement	7 Projection
8 Compatible	8 Troisième génération	8 Hardware
9 Équilibré	9 Règlement	9 Contingentement

W.J. Farquharson explique, dans un article du Times Magazine, comment procèdent les bureaucrates, à la fois pour se simplifier la tâche et pour rendre la signification hermétique «Pensez à un nombre de trois chiffres, choisissez les mots qui font tilt avec le chiffre correspondant dans les colonnes ; par exemple le nombre 736 donne : «Phase réciproque synchronisée», phrase qu'on peut laisser tomber dans pratiquement n'importe quel rapport, avec un accent d'autorité irrécusable. Personne n'aura la plus lointaine idée de ce que cela peut devoir dire mais l'important c'est que personne n'osera l'avouer.

On peut jongler avec ce vocabulaire quelle que soit l'institution — dont chacune a le jargon qui lui est propre — grandes entreprises ; médecine ; domaine juridique ; psychiatrie ; assurances ; comptabilité ; services d'intérêt public etc. Pour échapper à ce jeu dont nous sommes les victimes, il faut s'en tenir à l'écart, chaque fois que cela nous est possible ; sinon l'affronter en connaissant pertinemment de quelle façon il fonctionne. Ne vous faites pas de souci pour toutes les embûches que vous rencontrerez sur votre chemin et refusez d'avoir à faire aux bureaucrates de petit rang. Ignorez tout ce fatras et refusez de vous laisser entraîner à user de semblables comportements.

6) Ne pas percer à jour l'absurdité de la logique bureaucratique.

Non seulement les bureaucrates refusent d'employer la langue de tout le monde mais également ils ont une logique bien particulière. Ils se contentent de suivre aveuglément les règles et tout ce qui s'est toujours fait. En voici deux exemples particulièrement probants :

• *Le camion du laitier.*

Joe, le laitier, était propriétaire de son camion. Un jour, à son grand désespoir, ce camion lui fut volé. La police le retrouva et Joe s'en fut au commissariat pour le récupérer. Il n'avait pas d'autre source de revenus d'où son angoisse. Mais on l'informa qu'on gardait ledit camion comme pièce à conviction jusqu'à ce que le voleur passe en justice, c'est-à-dire dans trois mois environ. Dans tous les bureaux où il alla présenter sa requête, on lui chanta le même couplet. Il avait beau n'avoir que ce camion pour tout gagne-pain, on ne voulait pas le lui rendre à moins qu'il ne retire sa plainte contre le voleur. S'il la maintenait, c'est lui qui était doublement victime. Comme il s'y refusa, il préféra retirer sa plainte et le coupable fut relâché.

Voilà comment fort souvent, la bureaucratie dans ce monde fonctionne aux dépens des gens qu'elles sont censées servir. Chaque personne consultée par Joe dit l'impossibilité où elle était de faire quoi que ce fût pour le sortir de ce guêpier et il fut renvoyé en vain d'un bureau à l'autre jusqu'à ce qu'il en eût assez et qu'il décidât d'en finir avec cette petite histoire de fous, car il risquait lui-même d'y perdre la raison.

• *La veuve.*

Le mari de Nancy mourut subitement. Comme il arrive généralement en ce cas, elle n'eut pas le droit de toucher à leur argent, y compris à ce qui lui appartenait en propre parce que tout était bloqué jusqu'au règlement de la succession. Elle attendit quatre longues années avant que cela ne fût réglé. Tous les bureaucrates — ses «persécuteurs» — lui expliquèrent qu'ils en étaient désolés mais que c'était le processus normal. Son compte à la banque se trouvait gelé, aussi bien que les titres qu'elle possédait, simplement parce que ces stupides bureaucrates en complet de flanelle voulaient passer quatre ans à «discutailler» de la façon dont la succession devait être réglée. À cause de ces longs délais et de l'avidité des nombreux hommes de loi qui mettaient leurs doigts crochus dans ses affaires — ils réclamaient soixante pour cent de ce qu'elle possédait pour frais légaux et honoraires — Nancy dut se chercher un autre job pour être en mesure de les payer.

La seule façon de s'en tirer serait d'être malhonnête et de ne pas signaler le décès, ou de cacher ce qu'on possède, à ces ciseaux de proie. La loi qui est censée servir les citoyens, par un curieux détour des choses, encourage ceux qui par profession devraient l'appliquer au mieux à la compliquer à plaisir pour mieux gagner leur vie.

Honoré de Balzac a dit un jour : «La bureaucratie est un mécanisme géant manipulé par des pygmées». Si vous n'êtes vigilant, persévérant et farouchement déterminé à éviter les multiples pièges et embûches préparés par ces messieurs, vous tomberez entre des tentacules qui vous emprisonneront irrévocablement. Voici quelques unes des façons dont les institutions et leurs représentants essaieront de vous opprimer et les stratégies spécifiques pour vous aider à échapper à leurs griffes.

STRATÉGIES POUR L'ÉLIMINATION DES PERSÉCUTEURS PROVENANT DES INSTITUTIONS

• Le plus important est de changer du tout au tout votre système de valeurs, d'éliminer tout ce qui vous fait croire que vous avez personnellement moins d'importance que la firme qui vous emploie ou bien que les institutions sont plus respectables que les individus. Chaque fois que vous vous surprenez à sacrifier votre précieux temps à une institution, demandez-vous si c'est là vraiment ce que vous souhaitez au fond de vous. Vous échapperez à certains risques en luttant contre tout asservissement que vous auriez laissé se créer dans votre existence professionnelle mais je le répète, avant tout, convainquez-vous que votre propre personne doit avoir la priorité dans la liste des êtres et des institutions qui demandent votre respect et votre engagement loyal.

• Annoncez nettement vos priorités à ceux qui vous sont le plus chers. Parlez à votre famille de votre ligne de conduite et de ce à quoi vous aspirez. Demandez à connaître leur opinion sur vos responsabilités professionnelles et voyez s'ils se sentent négligés. Faites une liste des choses que vous tenez absolument à faire et cherchez pourquoi. Examinez votre conduite : êtes-vous en chemin vers l'épanouissement personnel que vous désirez ou vous terrez-vous au fond d'un trou de plus en plus profond ? Vous changerez les choses autour de vous uniquement si vous prenez suffisamment de recul pour voir tout dans une nouvelle perspective. Vivez au jour le jour à la poursuite du bonheur plutôt que de la névrose.

• Augmentez progressivement la durée de vos moments de tranquillité, d'intimité et multipliez les occasions que vous avez de faire ce qui vous plaît vraiment. Il faudra peut-être, dans les débuts, vous forcer pour dérober certains moments à votre travail afin de prendre du temps pour voir votre conjoint, vos enfants, faire une petite sieste, aller dîner avec un être cher ou pour bavarder tranquillement avec quelqu'un que vous avez négligé. Mais si vous vous accordez de ces petits répits dès le début, vous disposerez ensuite de temps régulier de détente et d'habitudes saines, et équilibrées.

• Entraînez-vous à être discrètement efficace en libérant votre esprit des tensions de votre asservissement aux institutions. Ne parlez à personne de votre nouvelle attitude, de votre nouveau programme ; exercez votre esprit de mille et une façons pour vous mettre en valeur ; réduisez au strict nécessaire le temps passé en réunions, en voyages ou à réviser des dossiers ; laissez les soucis professionnels derrière vous quand vous quittez le bureau ou l'usine ; ne ruminez pas les événements de la journée et ne vous souciez pas de ce qui se passera dans vos affaires le lendemain ou l'année d'après ; au lieu de parler sans cesse de vos problèmes professionnels, apprenez à vous entretenir avec les membres de votre famille de ce qui les intéresse ou de ce qui les préoccupe *personnellement*, de leurs réussites, de leurs ambitions.

Apaisez votre esprit en le vidant quelques minutes du tourbillon de pensées qui l'agitent. Chassez les pensées relatives à votre travail quand vous vous sentez écrasé par lui. En vacances, profitez entièrement de cette détente loin du monde professionnel, détente que vous vous offrez grâce à un rude labeur et que vous ne devez pas gâcher par des préoccupations concernant le passé ou l'avenir. Une des techniques les plus efficaces pour réussir dans sa carrière est d'apprendre à l'oublier régulièrement, ce qui permet de revenir au travail avec un esprit rafraîchi, des forces neuves et une pleine efficacité. Ayant pris un moment de recul, on n'en est que mieux en mesure de l'envisager dans une plus claire perspective.

• Otez le mot *retraite* de votre vocabulaire. Mettez-vous bien dans la tête que lorsque vous quitterez votre travail actuel, vous serez encore efficace et utile et que votre vie connaîtra encore bien des joies. Ne pensez pas sans cesse aux années futures et faites de votre présent une période féconde et digne d'être vécue. Quel que soit votre âge, si vous vous imaginez que vous vous retirerez un jour et que vous en serez réduit à vous asseoir sur un banc pour regarder voler les oiseaux et admirer les couchers de soleil, vous vous trompez. Ce genre d'activités vous pèserait car vous vous sentiriez inutile ; je vous le dis, bien que les maisons de retraite fassent miroiter cette petite vie tranquille. Chaque moment que vous avez à passer sur cette planète, vous pouvez l'occuper pleinement et à votre gré ; votre âge ne sera jamais un obstacle à moins que vous ne le permettiez ainsi. Si vous vivez la minute présente à fond, il n'y aura jamais pour vous un temps où vous serez « retiré ». Chassez cette idée de votre esprit. Si vous avez un job que vous détestez pour le moment et ne le gardiez qu'en vue de remplir les conditions requises pour toucher votre retraite, réfléchissez et demandez-vous si vous voulez passer toute votre existence d'une manière aussi stérile. Il ne faut plus que vous remettiez à demain la joie de vivre. Rappelez-vous que personne n'est assuré de connaître de vieux jours. Vous pouvez mourir subitement le jour même où vous finissez votre travail-pensum sans avoir encore goûté aux plaisirs que vous vous promettiez de la retraite.

• Si vous vous déplaisez dans une firme et que votre travail vous ennuie, partez. Ne redoutez pas les risques de cette décision. Si vous êtes une personne dévouée qui veut remplir ses engagements au sein d'un travail qui vous passionne, ne supportez pas d'autres conditions ; vous n'aurez pas de peine à trouver une autre situation. Vous n'êtes pas obligé(e) de rester à jamais dans votre entreprise sous prétexte qu'aujourd'hui vous vous y trouvez et que c'est plus facile de ne pas changer. Affronter les risques c'est le meilleur moyen de ne pas vous soumettre à la tyrannie des institutions et de la bureaucratie.

• Vivez comme s'il ne vous restait que six mois à vivre. Quand vous songez au Temps, aux millions et millions d'années, la durée de votre vie humaine vous paraît si étonnamment brève. Six mois peuvent s'envoler aussi vite que six minutes. Si vous saviez que vous ne disposiez que de ce court laps de temps, que feriez-vous de différent ? Posez-vous cette question fort réaliste en vérité : « Pourquoi diable ne le ferais-je pas ? » Et faites-le... sans attendre.

• Ne vous donnez plus cette excuse : « Je suis responsable de... » pour justifier que votre vie ne vous donne pas l'épanouissement souhaité. Et si on veut vous faire croire que c'est votre devoir de vous sacrifier à l'institution en lui consacrant plus de temps et plus de peine que votre salaire ne l'exigerait, rappelez-vous — consciemment ou non — que cette loyauté qu'ils exigent de vous, ils sont *payés* pour vous la demander, puisque leur job à eux c'est de vous exploiter à fond. Il vous est toujours loisible de vous dégager de vos légitimes responsabilités *et* de mener une vie heureuse ; pour cela, il faut cesser de rationnaliser votre acceptation d'une vie peu heureuse et vous débrouiller pour modifier ce qui dépend de vous.

• Réviser tout ce qui a été dit des comportements du Type «A». Faites quelques exercices pour éliminer cette précipitation inutile, le débit ultra rapide etc. Ralentissez votre rythme et profitez de la vie comme elle vient.

• Ne vous laissez pas séduire par les hochets dont on vous gratifiera tels les titres qu'on vous distribuera si vous travaillez dur : promotions, belles phrases, décorations, bureau plus vaste, votre nom sur la porte de vos toilettes etc. Tous ces symboles de prestige, on les fait danser devant vos yeux pour vous faire croire que vous aurez une plus grande valeur, une fois qu'ils vous auront été décernés. En réalité votre valeur se trouve en vous, donc vous n'avez pas besoin de ces joujoux qui demandent qu'on soit toujours à la disposition de ses supérieurs. Si vous n'étiez pas en paix avec vous-même, aucun de ces hochets ne servira à vous la donner car votre vie sera gâchée et que vous en aurez parfaitement conscience.

• Refusez purement et simplement de siéger aux tables rondes dont vous jugez les discussions oiseuses. Dites poliment que vous ne voulez pas y être nommé ; s'il ne vous est pas possible de l'éviter, contentez-vous d'assister sans y participer activement. Vous serez surpris de constater quel plaisir on peut ressentir à éviter pareille corvée et comme on peut trouver mille moyens habiles de s'en tirer.

• N'exigez plus de vous la réussite en tout ce que vous entreprenez et ne l'exigez plus de votre entourage. Soyez simplement content d'agir sans rien vous demander de plus. Par exemple peignez un tableau pour le plaisir. Ne vous souciez pas de « ne pas être un vrai peintre ». Ayez de la joie à manier un pinceau, cela suffit amplement. Ayez la même attitude décontractée à l'égard de vos autres activités — autant que faire ce peut — au lieu de vous évertuer toujours à chercher la perfection. Demandez-vous pouquoi vous vous mettez un tel fardeau sur les épaules ainsi que sur celles des membres de votre famille. Vous constaterez que vous serez encore plus compétitif dans les domaines où cela est vraiment utile et nécessaire, quand vous relâchez votre tension la où ce n'est pas indispensable mais destructeur.

• Essayez de temps en temps d'oublier dans un tiroir votre montre et votre agenda. Voyez si, pour un jour, vous ne pouvez vous dispenser d'un programme précis et détaillé. Laissez-vous emporter par le flot de la vie malgré la pendule ; mangez, dormez, parlez autant de temps que cela vous chante plutôt que parce que ces occupations rentrent sous telle ou telle *rubrique*.

CONCLUSION

Votre travail professionnel peut être la source de grandes joies mais aussi le lieu de la plus grande servitude. Peu d'Américains tombent morts de pur surmenage physique, comme les esclaves du siècle passé sur certains points du globe, mais beaucoup de nos compatriotes meurent parce qu'ils sont littéralement rongés de soucis et d'angoisses. Si vous êtes, de quelque façon que ce soit, victime des institutions, que votre esclavage provienne de votre zèle excessif à leur service ou des règlements qui vous sont imposés et que vous respectez comme si c'était les lois de votre pays, vous pouvez prendre la résolution de changer d'attitude et de comportement. Vous n'avez qu'une vie à vivre sur terre alors pourquoi rester à la merci d'institutions faites de main d'homme ? Il est évident que rien ne vous y oblige et que cela cessera dès que vous en aurez ainsi décidé.

Chapitre 8

Distinguer entre les jugements que l'on porte sur la réalité et la réalité elle-même.

Tout ce qui existe dans le monde existe indépendamment de l'idée qu'on s'en fait.

JUGEMENTS AU LIEU DE LA RÉALITÉ

Aussi étrange que cela puisse paraître au premier abord, nombreux sont les êtres qui se font du tort à eux-mêmes en accordant plus de valeur à leurs opinions ou à leurs attitudes à l'égard de la réalité qu'à la réalité elle-même.

Avant de refuser de reconnaître que tel est votre cas, convenez que presque tout le monde se sert quotidiennement de mots et de phrases qui expriment des jugements sur la réalité comme s'il s'agissait d'expressions de la réalité telle qu'elle est. Par exemple on dit souvent : «Quelle vilaine (ou belle) journée !» Ce peut sembler une phrase anodine mais en fait elle n'est pas basée sur la réalité. Si la journée est «vilaine» ou «belle» cela dépend de la façon personnelle dont vous l'envisagez. Si vous décidez qu'une journée où il pleut est «vilaine», chaque fois que le temps sera à la pluie, vous décrèterez qu'il mérite cette épithète, et la plupart des gens (sauf les cultivateurs etc.) en diront autant. Mais en réalité le jour *est* un point c'est tout. Et le choix que vous ferez de tel ou tel qualificatif n'y change rien. Le jour sera ce qu'il est, indépendamment de votre jugement sur lui.

Ces explications, sur le jugement qu'on porte et sur la réalité telle qu'elle est, peuvent sembler éloignées des problèmes pratiques de votre condition de victime et je vous parais peut-être couper les cheveux en quatre avec ces exemples anodins du temps qu'il fait. Mais cela est d'une importance vitale dans les domaines de votre vie où vous pouvez justement être victime de semblables confusions entre jugement et réalité. D'ailleurs pensez un instant aux conséquences qui découlent de ce qu'on laisse un peu de pluie jeter une ombre sans raison sur une journée entière. Si vous menez votre vie selon le principe que jugements et réalité sont une et même chose, vous vous préparez une masse d'ennuis dont vous serez le seul responsable.

L'origine du conflit se situe dans le fait que vous vous attendez à ce que le monde soit tel que vous le désirez et vous êtes contrarié parce que les choses ne vont pas dans la direction que vous aviez souhaitée ou pas dans la même direction qu'auparavant, ou, pas dans celle que vous exigez qu'elles prennent. Et le conflit se résoud de lui-même dès que vous voyez la réalité telle qu'elle et que vous cessez de vous troubler parce que le monde va son train.

Voici un court extrait de « War is Kind », un poème écrit par Stephen Crane en 1899 :

Un Homme dit à l'univers :
Majesté, j'existe.
Il se peut, répliqua l'univers,
Mais ce fait ne me crée pas
Une obligation envers vous.

Telle est l'essence de la réalité. Le monde ne vous doit pas votre *pain quotidien* ni une *vie heureuse* et plus vous avez d'illusions à cet égard, plus de peine vous aurez à vous les procurer. La réalité est, indépendamment de ce que vous réclamez ou attendez d'elle. Vous ne faites que vous figer dans une attitude absurde si vous vous laissez mener par l'idée que vous vous faites de ce qu'elle devrait être.

Cela ne veut pas dire que vous ne devriez pas travailler à éliminer l'injustice et à améliorer ce qui vous paraît mauvais dans le monde, car le changement est au cœur du progrès et de la croissance. Mais vous pouvez accepter que ce qui est arrivé ne puisse plus être modifié ; il faut en tirer une leçon mais non vous en désoler. Et ce qui arrive à présent — et sur lequel vous n'avez aucun pouvoir — ne doit pas vous tourmenter ; ne lui accolez pas une étiquette bonne ou mauvaise, constatez simplement que cela est. Les événements que vous prévoyez peuvent arriver ; quand vous pouvez améliorer les choses, mettez-vous au travail mais ne revendiquez pas qu'elles soient autres en vous sentant frustré(e) que tout ne se passe pas à votre gré.

Les gens qui pestent tout le temps contre la réalité se condamnent à mener une vie gâchée par la colère et la frustration, sentiments absolument absurdes en l'occurrence. Voici le genre de phrases qu'ils répètent à longueur de journée et qui leur font du mal :

• *« Cela ne devrait pas se passer comme ça ! »*

Vous vous faites du mal en disant cela, parce que vous vous laissez envahir par l'indignation ou le découragement. Plus vous êtes perturbé(e), plus les chaînes de la névrose se resserrent sur vous. Dites plutôt : « Voici ce qui m'arrive ; je vais faire mon possible pour que cela cesse ou pour que cela ne se renouvelle pas. »

• *« Le monde est vraiment cruel. »*

Les gens qui jugent ainsi le monde, au lieu de l'accepter tel qu'il est, ignorent que ce n'est pas le monde en lui-même qui est cruel. Je le répète, il est. L'épithète « cruel » lui est collée par les humains qui le blâment de n'être pas conforme à leurs désirs. Vous pouvez lui décerner toutes les appellations péjoratives que votre imagination vous fournira et vous en faire une montagne de soucis, le monde continuera à être ce qu'il est. Pensez plutôt, et ce sera infiniment plus réaliste : Il y a dans le monde des réalités que je voudrais changer et je vais m'y appliquer. Ce que je ne peux changer et je n'aime pas, je vais essayer de m'y résigner, puisque mon attente à cet égard serait éternellement déçue et que j'en souffrirais inutilement.

• *« Les gens sont méchants et indifférents. »*

Voici une fois de plus deux épithètes péjoratives que nous utilisons quand nous désapprouvons la façon dont se conduisent les autres. Il est bien évident qu'ils font souvent des choses que nous ne ferions pas à leur place et qu'en certains cas nous pourrions à juste titre trouver répréhensibles (ou pire encore). Soit ! Alors gardez-vous d'agir ainsi ; efforcez-vous de ne pas les laisser se conduire de manière à léser vos droits ou ceux des autres. Si cela devait tout de même arriver, faites ce qu'il est en votre pouvoir pour les arrêter mais ne gaspillez pas votre énergie à étiqueter les gens ou à vous tourmenter. Et surtout ne levez pas les bras au ciel en criant que *les gens en général* sont méchants et indifférents car ce serait désespérer de tout le genre humain — y compris vous — donc n'avoir plus le goût de vivre. Les hommes évoluent et ne se laissent pas facilement ranger dans des cases bien définies. «Ils choisissent des comportements brutaux ou sans-gêne», telle est la façon dont vous pourriez vous exprimer (même si elle vous paraît bizarre). Et vous pourriez ajouter : «Je ne suis pas prêt à le supporter». C'est une manière bien plus réaliste de regarder *les gens dont la conduite* vous semble répréhensible.

• *«Cela a été une chose horrible.»*

Les choses ne sont pas horribles, sinon aux yeux des hommes. «Horrible» n'est pas une réalité mais l'expression du jugement d'une personne. On ne vous demande pas d'aimer ce qui arrive, alors n'est-ce pas absurde de lui coller cette étiquette et d'être hypnotisé par cette horreur comme si elle *existait* ? Vous pouvez constater que l'événement qui vous a bouleversé, attaque d'un passant, faillite frauduleuse, accident, s'est passé réellement et alors vous en tirez les conséquences et la leçon. Mais rappelez-vous que le monde ne provoque pas les événements, il en est le théâtre. Vous pouvez porter tous les jugements que vous voudrez sur ce qui se passe *aussi longtemps que vous n'êtes pas victime de cet exercice* ; or le fait de qualifier tel événement d'horrible vous paralysera sur le moment et vous portera à «revivre» ce moment et, s'il s'agit de quelque malheur qui vous aura frappé(e) personnellement, la sympathie que vous éveillerez chez autrui contribuera également à vous faire du mal.

Les jugements ne nous font du mal que lorsqu'ils

nous empêchent de profiter du moment présent ou quand ils nous fournissent des justifications pour nous conduire d'une manière destructive à l'égard de nous-mêmes.

Les jugements que nous portons sur la réalité, sans que nous en souffrions, ont de la valeur tant que nous demeurons conscients que ce sont à des jugements et non à la réalité que nous avons à faire. Par exemple l'adjectif «magnifique» nous sert à qualifier certaines réalités ; dire qu'une fleur est magnifique ou que son parfum est merveilleux, et en jouir, c'est excellent. De même qualifier un comportement de bon, excitant, de bon aloi, fabuleux, digne, exquis, tendre, captivant, ou de mille autres adjectifs, ne nous fait aucun mal. Mais il faut absolument extirper et bannir tous les jugements qui nous paralysent, que nous confondons avec la réalité ou qui nous font incriminer les autres, Dieu ou l'univers, au lieu de nous-mêmes.

NE DEVENEZ PAS UNE VICTIME DE LA RÉALITÉ

Observez soigneusement le monde et les gens qui y vivent. Notez la façon dont cela fonctionne ; distinguez tous les éléments qui constituent ce que nous nommons réalité. Notre planète évolue de façon assez prévisible ainsi que ses habitants. Les vraies «contre-victimes» sont ceux qui se gardent bien d'engager des combats inutiles, qui utilisent la force et le sens du courant au lieu de lutter contre, qui jouissent avec sérénité et amour de leur séjour ici-bas.

Si vous vous arrêtez un moment pour la contempler, la réalité est un spectacle très excitant. Quand vous vous trouvez au beau milieu d'un désert, il fera brûlant et vous foulerez le sable. Vous pouvez lutter mentalement contre la chaleur et le sable, et vous plaindre ; vous avez un autre choix qui consiste à regarder autour de vous avec des yeux neufs et à jouir de ce que vous voyez. Vous pouvez sentir sur votre peau la brûlure du soleil ; laisser cette sensation de chaleur vous envahir par tous les pores ; voir et entendre les petits lézards se faufiler de tous côtés ; admirer une fleur de cactus ; contempler le vol plané d'un aigle dans le ciel décoloré. Il y a mille et mille façons d'apprécier le désert si vous n'êtes pas obnubilé(e) par ses inconvénients et si vous ne gémissez pas en souhaitant être à mille lieues d'où vous êtes. Dans cette dernière hypothèse, vous seriez la victime de la réalité.

Un orage peut également être l'objet d'une multitude d'expériences : vous pouvez en avoir peur, vous cacher, le traiter de tous les noms et le maudire. Chacun de ces choix vous privera d'une expérience peut-être unique dans votre vie et qui eût pu vous griser. Vous pouvez par contre vous décontracter, en sentir les effets sur votre corps, l'écouter, le humer, faire votre joie de ses moindres particularités. Quand l'orage s'éloigne, vous pouvez contempler le ciel, les éclaircies, les nouvelles formations de nuages ; vous verrez de quelle manière le vent les pousse, les amasse et les disperse traçant ainsi dans le ciel des paysages fabuleux et sans cesse renaissants.

De même vous pouvez choisir d'accepter pleinement la réalité d'une soirée, d'une réunion de travail, d'une soirée solitaire, d'un ballet, d'un match de football, d'un repas.

Quelle que soit la réalité — et la plupart de vos réalités sont les conséquences de vos propres choix — vous pouvez en faire une glorieuse expérience ou au contraire en être la victime pour n'avoir pas su vous y accorder et l'avoir étiquetée de manière artificielle. Soyez donc logique : N'est-ce pas totalement absurde de vous laisser tourmenter et obnubiler par des choses que votre inquiétude ne modifiera en rien ? Vous pourriez tout aussi bien avoir la réaction inverse: ne pas vous en troubler. Une personne saine d'esprit ne peut pas ne pas tirer la conclusion qui s'impose : si aucune de vos réactions, inquiétude ou indifférence, ne change quoi que ce soit à la réalité, il serait dément de choisir l'inquiétude.

Henri David Thoreau, à Walden Pond, écrivait : « Ma présence n'a jamais aidé le soleil à se lever, mais, assurément, il était hautement important pour moi d'assister à ce spectacle. » Telle est l'attitude de la contre-victime. Vous êtes là et vous jouissez de ce que vous vivez. Calmez-vous ; reconnaissez la folie de vous laisser troubler par les choses telles qu'elles sont. Cessez de croire qu'existent les mauvaises journées. Ne soyez pas dupe : les journées sont ce qu'elles sont. Le mercredi se soucie peu que vous l'aimiez ou non, il continuera à être mercredi. Votre jugement le rendre mauvais *uniquement à vos yeux*.

COMMENT VOS CROYANCES SE RETOURNENT CONTRE VOUS

Je crois, Watson, — et cette opinion se fonde sur l'expérience — que les ruelles les plus mal famées de Londres ne sont pas le théâtre de plus affreux péchés que les riants paysages de campagne.

Sir Arthur Conan Doyle
The Adventures of Sherlock Holmes

Le prestigieux détective énonce certaines vérités fondamentales dans cette brève citation. Les choses qui entrent dans les rubriques « opinions et croyances» tel que le «péché» sont ainsi étiquetées par vos soins. Vous péchez uniquement si vous jugez que vous le faites et tout un chacun en ce monde peut décréter qu'il y a péché selon ses propres principes. Vos croyances vous asserviront si elles vous empêchent d'agir efficacement dans le moment présent. Tandis que la plupart de vos opinions et croyances sont utiles et précieuses dans la mesure où elles vous aident à fonctionner au mieux, beaucoup d'entre elles néanmoins peuvent vous égarer et vous détruire.

Voici trois catégories de croyances parmi les plus courantes et les plus universellement répandues : elles peuvent vous desservir car elles ne réfléchissent pas la réalité telle qu'elle est.

1) Bon opposé à mauvais.

Si vous estimez que la réalité comporte des choses bonnes et des choses mauvaises, de la même façon qu'elle en montre des rouges et des blanches, et si vous passez votre temps à distinguer entre elles ou à essayer de deviner celles qui peuvent être mauvaises et celles qui ne le sont pas, vous vous préparez une vie de frustrations et de souffrances inutiles. Les choses sont bonnes ou mauvaises selon que vous les aimez ou non. Les événements qui vous conviennent ou qui vous font plaisir, vous les appelez favorables ; les autres vous paraissent mauvais. Quand vous rencontrez quelqu'un qui diffère en quoi que ce soit de vous, au lieu de le juger «différent», vous le direz éventuellement mauvais, ce qui justifiera que vous le haïssiez, le combattiez ou soyez tourmenté du fait de sa présence. Lorsque vous trouvez sur votre route des obstacles, des ornières, ou quand vous avez entre les mains des objets défectueux, vous verrez le mauvais côté ; cela vous rappellera que «tout» est plus ou moins raté et justifiera votre découragement et votre pessimisme. Vous pouvez aussi être victime des jugements flatteurs ou péjoratifs que les autres vous décerneront. Si quelqu'un estime que votre conduite est mauvaise et qu'il fasse pression sur vous pour que vous la modifiez, soyez bien vigilant car vous êtes menacé sans raison.

Les hommes passent leur temps à cataloguer les choses en bonnes et mauvaises, ce qui leur permet ensuite de n'y plus accorder trop d'attention au lieu de se soumettre à une vraie expérience de ces réalités. «Comme cela sent mauvais!» Réfléchissons à ce concept de la mauvaise odeur. Une certaine odeur peut vous déplaire, peut-être est-ce un avertissement que vous donne votre corps pour que vous ne consommiez pas le mets en question. Mais en réalité une odeur n'est jamais mauvaise. De la même façon les gens disent que les chats sont méchants parce qu'ils poursuivent les oiseaux. Mais les chats ne peuvent que se comporter comme des chats. Le mot méchant ne peut s'appliquer aux animaux puisqu'ils ne peuvent agir autrement qu'en suivant leur instinct. Les chats chassent par instinct: si, à cause de ce fait, vous les croyez méchants, vous ne changerez rien à leur façon d'être mais vous vous faites du mal à vous-même puisque vous vous attendez à un changement qui ne peut se produire parce qu'il ne correspond pas à la réalité du chat. Au lieu d'étiqueter les choses en bonnes et mauvaises, choisissez d'autres épithètes; par exemple: sain/malsain; légal/illégal; efficace/inefficace; qui marche ou qui ne marche pas. Cette dichotomie-là est basée sur la réalité et donc peut avoir une signification dans la vie.

2) *Avoir raison* opposé à *Avoir tort.*

Ce qui se fait, à ce qui ne se fait pas. Une fois de

plus on invente une épithète pour qualifier ce comportement de juste, celui-là d'erroné. Mais la réalité ne connaît pas ces catégories. Si quelqu'un veut vous démontrer que vous avez tort, moralement ou autrement, il vous manipulera jusqu'à ce qu'il arrive à vous faire prendre l'attitude opposée ; à ce moment-là il dira que vous avez raison d'agir ainsi ; comme par hasard cela sera conforme à ce que fait la majorité ; il ne s'agit naturellement pas d'une vertu magique de votre position qui la rendra juste ou erronée. Tout observateur objectif ne tardera pas à constater qu'une attitude «juste» sera aux yeux d'un autre l'attitude «erronée» et vice versa. Ce n'est qu'une affaire d'opinion.

Beaucoup d'humains se sont faits tuer dans des guerres stupides parce que c'était «l'attitude juste» à avoir, même si à la fin les adversaires en venaient à se serrer la main. On croit souvent que l'allégeance à un pays, à une équipe, une école ou à quoi que ce soit est toujours juste et que l'attitude opposée est erronée. Les gens se nuisent mutuellement en déclarant que la loyauté à l'égard des membres de la famille est toujours juste ou que l'on doit toujours dire la vérité parce que c'est l'attitude juste. Par contre jurer est déconseillé, cela ne se fait pas, de même que bâiller, éternuer, se gratter ou se mettre les doigts dans le nez. Pourquoi donc cette sévérité ? Simplement parce qu'on a décidé un beau jour que cela ne se faisait pas, bien que cela ne corresponde à rien de naturellement mauvais dans l'une ou l'autre de ces activités. Vous devez décider en personne, non pas si votre attitude est conforme à ce qui se fait ou à ce qui ne se fait pas mais si elle est efficace ou inefficace pour atteindre les buts que vous vous êtes fixés. Une façon d'échapper aux brimades qu'on exerce à votre endroit, en décrétant que vous avez tort, est de réclamer de votre agresseur qu'il remplace ce jugement par une explication qui vous éclairera sur les torts éventuels que vous causez à autrui. S'il ne peut pas répondre dans ce sens, il s'est égaré dans les dédales de «ce qui se fait, ce qui ne se fait pas» ou bien il essaie de vous manipuler.

3) Magnifique opposé à hideux.

Appliqués aux gens ces adjectifs manifestent la plus vicieuse atteinte à la réalité. Les gens ne sont pas plus beaux ou plus laids que les autres dans la réalité ; ils ne sont que différents. Un grand nez n'est pas hideux à moins que vous n'en ayez décrété ainsi. Que l'on soit poilu, court sur pattes, grand, gras, dégingandé, de teint foncé ou clair, on n'en est pas pour autant privé de séduction. Quand la beauté devient un critère qui permet de séparer l'humanité en deux parties, cela devient le moyen pour ceux qui passent pour beaux — de l'avis de la majorité — de dédaigner et manipuler les autres.

Vous n'êtes pas obligé d'accepter les catégories qu'on veut vous imposer, surtout quand cela aboutit à dresser les gens les uns contre les autres, au nom de la beauté et de la laideur. Si les jugements que les autres portent sur votre physique vous peinent, débarrassez-vous-en ; vous aurez ainsi surmonté le plus gros obstacle à une vie heureuse qui est cette vision ultra faussée sur la réalité.

Mark Twain a écrit : «L'homme est le seul animal qui rougit ou a besoin de rougir». Savait-il que la rougeur subite est une réaction en réponse à un jugement sur la réalité et que les animaux, sachant accepter la réalité sans émettre d'opinion dessus, ne sont jamais embarrassés de rien ?

UNE LISTE DE CHOSES QUI N'EXISTENT PAS DANS LA RÉALITÉ

Pour vous amuser jetez un regard sur la liste ci-dessous comportant des mots et des phrases. Ils représentent tous des jugements qui n'ont aucune réalité mais dont les gens ne peuvent se passer. Avez-vous vraiment besoin d'y croire ?

Désastres

chance

Ce que demande les gens

erreurs

presque

une mauvaise odeur

le meilleur vin

toujours

une belle journée

une carrière réussie

une belle femme

un spectacle affreux

la bonne méthode

un bon garçon

une personne stupide

une mort imméritée

un accident grave.

une personne parfaite sous tous rapports

un oiseau silencieux

une attitude normale

une garantie

une robe affreuse

une coiffure divine

vous n'auriez pas dû

un langage grossier

une syntaxe incorrecte

une magnifique créature

un goût trop recherché

de mauvaises manières

légèrement enceinte

une partie décevante

un pain de qualité inférieure

une personnalité falote

une exhibition déplaisante.

Rappelez-vous bien que je ne discute pas de l'emploi de ces concepts ; je défie quiconque de me démontrer qu'ils correspondent à des réalités. Chacune de ces phrases, chacun de ces mots, renferme un jugement sur la réalité ; si ce jugement ne vous brime pas, continuez à en user mais, s'il vous fait du tort, même dans de petites proportions, prenez conscience qu'il vous faut regarder de haut ces opinions et en choisir d'autres mieux fondées sur le réel et plus encourageantes pour vous personnellement.

ACQUÉRIR LA SÉRÉNITÉ POUR PARVENIR À UNE VUE PLUS JUSTE DE LA RÉALITÉ

De même que votre organisme a besoin d'une alternance d'exercices physiques et de repos pour se bien porter et fonctionner au mieux, votre esprit lui aussi nécessite des soins. Apprenez à le mettre au repos, à le libérer des pensées qui le fatiguent, à cesser de temps en temps de le contraindre à l'analyse, aux calculs et à ruminer le passé. C'est fort important, ainsi que de vous exercer à ne plus porter de jugements dépréciateurs sur la réalité.

Penser peut devenir pathologique quand on lui consacre trop de temps. Plusieurs de mes clients étaient atteints du syndrôme de «l'esprit perpétuellement en mouvement». Ils analysaient tout de A à Z et ne s'accordaient jamais un moment de répit. On jouit mieux de la réalité en ne réfléchissant pas, en s'abandonnant simplement à la béatitude d'exister. Rappelez-vous les plus belles expériences de votre vie. Qu'avaient-elles de si particulier ? Eh bien ! vous ne faisiez qu'un avec ce que vous étiez en train de vivre si bien que vous n'aviez même pas conscience de ce que vous en pensiez *au moment où cela vous arrivait.* Quelle fut la plus belle rencontre sexuelle de votre existence ? Quelle qu'en ait été l'occasion, pendant ce temps, vous étiez si occupé(e) à faire l'amour et à aimer que votre esprit n'était pas axé sur le bon temps que vous preniez mais était vide de toute pensée, de toute réflexion. Vous abandonniez votre corps à ce qu'il savait faire, c'est-à-dire à une merveilleuse expérience d'amour, sans vous demander pourquoi ni comment cela vous arrivait ; en bref sans laisser interférer votre « raison raisonnante » qui prend toujours trop de place.

La place si importante qui est donnée à l'heure actuelle à la méditation dans notre société est l'expression de notre désir naturel de donner du repos à notre esprit, au sein des frénétiques agitations du monde moderne, et en même temps de lui permettre de mieux fonctionner. La méditation n'est pas une activité d'ordre ésotérique qui nécessite de passer du temps (et de l'argent) avec un gourou qui vous transmettra les secrets des anciens maîtres. C'est une très simple technique qui permet de relâcher les tensions, les angoisses, de votre esprit surmené en « se laissant respirer » dans le silence. Pour ce faire vous pouvez vous concentrer sur une couleur, sur le vide ou sur un simple son que vous répétez lentement, à l'exclusion de toute pensée. Chaque fois que vous sentez votre champ de conscience envahi par une de vos pensées dominantes, vous lui refusez d'entrer plus avant ; vous la chassez en vous disant qu'elle peut attendre jusqu'à la fin de votre méditation. La période que vous consacrez à cette méditation peut aller de quinze secondes pour les débutants jusqu'à vingt minutes pour les gens plus exercés. Cette relaxation de l'esprit est aussi importante pour lui que la relaxation corporelle l'est pour votre santé physique. Il dépend de vous que vous vous y mettiez.

ÊTRE AU LIEU DE RÉFLÉCHIR SUR L'EXISTENCE

Apprendre à être équivaut à apprendre à ne pas penser. « Être signifie qu'on se permet de prendre part à une quelconque activité et à faire ce qui vous semble naturel sans se laisser harceler, tirailler, par ce besoin perpétuel de revoir, analyser, projeter. Par exemple, une fois que vous avez appris à votre corps à accomplir une tâche, votre «mental» va en contrarier le travail, si vous y pensez constamment.

Prenez une activité quotidienne, comme celle qui consiste à conduire une auto. Après avoir appris à le faire grâce à une formation, à un apprentissage, vous laissez votre corps accomplir ce à quoi il s'est exercé ; vous n'avez plus besoin de réfléchir. Ainsi pour tourner, votre pied lâche la commande de l'accélérateur et se pose sur la pédale du frein afin de ralentir, et vos mains tournent le volant de manière à ce que la voiture amorce sans heurts le virage, garde sa stabilité, ne monte pas sur la berme ou le trottoir. Ensuite, en changeant votre prise sur le volant, vous le laissez revenir à sa position première, vous réaccélérez etc. Si vous commencez à réfléchir et à vous inquiéter pour le moindre petit mouvement que vous faites, il y a des chances pour que vous rompiez l'enchaînement normal de vos actions, perdiez la souple coordination et conduisiez fort mal. Ce serait, en fait, comme si vous remontiez aux premiers stades de votre apprentissage avec toutes les maladresses et les anxiétés du débutant.

Vous avez sûrement rencontré de ces conducteurs qui pensent sans cesse à ce qu'ils font et qui semblent en être toujours à cette étape où l'on cherche nerveusement si on n'a pas oublié un geste important. On dirait qu'ils ont entre les mains une bête archi-excitée qui sauterait hors de la route s'ils ne la maintenaient au prix «d'efforts excessifs». Chaque virage leur pose un problème, de même que la façon de se garer, la vitesse etc. En résumé ils ne sont pas passés maîtres en l'art de conduire parce qu'ils ne savent pas le faire sans y penser.

On pourrait en dire autant de tous les sports, tennis, basket ou ping pong. Vos plus belles balles sur le court, vous les faites sans y songer. Vous n'avez qu'à mettre votre esprit en repos, laisser votre corps libre de ses mouvements et vous serez étonné de vos merveilleux revers, volées etc. Vous n'ignorez pas qu'on dit du tennis que c'est un jeu «mental» ; les entraîneurs parlent toujours d'attitudes mentales. Les joueurs les meilleurs sont ceux qui sont assez décontractés intérieurement pour ne pas jouer nerveusement ; ils laissent leurs corps faire ce pour quoi ils ont été entraînés.

J'ai assisté à plusieurs rencontres entre des non-professionnels et des champions. Les premiers commençaient à prendre l'avantage car ils se contentaient de rattraper les balles sans s'inquiéter de savoir s'ils gagneraient, ils n'y songeaient même pas. Ils suivaient l'élan spontané de leur corps. Mais une fois leurs avantages consolidés et leur score très favorable, ils se mettaient à réfléchir : la victoire ne leur paraissait plus si «impossible que ça» ; ils avaient maintenant quelque chose à protéger. Aussi appuyaient-ils volontairement leurs coups et précipitaient-ils le rythme de la partie. C'est leur «mental» qui prenait les commandes et de ce fait ils commençaient à perdre. S'ils avaient su rester décontractés et laisser jouer librement leur corps, ils auraient pu maintenir l'avantage acquis grâce à cette décontraction. Comme nous l'avons déjà fait remarquer, si on veut gagner, il ne faut pas penser à la victoire.

Les grands champions dans n'importe quel sport agissent sans avoir à penser, parce qu'ils ont entraîné leur corps à répondre immédiatement aux exigences précises du jeu dans une situation donnée. On dit que c'est de la concentration ; si cela en est, en tout cas c'est le contraire de ce qui se passe quand on s'arrête sur telle question pour l'analyser, la disséquer. Cela ressemble beaucoup plus à la méditation qu'à la pensée et à la théorisation. Rick Barry réussit mieux que quiconque dans les compétitions de basket, devant des salles combles, non parce qu'il réfléchit à chacun de ses mouvements mais au contraire parce qu'il n'a pas à réfléchir à cela ni à se préoccuper de triompher.

Johnny Unitas ne pensait pas à ce qu'il devait faire de son bras, de ses jambes, de ses doigts etc., chaque fois qu'il portait une botte à son adversaire. Les grands athlètes ne se permettent pas de perdre du temps à « chercher » les éventuelles raisons d'un échec possible, pas plus que vous n'y pensez quand vous jetez un bout de papier dans la corbeille.

Il vous appartient de développer en vous la même tranquillité d'esprit quand vous pratiquez un sport et d'ailleurs dans tous les domaines de la vie, importants ou non. Si vous avez un très mauvais revers au tennis mais qu'il vous arrive de temps à autre de frapper la balle « sans savoir comment » et de l'envoyer adroitement dans le carré de votre adversaire en marquant le point, vous vous rendrez compte que votre corps sait faire un revers mais que vous le contrariez tout le temps par vos réflexions. En ne sachant pas comment, c'est-à-dire insconsciemment, vous avez réussi, vous avez laissé libre cours à votre habileté naturelle. C'est à cela que je fais allusion en disant qu'il ne faut pas laisser votre esprit travailler quand vous jouez ; il faut laissser le corps se débrouiller seul.

Dans le domaine sexuel également il faut laisser le champ libre au corps pour qu'il puisse, sans entrave, participer à la réalité. Avez-vous déjà entendu dire qu'il faut apprendre à un garçon de quatorze ans à avoir une érection ? Bien sûr que non ! Mais il est vraisemblable que vous ayez entendu parler de ces directeurs de quarante ans à qui il faut l'apprendre. L'impuissance, comme d'autres troubles affectant une conduite instinctive, est provoquée par des préoccupations, un affolement, des angoisses, des conflits, en un mot par un esprit qui ne sait pas se libérer de ses obsessions, qu'elles soient d'ordre professionnel ou non, et qui empêche, de ce fait, le corps d'accomplir ce qu'il sait parfaitement faire. Le paradoxe de la plupart des thérapies sexuelles consiste en ce qu'on enseigne aux gens à ne plus penser et à ne plus se préoccuper de leurs performances sexuelles ; ils dégagent leur corps de l'emprise qu'avait établie sur lui leur esprit perpétuellement agité et qui le bloquait. Vous serez comblé de merveilleuses expériences sexuelles si vous vous contentez d'être avec votre partenaire et de vous abandonner au plaisir et aux joies de l'union sans permettre à votre esprit de venir vous troubler.

De nos jours on sait aussi que si on n'analyse pas sans cesse les symptômes de la maladie dont on souffre, ces symptômes diminueront, évidemment à condition qu'on ne fasse rien pour les aggraver. La méditation est de plus en plus couramment utilisée en même temps que des exercices judicieusement choisis, au lieu de médicaments, pour briser le cercle infernal douleur-tension, douleur accrue-tension accrue dans les maux de la colonne vertébrale. Prenez l'exemple du rhume banal. Si on pense qu'on est enrhumé, si on en parle, si on s'en laisse «obséder», on renforce les signes physiques de son action sur le corps, alors que si on a une autre préoccupation, on ne les sentira même plus.

Howard était sur le point de faire son premier saut en parachute. Il quitta son logis avec un gros rhume, le nez qui coulait, les sinus congestionnés et une forte toux. Il arriva sur le terrain d'aviation et, à partir de ce moment, ne songea plus qu'à son saut ; à écouter les derniers conseils de l'entraîneur, réviser les différentes phases, monter dans l'avion, ajuster son parachute, compter les secondes, sortir sur la plate-forme, se mettre dans la position requise etc. Il passa deux heures totalement occupé de son saut, excité et joyeux. Quand il reprit son auto pour refaire le long trajet jusqu'à sa maison, il n'était plus accaparé par sa performance et son nez se remit à couler pour la première fois depuis deux heures. Pendant qu'il était absorbé son esprit ne s'était plus du tout préoccupé de son rhume, et son organisme, tout en continuant à « lutter » contre lui, en « soignait » également les symptômes de la même manière qu'agissent les médicaments qu'on s'administre.

J'eus à faire une fois à une cliente affligée de diarrhées. Elle savait que dans son cas c'était un problème psychosomatique car cela ne lui arrivait que lorsqu'elle avait des choses désagréables à faire. Mais elle était obligée d'organiser ses journées en fonction de la proximité des « toilettes ». Elle était terrifiée d'avoir à faire de grands trajets en auto de peur d'en être loin quand la nécessité d'y aller se ferait sentir. Pendant plusieurs mois elle apprit à calmer son esprit, à cesser de se centrer sur ce problème et sur le moyen d'y remédier car cette préoccupation constante ne faisait qu'aggraver son état de tension ; et elle réussit à s'en guérir.

Cette stratégie en quelque sorte de « contre-victime» quand votre façon de faire se retourne généralement contre vous et vous détruit, peut s'avérer fort utile pour éliminer bien des infirmités. Ce ne peut être évidemment un substitut aux soins médicaux mais, quand la cause des maux se trouve dans votre esprit ou quand votre esprit aggrave les symptômes d'une affection physique de façon disproportionnée avec sa gravité réelle, le fait d'apprendre à se relaxer, à cesser de penser, à se contenter d'être, peut être un antidote très efficace contre les maladies organiques.

La suralimentation et le régime fournissent évidemment les exemples les plus probants de ce qu'une activité exagérée de l'esprit peut provoquer comme dégâts. Votre corps sait le poids qui lui convient. Si vous avez un poids excessif, c'est la faute de votre état d'esprit, presque à coup sûr, et non d'une déficience quelconque de votre santé. Si vous cessez d'idolâtrer la nourriture et décidez de ne plus manger quand votre corps est rassasié, vous n'avez même pas besoin de vous mettre au régime. Votre *corps* se contentera d'une nourriture légère. Les «creux» pénibles disparaîtront. Mais en général vous continuez à manger parce que votre esprit s'active à «penser boustifaille». Vous vous répétez que vous êtes censé(e) manger tout ce qui se trouve sur votre assiette, que c'est le moment du repas, que si vous ne mangez pas maintenant une tonne de nourriture vous aurez faim de nouveau d'ici vingt minutes, que le rôti est exquis, la glace au chocolat succulente, etc. Vous vous attendez à avoir un appétit d'ogre ; vous avez une crainte irraisonnée d'avoir faim ; même quand votre appétit est rassasié, «vous mourez de faim» mais en réalité votre corps est suralimenté et trompé... vous le savez pertinemment.

Une des meilleures méthodes pour perdre du

poids est de ne mettre sur son assiette qu'une cuil-
lerée à la fois. Après chaque bouchée, demandez à
votre *corps* s'il a encore faim. Nourrissez-le juste de
manière à le satisfaire. Le corps n'aime pas qu'on le
bourre, qu'on le rende ventripotent et bouffi ; cela
fait mal de trop manger et si vous réussissez à
calmer votre esprit glouton et à vous mettre à
l'écoute des signaux que votre corps émet pour que
vous cessiez vos excès, vous arriverez à un résultat
satisfaisant et vous serez récompensé de vos efforts
par un poids optimum. Tous ces tiraillements, ces
crampes, cet essoufflement, dès que vous montez
un étage, etc., sont des signaux d'alarme que vous
adresse votre corps afin que vous le laissiez libre de
consommer la quantité suffisante pour le meilleur
fonctionnement possible de tous ses organes.
Apaisez votre esprit en ce domaine de la nourriture
et vos correspondrez physiquement à ce que vous
êtes réellement, sous ce masque de graisse et cet
aspect corporel qui ne vous plaît pas.

Le bredouillement et le bégaiement présentent un
des exemples les plus frappants de ce qu'une technique de relaxation mentale peut obtenir. Ces
troubles sont d'origine plutôt mentale que physique
dans presque tous les cas. Quand vous bégayez,
c'est parce que vous vous parlez à vous-même d'une
façon qui provoque des difficultés de communication avec les autres.

Sheldon a toujours bégayé. Pareil en cela à presque tous les gens atteints sérieusement de cette infirmité, il avait une *crainte de s'exprimer incorrectement* qui remontait à l'enfance. Ses parents, qui
avaient l'esprit très critique et qui étaient des «perfec-
tionnistes», ne souffraient pas la moindre «erreur
d'expression», pas la moindre «bêtise». Il avait été
sans cesse repris et grondé pour ce qu'il disait et

avait pris sa revanche en contractant cette habitude de bégayer. La seule chose qu'ils *ne pourraient* contrôler, ce serait son débit verbal.

Cette habitude lui était restée jusqu'à l'âge de quarante-deux ans. Il était le type classique d'individu ou l'état d'esprit bloque le corps. Il pensait à ce qu'il allait dire avant d'ouvrir la bouche et ne permettait pas à son corps de faire ce qu'il sait normalement faire, c'est-à-dire parler sans hésitation ni reprise. Il résolut en premier lieu de ne plus réfléchir avant de parler et de se permettre le luxe de bégayer si tel était le bon plaisir de son corps, sans être préoccupé de ce que les autres gens pourraient en penser. Il se fixa comme but de s'accorder la possibilité de bégayer et bafouiller sans se juger fautif ou sans croire à un échec. Il avait à apprenre que l'important était de parler, *quelle que soit la façon* dont on parlait et que l'idée qu'il fallait parler «correctement» n'était qu'une opinion.

Aussitôt qu'il eut commencé à tranquilliser son esprit et à accepter tout ce qui sortait de ses lèvres, il fit des progrès étonnants. Quand il ne se préoccupa plus de la façon dont il s'exprimait, il commença paradoxalement à éliminer tout bégaiement. Du même coup il se libéra de cette dureté à l'égard de lui-même qui avait pesé sur lui depuis l'âge de trois ans.

Dans presque tous les domaines de la vie, une fois que vous avez habitué votre corps à obéir à votre pensée qui s'agite tout le temps, qui rumine, qui corrige, il faut apprendre à vous décontracter, à laisser votre corps accomplir ce à quoi il a été entraîné sans laisser votre esprit interférer avec ces actions. Vous constaterez paradoxalement qu'en vous abandonnant ainsi, vous améliorerez vos performances, au lieu d'aller à la rencontre d'un échec. Tous les grands maîtres sont d'accord sur ce point : les hommes doivent faire les choses naturellement s'ils veulent réussir. Si l'organisme est soumis à un stress, qu'il soit d'origine extérieure ou intérieure, l'esprit travaille dans le but opposé à ce qu'il recherche. Le stress c'est «la maison divisée contre elle-même». Le romancier anglais Charles Kingsley écrivit un jour ces phrases significatives sur ce que la pensée est destructrice et qu'on peut y voir le symptôme de la misère humaine.

Si vous souhaitez vous rendre malheureux, pensez à vous-même, à ce que vous désirez, à ce que vous aimez, au respect que les autres doivent vous porter et, à partir de ce moment, plus rien n'est pur : vous gâchez tout ce que vous touchez ; tout ce que Dieu vous enverra sera pour vous source de péché et d'infortune. Vous aurez le sort misérable que vous vous serez choisi.

Voici une fois de plus cette idée de «choix». Vous avez le pouvoir de cesser de choisir une façon de penser qui parvient à vous priver de la joie d'exister.

QUELQUES TECHNIQUES FONDÉES
SUR LA RÉALITÉ
POUR ÉLIMINER LE SENTIMENT D'ÉCHEC

Que vous vous décidiez ou non à faire quelque effort pour ne plus confondre vos opinions et la réalité, cette dernière continuera à être pareille à elle-même. Si vous parvenez à vous faire une idée plus juste de la valeur de vos jugements sur elle et si vous prenez conscience que ces jugements que vous ne cessez de formuler vous font du mal, alors modifiez-les donc. Acceptez la réalité telle qu'elle se présente, au lieu de gaspiller votre temps à l'évaluer, l'étiqueter et à vous inquiéter.

Voici certains moyens pour vous permettre de devenir expert en l'art de vous adapter à la réalité.

• Commencez par vous convaincre que vous avez le pouvoir de contrôler vos attitudes par rapport à tout ce qui se passe. Si vos attitudes vous appartiennent en propre alors vous seul(e) en avez la responsabilité et vous ne devez en conserver aucune qui vous soit nuisible. Si vous vous accrochez à cette croyance que vous n'avez aucune influence sur vos pensées et vos sentiments, que vous avez été « programmé » ainsi, alors il n'y aura aucune chance pour vous d'évoluer. Prenez la résolution de changer vos attitudes sinon vous serez éternellement leur esclave.

• Apprenez vous-même à apprécier ou évaluer les expériences de la vie. Étudiez ce qui se trouve dans votre champ de perception au lieu de passer sans y prêter attention. Essayez de faire entrer le maximum de choses dans votre champ de conscience. Ne vous imaginez pas qu'il vous faut en *faire* quelque chose sauf d'emmagasiner ces expériences. Si vous roulez en auto, notez la façon dont les autres voitures circulent, ce qui est devant vous, derrière, à l'intérieur de l'auto ; les paysages qui défilent ; les barrières ; les maisons ; la forme des nuages ; la direction du vent et tout ce qui est observable pourvu qu'on ait l'œil attentif. Faites ces exercices et le trajet ne vous paraîtra plus fastidieux ; vous vous donnerez de bonnes habitudes qui vous serviront à apprécier la moindre minute de votre existence.

• Révisez votre vocabulaire personnel, toutes vos expressions. Comptez le nombre de fois en une heure où vous aurez formulé des opinions sur la réalité au lieu d'en faire l'expérience directe. Combien de fois vous aurez dit que les circonstances sont détestables, le temps affreux, celui-ci insupportable.

Travaillez de temps en temps à vous corriger quand vous vous surprenez à énoncer des jugements péjoratifs. Changez votre façon de parler et vous évoluerez vers une meilleure compréhension de la réalité telle qu'elle est. Du même coup vous supprimerez bien des causes inutiles de tourment.

• Quand vous entendez quelqu'un dire des choses avec lesquelles vous n'êtes absolument pas d'accord, éliminez toute violence de vos réactions intérieures. Pourquoi vous soucier de ce que cette personne n'ait pas la même vision du monde que vous ? La réalité est telle que chaque être est différent ; moins de temps vous passerez à vous énerver pour cela, mieux vous vous porterez et mieux vous prendrez votre destin en main. Si vous vous êtes laissé(e) démolir pour une raison ou pour autre, tâchez de vous en remettre encore plus rapidement que de coutume. Cette technique de «réduction de temps» vous aidera à vous réhabituer à ne pas ruminer le passé, ce qui vous paralyse. Peut-être même parviendrez-vous à ne plus du tout vous inquiéter des réalités que vous ne pouvez changer. Vous apprendrez à agir au lieu de céder à la dépression.

• Ayez votre vision personnelle de la réalité. Entraînez-vous à voir les choses *différemment* des autres gens. Si les autres veulent s'affliger de ce que vous avez choisi d'apprécier, qu'il en soit ainsi. Laissez-les mijoter dans leur malheur si tel est leur choix mais vous pouvez faire le choix conscient (quitte à ce qu'il puisse devenir inconscient) de jouir de chaque moment de votre vie. Rappelez-vous le fameux passage de Walt Whitman : «Pour moi chaque heure du jour ou de la nuit est un miracle. Chaque centimètre cube d'espace est un miracle».

• Réduisez votre tendance à évaluer, soupeser,

analyser et interpréter le moindre fait et remplacez cette vaine activité en vous adonnant à l'action ; jouissez de la minute qui passe ; aimez, vivez. Faites cet exercice de temps en temps : vous vous apercevrez que vous êtes en train de juger, vous stoppez et décidez qu'au lieu de gâcher ainsi votre temps, vous allez profiter de la minute présente.

Il y a bien longtemps, vous avez appris à accorder de l'importance aux notes et à tout ce système de valeurs. En tant que jeune étudiant on vous a dit que vos dissertations n'avaient de valeur que si on leur attribuait des notes élevées. En réalité cette façon d'évaluer ne vaut rien ; la comparaison qu'on établit pour dire que cela est meilleur ou cela est moins bon n'a pas cours dans la réalité de l'existence. Vous serez sans cesse suspendu au besoin de réaliser des performances, de dépasser les autres, si vous gardez cette mentalité « scolaire ». « Je donnerais à cette façon de faire un « B + »... Oubliez cette vision des choses qu'on vous a apprise dans l'enfance. Contentez-vous d'agir sans vous soucier d'autre chose. Si vous gardez la préoccupation de la « bonne note » vous risquez de vous tenir à l'écart de toutes les activités dans lesquelles vous ne seriez pas sûr(e) « d'obtenir un A » et, de ce fait, vous vous priveriez de joies considérables. Vous avez peut-être cru de toutes vos forces un jour que c'était le fait d'obtenir un A en telle et telle matière qui donnait à cette matière son intérêt. Cela vous piquait au jeu et vous étiez sans doute fort marri quand vous ne l'obteniez pas. Aujourd'hui, de grâce, ne conservez plus cette mentalité là.

• Procédez à une nouvelle évaluation de vos relations en les considérant non pas comme entités permanentes mais comme objets de décisions à renouveler de temps en temps. Oubliez ce genre de *relations*. Prenez conscience que vous ne pouvez vivre qu'avec une personne à la fois et, parce que vous voulez que ce moment que vous passez avec elle vous comble de joie, profitez des moindres minutes de sa présence. Tous les beaux discours sur la permanence des liens sont réduits à néant par la mort d'un partenaire ou la décision de l'un de quitter l'autre. Pourquoi vous tourmenter parce qu'il n'existe pas de permanence comme vous en rêvez puisqu'en cette minute vous pouvez profiter de la présence de l'être aimé ?

• Acceptez l'idée qu'il y aura toujours sur terre des snobs, des cinglés, des idiots, des criminels, des gens farcis de préjugés et toutes sortes d'humains que vous ne pouvez sentir. Au lieu de leur coller des étiquettes péjoratives et de pester contre la société qui tolère si piètres citoyens, rappelez-vous qu'ils vous jugent sûrement avec autant de sévérité et que, s'ils en avaient le moyen (ils ne l'ont pas), ils auraient plaisir à vous éliminer vous et vos pareils de la surface de la planète. Accordez-leur la permission d'avoir une autre mentalité que la vôtre et ne laissez plus leur existence vous priver de votre sérénité.

• Débarrassez-vous de votre possessivité. Chassez l'illusion que vos enfants, votre conjoint, vos amis ou d'autres, vous doivent quoi que ce soit uniquement parce qu'ils vivent avec vous ; travaillent à vos côtés ou sous vos ordres etc. Jamais vous ne les possèderez et — Dieu merci ! — jamais vous n'obtiendrez qu'ils pensent comme vous, simplement parce que vous les intimidez. Que cette conviction vous libère de bien des tracas et de soucis que vous vous créez de pure pièce ; laissez-les *libres* d'être ce qu'ils sont. Vous pouvez proposer votre aide aux jeunes et vos conseils à ceux qui les désireraient mais jamais, au grand jamais, vous ne les possèderez. Vous pourriez vous en désoler pendant toute votre vie que cela n'y changerait rien.

• Refusez qu'on tente de vous corriger et supprimez en vous toute envie de corriger les autres pour les rendre conformes à ce que vous jugez «bien» (à votre façon à vous). La manie de reprendre constamment les autres pour une expression incorrecte, pour la moindre exagération dans un récit ou la moindre inexactitude, est une source de brimades infinies. Quand vous fustigez la conduite des autres, vous émettez le message que vous savez comment ils devraient se conduire et qu'ils devraient toujours vous consulter avant de faire quoi que ce soit.

Quand quelqu'un corrige tout le temps votre manière de parler, arrêtez-le en disant : «Vous venez une fois de plus de me reprendre sans raison, vous devez sans doute savoir mieux que moi ce qu'il faut que je dise?» ou «Avez-vous bien compris ce que je voulais dire? Si oui j'ai su m'exprimer comme il le fallait ; sans cela à quoi sert le langage? À communiquer ou à jouer au petit jeu de «Monsieur Je sais tout?» Vous démontrerez ainsi que vous n'entendez pas être sans arrêt sermonné par les autres et que vous voulez être maître de votre propre réalité. Comme nous l'avons vu par l'exemple du bégaiement, les enfants qui se font toujours reprendre se bloquent d'une façon ou d'une autre parce qu'ils ne peuvent supporter ces intrusions dans leur domaine réservé. J'ai vu beaucoup de parents bien intentionnés qui pensent que cette façon de corriger tout le temps leurs jeunes enfants montre qu'ils s'intéressent à la communication entre eux mais en fait c'est un comportement harassant pour les petits et qui leur apprend à ne pas parler *ni* penser par eux-mêmes.

• Faites des exercices pour apaiser votre esprit, telle la méditation surtout les jours où vous avez eu le plus de travail. Chassez toutes pensées et permettez à votre corps ainsi qu'à votre esprit de ralentir leur rythme et de se décontracter. Vous deviendrez un vrai connaisseur de la vie, vous saurez en apprécier la valeur, quand vous ne vous préoccuperez plus autant d'analyser tout, ce qui vous empêche d'expérimenter.

EN CONCLUSION

La réalité est. Cette maxime philosophique ainsi que l'attitude envers la vie qui s'en inspire sont aussi vitales dans votre quête de la libération de votre condition de victime que les leçons plus concrètes que vous avez pu trouver dans les autres chapitres. En fait c'est vers ce but qu'ils convergent : apprendre à apprécier la vie sans maudire à chaque instant la réalité — ce qui détruit la chance de bonheur présente — peut être le premier pas et le dernier sur le chemin de notre plénitude d'être.

Chapitre 9

Vivre sa créativité en toute circonstance.

Il n'y a pas de chemin pour mener au bonheur ;
C'est le bonheur qui est le chemin.

Vous avez toujours le choix. En chaque circonstance vous pouvez choisir la façon de la vivre et ce que vous allez en ressentir. Ce mot «choix» est extrêmement important au cours de ce chapitre puisqu'il vous encouragera à ouvrir votre esprit afin de comprendre à vous comporter de manière à vous permettre de vivre pleinement votre créativité. En quelque étape de votre existence où vous vous trouviez, quelles que soient les situations que vous ayez à affronter, vous pouvez en tirer une leçon, un moyen de croître en expérience et en sagesse. Vous pouvez également choisir de ne plus vous laisser paralyser par vos émotions. Que vous vous trouviez dans un lit d'hôpital, une prison, à la gare de Hogwart, dans un taudis de New York ou dans un quelconque patelin au Missouri, ou même en route pour un long périple, peu importe le cadre, vous pouvez vous montrer assez créatif pour cueillir des fruits de cette expérience ; vous pouvez aussi aimer le lieu où vous êtes ou bien, si vous le préférez, vous mettre en route pour un autre site qui vous conviendra davantage.

QU'EST-CE QUE VIVRE PLEINEMENT SA CRÉATIVITÉ

Par créativité je n'entends pas exprimer un talent spécifique dans une activité artistique particulière ni la possibilité d'enfanter une œuvre culturelle. Ici cela n'a rien à voir avec la musique, l'art, la science ; ce mot n'a pas l'acception qu'on a habitude de lui donner. Quand il est associé à cet autre mot « vivre », il signifie la capacité de l'individu à entreprendre tout ce qu'il décide d'entreprendre. Si vous prenez conseil de vous-même au lieu d'avoir recours à un manuel ou aux conseils d'autrui, vous pouvez vous montrer créatif en tout ce que vous ferez. La contre-victime met en œuvre sa créativité en chaque situation de son existence et refuse d'être esclave des circonstances dans lesquelles il faut bien dire qu'il s'est mis lui-même.

Vivre sa créativité signifie qu'on regarde autour de soi et qu'on se demande : « Comment vais-je faire pour en tirer une merveilleuse expérience ? Que puis-je dire, penser, sentir ou faire qui m'apprendra quelque chose et qui aidera à mon épanouissement ? » Il vous appartient de faire choix de cette attitude qui vous empêchera d'être victime de vous-même ou des autres.

Une réception où tout le monde s'ennuie est l'exemple typique d'une situation où les gens sont victimes d'un manque de créativité. La conversation se traîne et tourne autour de questions sans le moindre intérêt telles que la couleur des rideaux ou les bêtises du chien dans le jardin. *La majorité* des gens se conduisent en victimes qui restent sagement assises à se morfondre, à enrager peut-être intérieurement devant ces instants perdus sottement. L'anti victime, lui (ou elle) fait travailler sa cervelle ou son imagination et se demande comment changer cet état de choses ou comment ne pas s'y résigner. Il sait qu'il a le choix entre de multiples solutions et commence à entrevoir de charmantes alternatives.

Peut-être se lèvera-t-il soudain et restera-t-il debout au grand étonnement des invités qui l'entourent. Il se peut qu'il pose cette étrange question : « À combien de centimètres du plafond peut voler une mouche sans être obligée de voler la tête en bas, ce qu'elle ne peut faire ?» ou bien il demandera à quelqu'un qu'il juge intéressant de venir faire un tour avec lui (ou elle), même si la nuit est déjà fort avancée. Il peut également inviter une personne à danser au son de la radio ou organiser un referendum sur les parfums favoris des membres de l'assemblée etc., etc. Il peut, s'il le préfère, laisser errer son esprit sur sa vie, son odyssée personnelle ; commencer sur le champ une œuvre romanesque ; enfin il y a une infinité de possibilités préférables à une conversation axée sur les chiffons et autres balivernes, pour une personne qui vit sa créativité et refuse d'être une victime des circonstances.

SAVOIR APPRÉCIER LES ENDROITS OÙ L'ON SE TROUVE

Combien de fois avez-vous entendu des gens gémir sur les villes épouvantables, les événements assommants, les endroits où l'on s'ennuie ?

La personne qui vit sa créativité aime tous les endroits où elle est appelée à vivre puisque son attitude est celle-ci : « Voici où je me trouve pour le moment ; mieux vaut que je m'y plaise plutôt que d'être perturbé(e) par l'ennui ou la contrariété. »

Les gens posent toujours ce genre de questions : « Vous aimez la vie à New York ? » Bien sûr qu'on peut s'y plaire, surtout quand on y est !

Si vous allez à Bismarck, Birmingham ou Bethesda, vous pourrez également vous y trouver bien. Les lieux géographiques sont tout bonnement des endroits, des morceaux de terre pourvus de certaines caractéristiques et, bien sûr, vous vous rappelez avoir vu au chapitre 8 que les lieux ne sont pas désagréables en soi, que ce sont les hommes qui formulent ce jugement.

Vous pouvez aimer la rue que vous habitez, votre logis, les invités qui vous entourent, à fortiori quand vous convenez être à quatre vingt dix neuf pour cent responsable du choix que vous en avez fait ; disons qu'un pour cent seulement est le fruit du hasard. Vous êtes virtuellement toujours celui (ou celle) qui *décide* du lieu où vous vous trouvez. En ce cas quel fruit attendez-vous de ces installations que vous n'aimez pas ? Si vous êtes dans un endroit où vous préféreriez ne pas être mais dont vous ne pouvez pratiquement sortir, telles qu'une prison ou une réunion de travail, quel est l'intérêt de vous y déplaire puisque vous n'avez pas la solution de rechange ?

Travaillez énergiquement à rompre cette habitude dont vous risquez d'être toujours la victime à savoir de ne pas aimer les endroits où vous avez choisi d'aller. Imaginez des possibilités d'y vivre votre créativité au lieu de vous faire du mal en vous plaignant constamment, ce qui ne vous mènera nulle part sinon à une aggravation de votre sort.

LA VIE EST UNE SUCCESSION D'EXPÉRIENCES
PLUTÔT QU'UNE EXPÉRIENCE UNIQUE

Beaucoup de personnes sont victimes d'une vision erronée ; elles pensent que la vie est une expérience sur laquelle il faut porter un jugement global : bon ou mauvais. Si telle personne a eu une suite d'expériences fâcheuses, elle verra sa vie comme mauvaise. Mais la vie ne correspond pas à une expérience unique. Elle change constamment et chaque jour — chaque moment de chaque jour — représente quelque chose de totalement neuf, qui n'a jamais existé auparavant et qu'on peut vivre de façons incroyablement nouvelles, si on en a décidé ainsi.

Les êtres qui pensent que la vie est une expérience globale sont rarement heureux car, consciemment ou inconsciemment, ils passent leur temps à revoir et à juger ce qu'ils ont vécu, ce qui les écarte de la réalité présente et les empêche d'en profiter. Ils sont hommes à croire que les autres ont la chance de mener une vie heureuse alors qu'eux ont hérité de malchance et de malheurs. Ils sont cloués sur place parce qu'ils ne pensent pas avoir le moindre contrôle sur leur destin.

Ceux qui voient dans l'existence une succession d'expériences bien diverses ont d'autres atouts en main. Ils estiment que la vie change sans cesse et qu'ils peuvent exercer sur elle une notable influence. Ils aspirent à de nouvelles façons de vivre au lieu de s'accrocher aux anciennes. Le changement ne les effraie pas ; ils l'accueillent au contraire, les bras grands-ouverts.

Un des moments les plus importants dans ma vie survint, il y a plusieurs années, quand je fus appelé à surveiller une étude à la place du professeur absent, pendant trois quarts d'heure. Sur un panneau était fixé une feuille de papier qui portait ces mots : «Le succès est le voyage, non le terme de ce voyage». Pendant les quarante cinq minutes que dura ma surveillance je me laissai pénétrer par ces paroles. Jusqu'à ce jour, j'avais vu la vie comme une série de buts successifs : fin d'études secondaires, diplômes universitaires, mariage, naissances, promotions et autres événements me semblaient chacun une étape du voyage et j'allais d'étape en étape au lieu de voir le voyage en lui-même.

Je fis le vœu, dans cette salle d'études, de cesser d'envisager le bonheur comme une arrivée à destination puis on repart avec une autre destination en vue. Mais je décidai de le regarder comme un voyage continu dont il me fallait profiter à chaque moment. Cette surveillance qui m'avait été confiée m'a permis de tirer un des plus importants enseignements de ma vie : il ne faut pas juger l'existence en termes d'une succession de buts à atteindre, qu'ils soient importants ou anodins, car vous seriez toujours en train de chercher d'autres «destinations» sans vous sentir comblé sur l'instant, ce qui est frustrant. Chaque fois que votre but serait atteint, vous vous en fixeriez immédiatement un autre, pour avoir une nouvelle preuve de votre réussite et de votre bonheur.

Je vous conseille plutôt de vous éveiller et d'apprécier tout ce que vous rencontrerez sur votre chemin. Jouissez des fleurs qui sont là pour votre plaisir ; jouissez du lever du soleil, de la présence des petits enfants, du rire, du soleil et de la pluie, des oiseaux. Savourez ces joies plutôt que d'attendre d'avoir atteint un but lointain pour vous accorder le droit de vous reposer. Le succès, la vie elle-même, ce ne sont rien de plus que des moments dont il faut profiter un par un. Une fois que vous aurez compris ce principe, vous serez infiniment moins victime. Vous cesserez d'évaluer votre bonheur sur la base de vos réussites et vous regarderez le voyage de la vie comme une réalité dont il y a lieu de se réjouir.

En résumé, *il n'y a pas de chemin qui mène au bonheur, le bonheur est le chemin.*

SAVOIR NAVIGUER AUTOUR DES ÉCUEILS

Votre capacité à vivre pleinement votre créativité en toute circonstance dépend donc largement de l'attitude que vous choisirez d'adopter. Le test le plus crucial pour voir où vous en êtes sera ce que vous ferez face aux difficultés et aux contre-temps. Il peut vous sembler bien plus facile — quoique ce soit un comportement très néfaste pour vous — de baisser les bras quand tout va mal et de vous abandonner à votre souffrance. Mais si vous avez suffisamment appris à ne plus vous laisser faire, vous pouvez également détourner les «coups du sort» et même les faire travailler en votre faveur.

La pierre angulaire de votre conduite sera : la vigilance ; vous serez *toujours en alerte pour saisir par le cheveu l'occasion* qui vous permettra de sortir victorieusement de ce mauvais pas. Tous vos désirs seront axés sur la recherche de ce qui vous permettra de ne plus vous laisser accabler. Même si l'occasion attendue ne se présente pas, gardez votre attitude positive afin que le découragement ne vienne pas affaiblir vos chances. Quand vous étiez enfant, vous ne soupçonniez pas le moins du monde que la vie vous jouerait des mauvais tours aussi étiez-vous habile à détourner les ennuis et à les faire virer à votre avantage. Si par hasard une tempête de neige venait à l'encontre de vos projets vous ne passiez pas toute votre journée à vous lamenter derrière vos carreaux, vous sortiez gaîment pour aller faire des bonshommes de neige, des forts ; vous vous battiez à coups de boules de neige. Ou bien vous vous faisiez de l'argent de poche en aidant à déblayer les chemins etc. Vous n'aviez pas le *temps* de rouspéter. Vous viviez pleinement votre créativité.

Il fut un temps où vous saviez faire des temps morts de la classe quelque chose de supportable en inventant des diversions. Vous pouviez vous amuser de riens parce que spontanément votre créativité entrait en jeu. Maintenant vous avez peut-être perdu un peu de cette heureuse tournure d'esprit en vous laissant aller au découragement quand les choses ne vont pas comme vous le désirez. Vous êtes victime de l'adversité parce que vous ne savez plus réagir aussi promptement que lorsque vous étiez petit.

Savoir naviguer autour des écueils, c'est être en alerte pour déjouer les stratagèmes qu'inventent les autres pour vous faire tomber dans leurs pièges. À ce moment-là les pauvres victimes abandonnent la partie, elles se sont laissées persuader qu'il n'y a rien qu'elles puissent faire pour lutter contre les vents contraires.

Voici quelques exemples :

1) «*Nous vous avertirons en temps voulu.*»

Voici l'exemple le plus pur de ce type de brimades où l'on vous renvoie aux calendes grecques. Cela signifie en clair : «restez où vous êtes et attendez notre bon plaisir.» C'est comme si on vous disait «décampez et soyez une bonne petite victime, bien docile». Il vous faut évidemment refuser ce traitement et chercher activement par quels moyens vous pourrez atteindre votre but ; que cela implique de passer par-dessus la tête des employés en question, d'écrire des lettres ou de tâcher de trouver tout seul le moyen de vous en tirer, sans perdre un instant confiance en vos propres ressources et sans vous soucier de ce que les autres pourront en penser.

2) *«Nous vous envoyons le chèque par retour du courrier.»*

C'est la classique promesse jamais suivie de réalisation, qui vous fait attendre en vain et dont les responsables n'admettent jamais que ce soit de leur faute. Vous n'avez jamais la preuve que le chèque vous a vraiment été envoyé. La stratégie consiste à vous faire miroiter la chance qu'il arrive un jour en espérant que vous finirez par vous lasser en abandonnant vos droits. Si vraiment c'est un chèque qui vous a été promis, exigez qu'on vous en fasse un autre (le paiement de celui prétendument expédié peut toujours être arrêté) ; demandez au trésorier payeur ou à qui de droit la preuve qu'on vous l'a bien envoyé ; demandez à parler à un supérieur ; enfin débrouillez-vous mais refusez d'être la victime de ces procédés.

3) *«Je n'en suis pas responsable, pourquoi vous en prendre à moi ?»*

En vous mettant sur la défensive et en se déchargeant lui-même de toute responsabilité celui qui veut vous manipuler espère que vous abandonnerez votre réclamation. Mais vous pouvez vous défendre et ne pas perdre un pouce de terrain en arguant qu'il ne s'agit pas pour vous d'incriminer qui que ce soit mais d'arriver à un résultat.

4) *«C'est la faute de l'ordinateur.»*

On a toujours voulu donner satisfaction en temps voulu ; les chèques ont toujours été envoyés par le dernier courrier ; ces tactiques sont aussi vieilles sans doute que le monde ; de même que ce doit être un homme des cavernes qui, le premier, a dû dire que «ce n'était pas de sa faute». Mais l'histoire de l'ordinateur est la contribution personnelle du vingtième siècle à ce stock de boucs émissaires que les hommes ont toujours à leur disposition quand il s'agit de faire retomber l'erreur sur le voisin et de brimer tout un chacun.

Les gens oublient en la circonstance qu'on peut toujours passer outre à l'ordinateur «coupable» en s'adressant aux gens chargés de le «nourrir» au lieu d'accepter la version qu'on veut vous faire accroire, à savoir qu'ils sont eux-mêmes les victimes de ces monstres mécaniques sans cœur et indomptables.

«Si vous y mettez des ordures, il en ressortira des ordures», tel est le proverbe des ordinateurs ; si un ordinateur déverse des ordures, cherchez qui a pu le nourrir avec ces ordures.

Démontrez-leur que c'est exactement la même chose que si quelqu'un vous frappait avec un marteau, ce ne serait tout de même pas la faute du marteau !

Voilà quatre types courants de faux prétextes qui aboutissent à vous faire du tort ; bien sûr, à partir de ces thèmes, bien des variations peuvent être imaginées. Mais, quand vous avez à faire à de pareils contre-temps, soyez prêt à passer à l'attaque et surtout mettez en jeu toute votre créativité pour avoir des moyens de rétorsion au lieu d'avaler ces bobards.

IL N'Y A PAS QU'UN MOYEN D'AGIR
À VOTRE DISPOSITION

Pour vivre pleinement sa créativité, il faut se garder d'une attitude rigide. Si vous estimez qu'il n'y a qu'une façon correcte pour chaque éventualité et que vous devez vous conformer à ce modèle exclusivement, vous manquerez de spontanéité autant que de créativité. Si vous vous bloquez dans un comportement standard une fois pour toutes et que vous vouliez l'imposer à votre entourage, vous serez victime des changements de circonstances qui exigent des adaptations variées. Mais si vous avez l'esprit ouvert et si vous envisagez toujours plusieurs manières de réagir à une situation donnée, vous aurez peut-être une inclinaison particulière pour tel comportement mais vous ne tiendrez pas aveuglément à une seule façon de faire.

Stuart n'a que vingt-six ans mais il a déjà cet état d'esprit rigide. C'est un comptable remarquable mais il a de plus en plus de peine à s'entendre avec sa femme et avec la plupart de ses collègues. Il me confia au cours d'une séance de thérapie qu'il croyait dur comme fer qu'on n'avait aucune excuse valable quand on faisait les choses d'une façon «incorrecte». En fait son vocabulaire courant était surtout composé de mots tels que «convenable», «correct», «comme il faut», «précis» etc. Il voulait absolument démontrer que sa femme et ses enfants ne faisaient jamais les choses comme il fallait. Il se plaignit dans mon giron qu'il passait des heures à apprendre à son jeune fils comment il devait s'acquitter de telles tâches simples et qu'il était furieux de voir ce gamin s'y prendre tout différemment, «comme s'il le faisait exprès». De la même façon son épouse semblait le défier en ne voulant pas tenir sa maison comme il le lui conseillait, selon certains principes auxquels il tenait. Et Stuart insistait avec ténacité pour qu'elle fît les choses à son idée à lui, parce que c'était la seule façon de faire qui fût «*juste*». Il allait jusqu'à indiquer comment elle devait tenir ses comptes et était furieux quand elle faisait un chèque incorrectement ou se trompait de date etc. etc. Chacune de ses erreurs avait le don de le rendre fou de rage.

Nos séances eurent pour but de lui faire réviser son attitude rigide au lieu de le laisser incriminer sa femme pour son obstination. Il découvrit rapidement qu'il régissait son existence d'après le principe qu'il n'existe qu'une façon correcte de faire les choses et il comprit pourquoi peu de gens appréciaient sa compagnie ; c'était parce qu'il leur pesait avec son insistance pour leur imposer sa manière de voir. Quand il y avait une partie de croquet, il était celui qui, seul, était au courant des « vraies » règles. Même chose pour le Monopoly ou le cootie et il exigeait une adhésion scrupuleuse à toutes les règles, quitte à gâcher tout le plaisir des enfants. En fait il admit une fois que c'était bien de s'amuser mais qu'il ne fallait pas que ce fût aux dépens des règles du jeu ; il ne pouvait admettre qu'on pût s'amuser de temps en temps à ne pas suivre tout à fait les règles ou à s'en inventer d'autres pour changer un peu.

Stuart se mit à faire des exercices pour essayer de se libérer de cette rigidité qui le paralysait. Il progressait lentement, comme c'est le cas pour ce type de caractères mais, au bout de plusieurs mois, il commença à devenir plus souple et à se permettre ainsi qu'à sa famille plus de fantaisie et une plus grande liberté de choix.

C'est sans doute dans le domaine professionnel qu'il garda le plus longtemps ses trop stricts principes. Il admettait qu'on pût travailler d'une autre façon mais, quand il me quitta au bout de cinq mois, il n'était pas disposé à changer de méthode en ce qui le concernait.

Friedrich Nietzsche disait :
Tel est mon chemin...
Qu'est-ce que cela veut dire ?
Le chemin n'existe pas.

C'est une bonne devise pour les gens qui veulent progresser en créativité et éliminer ces habitudes rigides qui vous maintiennent dans un véritable carcan.

Si vous êtes soumis, dans le domaine professionnel, à quelqu'un qui ne croit qu'en une seule méthode, vous seriez stupide de ne pas envisager l'éventualité de le quitter. Imaginez le danger qu'il y a à avoir un avocat qui ne veut pas adapter sa stratégie aux nouveaux faits qui surgissent ; ou un chirurgien qui, malgré de nouveaux symptômes contredisant son premier diagnostic, soutient mordicus que c'est votre appendice qui est infecté et qu'il veut opérer comme «prévu». Un tempérament aussi entêté n'est jamais favorable au bon exercice d'une profession : vous devez éliminer cette source d'éventuelles catastrophes.

Prenons le temps d'approfondir un peu plus l'étude de cette rigidité (qu'on peut aussi appeler «non-créativité mortelle») en relation avec la médecine, ce domaine pour nous d'une importance cruciale. On a beaucoup écrit récemment sur l'énorme quantité d'interventions chirurgicales que l'on fait dans ce pays sans absolue nécessité. Beaucoup de femmes notamment sont soumises, au fil des années, à des opérations gynécologiques telles que les hysterectomies, interventions sur les ovaires etc. qui eussent pu être évitées. Si vous n'êtes pas alerté(e) par la gravité de ce problème lisez la publicité suivante parue dans le numéro du 10 novembre

1976 de Newsday, rédigé par les soins de la Blue Cross/Blue Shield of Greater New York.*

Le titre en est : « Pas d'opération chirurgicale, la cure où l'on a rien à montrer pour sa défense ». Puis les lignes suivantes : « Pas d'opération. Pas de cicatrice puisque vous n'avez pas subi de coup de bistouri. Pas d'opération. L'avis d'un second chirurgien que vous êtes allé consulter et qui a dit que l'opération ne s'imposait pas du tout. Pas d'opération. Le conseil du chirurgien que vous n'aurez pas à payer puisque c'est la Blue Cross et Blue Field qui vous l'offre gracieusement. » L'annonce décrit ensuite comment on peut aller consulter pour rien un second chirurgien et enfin l'argument majeur, la preuve absolue que bien des médecins sont si ancrés dans leur propre diagnostic qu'ils ont horreur qu'on aille prendre conseil d'un ou de deux autres confrères, *et votre premier chirurgien n'en saura rien.*

Pourquoi donc une cornpagnie d'assurances éprouve-t-elle le besoin d'annoncer qu'elle règlera les honoraires du second chirurgien que vous irez consulter sans que le premier n'en sache rien ? Uniquement parce que tant de médecins sont si rigides dans leurs points de vue qu'ils ne veulent pas entendre parler d'un autre avis que le leur. Ils ont une vision rétrécie et la gardent *même* quand c'est aux risques et périls de leurs *patients* qui y perdent inutilement quelques organes.

Apparemment maints chirurgiens désirent et demandent d'une façon routinière un second, un troisième et même un quatrième avis et il semble logique qu'un docteur de valeur veuille admettre la possibilité que son diagnostic, quand il s'agit d'une

---

* La Blue Cross Association paie les frais d'hôpital de l'assuré.

opération, soit soumis à la confirmation d'autant de gens compétents possible ; mais les gens ont terriblement besoin d'être protégés contre la mentalité des médecins à diagnostic «unilatéral». Après avoir fait la critique des ouvrages sur le développement de la chirurgie aux États-Unis dans «The Will To Live», le docteur Arnold A. Hutschnecker concluait «Aujourd'hui nous reconnaissons que les victimes du diagnostic inconsidéré de leur chirurgien sont légion».

Une contre-victime ne devrait pas hésiter à consulter autant de chirurgiens qu'elle en a le désir, avant de consentir à se laisser opérer. Et si jamais le médecin manifeste la moindre désapprobation, le patient devra en choisir un autre qui mettra la vie et le mieux-être de son malade au-dessus des considérations de vanité personnelle et de ses idées arrêtées.

Cette rigidité d'esprit fait également des ravages dans le domaine éducatif où l'on voit des professeurs qui ne croient qu'en une seule méthode d'enseignement de l'arithmétique, des sciences naturelles, des comptes-rendus de livres et dissertations, et des maîtres de l'université qui utilisent systématiquement des manuels de style pour corriger les travaux de recherche de leurs étudiants.

Vous savez ce qu'il en est pour avoir passé bien des années sur les bancs de l'école et de l'université ; beaucoup ont gardé cette mentalité-là car, en cette époque de votre vie, il fallait bien l'adopter si on ne voulait s'exposer aux mauvaises notes, au «retard» dans ses études, en un mot à «l'échec». Mais aujourd'hui plus rien ne vous oblige à la conserver ou à l'imposer à vos enfants.

Chaque fois qu'on apprend aux gens qu'il n'y a qu'une seule façon de faire les choses, on les prépare à être des victimes. Il n'est pas de créateur en littérature qui consulte un manuel pour décider comment il se servira de sa langue d'origine. Aucun artiste ne va imaginer qu'il n'y a qu'une seule façon de peindre, de sculpter ou de composer. La valeur de toute œuvre réside dans son unicité. Elle ne vous rappelle aucun antécédent. Personne ne peut vous imposer de l'admirer bien qu'elle puisse inspirer d'autres personnes. Encouragez-vous les uns les autres à vous montrer réceptifs, souples, à accomplir toute tâche en choisissant entre mille le style qui vous paraît le plus approprié à vos possibilités et à l'instant, en ayant conscience que demain, il faudra en imaginer un nouveau.

W. Somerset Maugham cite ce trait dans sa description d'un personnage rigide de son roman « Of Human Bondage » : « Comme tous les êtres faibles, il attachait un prix excessif à ne jamais changer de point de vue. »

Les victimes, et ceux qui les briment, partagent cette vision rétrécie de la vie qui les empêche d'évoluer ou leur permet de paralyser chez les autres toute tentative d'évolution.

L'IMPORTANCE DE LA PERSÉVÉRANCE

Les victimes sont en général paralysées par un état émotionnel, qu'il s'agisse de frayeur, de colère ou de frustration. Les contre-victimes, elles, savent persévérer sans se laisser clouer sur place. Si vous voulez être au rang de ces dernières, il vous faudra refuser d'abandonner la partie et lutter avec une persévérance acharnée.

Comme nous l'avons montré plus haut, un grand nombre de « persécuteurs » sont convaincus de l'efficacité absolue de leur méthode qui consiste à faire attendre les protestataires assez longtemps pour qu'ils se lassent et battent en retraite. Beaucoup de procès traînent en longueur pour cette raison. Les avocats plaidant pour les «persécuteurs» savent que si leur «petit» adversaire n'entrevoit pas d'issue heureuse pour lui cette année ou l'année suivante, il se dira «Au diable toutes ces histoires !» Et l'une des bases les plus solides de notre système juridique semble être ce soin qu'on met à décourager les plaignants d'obtenir «rapidement» justice en compliquant les choses à plaisir pour les décourager. Vous devez décider par vous-même si cela vaut la peine de persévérer dans le domaine de la loi et ailleurs, ou si le fait de poursuivre votre action vous sera encore plus dommageable. Si vous faites montre d'assez d'imagination, vous pouvez découvrir des moyens inédits qui vous éviteront les complications ou, si vous avez les moyens financiers suffisants, payez des gens pour le faire à votre place.

Montrer qu'on ne veut pas se laisser faire exige généralement qu'on fasse le choix des batailles qu'on livrera au lieu de les esquiver, et qu'on fasse passer le message qu'on ira aussi loin qu'il le sera nécessaire pour gagner. Cela ne vous sera d'aucune utilité — et vous fera souvent du tort — de déclarer que vous allez lutter pour obtenir telle ou telle satisfaction, si vous n'êtes pas prêt à tenir bon. Dans la vie comme au poker, le bluff ne réussit pas si vous avez la réputation de ne jamais bluffer. Ralph Charell dans son livre *How I Turn Ordinary Complaints into Thousands of Dollars : The Diary of a Tough Customer* explique de quelle manière la persévérance est payante et comment sa détermination à combattre chaque fois que cela est nécessaire l'a mis à l'abri de toutes les éventuelles brimades infligées aux consommateurs, brimades qui paraissent les plus ardues à vaincre.

Peut-être trouverez-vous l'aide la plus précieuse, au cours de cette lutte à mener avec persévérance, dans la façon dont vous saurez vous défendre contre l'inquiétude, l'aigreur, en un mot contre les perturbations émotionnelles qui vous prendraient du temps et de l'énergie, qui vous priveraient d'endurance et de résolution.

Voyez ces affrontements comme des jeux où il faut user d'imagination pour découvrir les règles à suivre afin de gagner plutôt que de vous conformer à celles édictées par d'autres. Ralph Charell parle de ses conflits avec Ma Bell, des propriétaires, des directeurs de théâtre, des banquiers et bien d'autres personnages. Son message est clair : si vous persévérez envers et contre tout, n'admettant jamais d'être repoussé aux calendes grecques, vous sortirez vainqueur : non seulement aurez-vous atteint le but que vous vous étiez fixé mais vous serez étonné d'avoir obtenu bien plus que vous n'espériez initialement.

Le fait est que les sociétés et les individus ne sont pas bien équipés pour résister longtemps aux gens résolus, surtout parce qu'ils en rencontrent rarement sur leur chemin et que, s'ils en rencontrent, étant plutôt du genre bulldozers, ils préfèrent céder aux adversaires coriaces et chercher des victimes plus dociles. Bien des personnes se conduisent comme des agneaux quand il faudrait tenir tête. Ils abandonnent la partie avant même d'essayer en se disant qu'on ne peut pas gagner contre des grandes collectivités, contre telle «personnalité» ou contre «l'hôtel de ville». Mais vous savez à présent qu'une personne vivant à plein sa créativité ne se soucie pas de ces mythes. Non seulement il est possible mais hautement probable que vous remporterez la victoire, si seulement vous sautez à pieds joints au-dessus des premiers obstacles et suivez de point en point votre programme. Ces obstacles du début n'existent que parce que la majorité des gens s'y laissent arrêter. Une fois qu'on les a surmontés, on est surpris de voir comme la route est aisée.

Vous n'avez pas besoin d'un entêtement de mule pour être capable de persévérer. Vous pouvez simplement être poussé par le désir de ne pas vous laisser faire. Vous ferez juste ce qui est nécessaire dans ce but plutôt que de vous faire du tort à vous-même en vous mettant dans tous vos états. Henry Ward Beecher écrit :

La différence entre la persévérance et l'obstination provient de ce que l'une a sa source dans une volonté forte et l'autre dans un «je ne veux pas».

Les jeunes enfants, qui ont adopté avec leurs parents la méthode des criailleries perpétuelles pour obtenir ce qu'ils désirent, ont compris que «si je mets tout le temps qu'il faut à embêter Maman pour qu'elle m'achète du chewing gum elle finira par céder». Ces parents n'ont pas conscience que ce sont eux qui ont appris à leurs rejetons à ne pas tenir compte du premier «non», ni du second ni du troisième et qu'ils les briment la plupart du temps en disant automatiquement non à presque toutes leurs requêtes pour éviter d'être dérangés ou pour exercer leur «autorité». Ces enfants savent que, s'ils renoncent une seconde à leur tactique, ils n'obtiendront rien. Beaucoup de «persécuteurs», surtout ceux qui appartiennent à des institutions, ainsi que les bureaucrates, essaient de se comporter comme ces parents dont nous venons de parler ; il n'est évidemment pas question pour vous — ce serait manquer à la dignité la plus élémentaire — de criailler et mendigoter comme ces bambins, mais vous devez vous inspirer de leur tactique dans vos rapports avec eux. Je ne prêche pas en faveur de ce genre d'enfants mais en faveur de leur méthode efficace. Si vous êtes du côté des parents, ne l'encouragez pas chez vos enfants en la couronnant de succès. Si vous êtes de l'autre côté de la barricade, n'hésitez pas à adopter une tactique d'inlassable harcèlement qui finira par fatiguer vos adversaires, même s'il s'agit de notables ou de grandes collectivités. Jamais d'abandon ! À la seconde même où vous lâchez pied vous serez renvoyé au bout de la queue, derrière toutes les autres victimes.

Je tiens à une conviction qui ne m'a pas procuré grand-chose mais le peu que je possède, à savoir qu'avec des dons ordinaires et une persévérance extraordinaire, tout est accessible.

Sir Thomas Fowell Buxton.

L'ACTION AU LIEU DE L'INACTION

Pour faire pleinement usage de votre créativité dans la vie, il faut abandonner votre attitude passive dans les circonstances qui vous ont toujours paralysé(e). Notre jeu s'appelle agir. Faire. Surmonter votre inertie et «agir» vous donneront de nouveaux moyens de créativité.

L'action est le meilleur antidote contre la dépression, l'angoisse, le stress, la crainte, l'inquiétude, le sentiment de culpabilité et — cela va de soi — contre l'immobilisme. On ne peut absolument pas être à la fois déprimé et actif. Même si vous le vouliez, vous ne pourriez continuer à gémir, vous lamenter, vous laisser alier à vos ruminations moroses tout en vous mettant à la tâche. Faites n'importe quoi mais mettez-vous dans la tête que l'action est indispensable pour qui veut fonctionner normalement.

Comprenez aussi que la passivité n'est pas la conséquence de la dépression mais la cause ; L'inactivité est plutôt un choix qu'une fatalité. L'action est également le meilleur moyen de ne pas vous retrouver victime de vous-même ou des autres. Si vous décidez d'affronter votre problème au lieu de pleurnicher, vous serez en bonne voie d'améliorer vos conditions de vie.

S'il vous arrive de vous demander «tout cela est très beau mais que puis-je faire», la réponse est d'une simplicité enfantine, *n'importe quoi* est plus efficace que rien du tout.

Julia, une de mes clientes, se plaignait amèrement d'être sans cesse déprimée. Elle prenait la défense de sa dépression comme si celle-ci était sa plus chère alliée, alors que c'était son ennemie la plus perfide. Quand je l'exhortais à devenir active, ses réactions étaient toujours les mêmes : «J'ai déjà essayé et cela ne me fait rien du tout» ou «c'est stupide, mon problème est beaucoup plus profond et cela ne changera rien que je fasse quelque chose ou non». Elle voulait absolument trouver des explications dans son psychisme profond. Mais les raisons de sa dépression n'étaient ni mystérieuses ni profondément enracinées dans son psychisme. Elle avait soixante-sept ans et ne pouvait accepter de «vieillir», aussi essayait-elle d'esquiver son problème en restant au lit la majeure partie de la journée, refusant de sortir, se plaignant de son sort à ses enfants et se faisant du souci pour une vague douleur à l'estomac qu'elle prenait pour un ulcère.

Elle s'opposait à moi chaque fois que je lui conseillais l'action comme le moyen le plus efficace de se débarrasser de cette condition de victime qu'elle s'imposait à elle-même. J'avais beau lui expliquer qu'elle serait mieux dès qu'elle se plongerait dans une quelconque activité, elle ne pouvait s'y résoudre. Avant d'être en mesure de le faire, elle devait se libérer de son attitude qui la paralysait ; il lui fallait renoncer à vouloir cette conduite dépressive et réaliser qu'elle était la première à souffrir de son choix. Personne d'autre n'en était affecté gravement et personne ne l'accompagnerait dans les profondeurs de son malheur.

Quand elle finit par comprendre qu'elle était l'auteur de ce «malheur», elle se montra disposée à s'embarquer dans des séances de thérapie directement axées sur l'apprentissage à l'action et à la créativité. Mais d'abord elle eut tendance à retrouver son comportement dépressif quand je l'encourageai à faire son choix parmi les différentes formes d'activités. Elle prétexta qu'elle ne savait que faire et qu'en conséquence elle ne rerait rien. Aussi lui donnai-je cette liste d'activités qui toutes lui étaient faciles à entreprendre.

Marcher d'un pas alerte autour du pâté de maisons.
Aller jouer à la balle.
Entrer dans une librairie et engager la conversation avec le libraire.
Se présenter à cinq inconnus.
Prendre des leçons de yoga.
Apprendre certains pas de danse.
Suivre un recyclage pour adultes dans n'importe quelle matière.
Faire du bénévolat dans une maison de santé.
Aller sur un aéroport et observer les gens se dire adieu.

Organiser une loterie, des jeux,
   avec les gens du voisinage.
Monter à bicyclette.
Aller à un club de l'Y.W.C.A.* pour faire
   de la natation.
Se faire masser.
Aller voir dix films et en faire le compte-rendu.
Organiser une réception et inviter
   vingt personnes.
Jouer à n'importe quel jeu.
Écrire un poème ou une nouvelle.
Poser sa candidature à dix emplois.
Démarrer un travail à ma maison.
Commencer à lancer un journal,
   un service de publicité ou un club, de quartier.
Vendre n'importe quel produit.
Apprendre le backgammon, les échecs,
   la canasta ou un autre jeu de cartes.
Soigner les animaux malades.
Écrire dix lettres.
Devenir baby-sitter professionnelle.
Participer à des clubs pour dames seules.
Assister à des conférences locales.
Visiter tous les musées de la ville.
Apprendre un nouveau métier tels que
   la reliure, l'art floral, la mécanique automobile.
Aller visiter une autre ville.
Commencer à écrire son journal intime.
Tenir compagnie aux enfants malades.

N'importe quelle personne pleinement créative

---

* Abréviation de Young Women's Christian Association :
mouvement de jeunesse féminine chrétienne qui a ses clubs et
ses organisations sportives et caritatives.

peut imaginer des solutions de ce genre pour faire sortir une personne de son inertie.

Julia s'y mit avec bonne volonté. Au fur et à mesure qu'elle entreprenait de nouvelles activités au lieu de passer son temps à expliquer pourquoi elle ne le pouvait pas, elle vit que sa dépression cédait le pas. Elle put progressivement abandonner ses médicaments antidépressifs qui l'avaient aidée à vivre pendant près de trois ans. Quand elle se sentait glisser à nouveau sur une pente dangereuse, elle se prenait sérieusement en main. Au lieu de penser : «Que je suis à plaindre, je me fais vieille et je suis tout le temps déprimée», elle se disait : «Plus de ces sempiternelles jérémiades ! Je vais me lancer dans telle activité pour ne pas risquer de rester à gémir sur moi-même. Ce ne fut pas à la suite d'un coup de baguette magique que Julia émergea de sa dépression, mais parce qu'elle passa à l'action.

Les gens actifs sont très rarement des victimes d'autrui et d'eux-mêmes. Ils obtiendront finalement gain de cause et réparation des mauvais procédés qu'on leur avait infligés tandis que l'inactif ou le spectateur passif se trouveront brimés plus d'une fois ; ils se plaindront à leur entourage et se gratteront la tête d'un air perplexe. Ce vieux proverbe est bien vrai qui dit :

Même si vous êtes dans le bon chemin, ne vous
    asseyez pas,
on vous passerait dessus.

COMMENT RAISONNENT LES GENS QUI NE VIVENT PAS LEUR CRÉATIVITÉ

Les deux phrases suivantes sont de celles qui vous empêcheront en toute circonstance de réagir avec créativité si vous les prononcez. Elles expriment les mauvaises raisons qu'on se donne pour ne pas réagir positivement face à une petite contrariété.

1) Je ne peux vraiment rien faire contre cela !

Une fois que vous vous êtes donné cette excuse, vous êtes condamné(e) à la passivité aussi longtemps que vous y croirez. Il y a *toujours quelque chose* à faire ; c'est le moment de prouver que vous ne voulez pas vous tenir pour battu(e) d'avance. Il faut faire vos expériences, tâter le terrain, imaginer les moyens de vous en sortir. Changez votre façon de raisonner ; dites-vous : « Je ne sais pas encore très bien ce que je vais faire mais une chose dont je suis sûr(e) et certain(e) c'est que je ne vais pas rester assis(e) à me croiser les bras en attendant que les choses s'arrangent toutes seules ; je vais agir. » De cette façon au moins vous envisagez le problème et vous vous exercez à l'action au lieu de vous résigner. N'exigez pas de vous une réponse toujours ou tout de suite miraculeuse mais activez-vous ; faites des expériences. Quand vous aurez beaucoup cherché, vous finirez par découvrir le bon moyen, la bonne tactique ; vous n'essaierez rien si, dès le départ, vous pensez qu'il n'y a rien à tenter.

2) C'est comme ça dans la vie.

Cette résignation a sa source dans une façon de voir erronée ; vous vous imaginez, parce que la situation a pour l'instant une certaine tournure, que vous n'avez pas le moyen de la modifier. Mais la plupart des circonstances qui briment les humains sont provoquées par des humains et peuvent par conséquent être changées. Et s'il y a une chance de faire bouger la situation, vous vous la supprimez en disant que « c'est comme ça ». Si vous faites la queue pendant une heure devant la caisse d'un supermarché en vous disant : « C'est comme ça, personne n'y peut rien », alors vous êtes la victime-modèle. Mais si vous criez : «Allons ! Je suis client de ce magasin et ne devrais pas être obligé de perdre une heure que je pourrais mieux employer parce que j'ai l'honneur de le faire travailler ! Tant pis pour ces gens qui acceptent de faire la queue, moi je vais faire le nécessaire pour que ce scandale cesse !» Toutes sortes d'alternatives excitantes s'offrent à vous : vous pouvez aller trouver le directeur, lui dire que vous ne pouvez pas attendre, qu'il vous fasse votre compte lui-même ; ou vous pouvez lui lancer qu'il va perdre votre clientèle et celle de bien d'autres personnes s'il n'ouvre pas d'autres caisses. S'il ne vous donne pas satisfaction, vous pouvez menacer de laisser votre charriot en plan et de sortir de ce pas pour écrire au Siège social pour raconter comment les choses se passent dans cette succursale, sans compter que vous donnerez la même idée aux gens de la queue. Ou vous pouvez vous approcher de la caisse et aider la responsable à manier les sacs pour que la queue puisse avancer plus vite. Vous vous coupez toutes ces possibilités, si vous contentez de murmurer : «C'est comme ça que ça se passe à notre époque».

Dès que vous aurez changé d'attitude, tous les espoirs vous sont permis.

QUELQUES EXEMPLES
DE COMPORTEMENTS CRÉATIFS

Vous trouverez ci-dessous quelques exemples spécifiques pris dans la vie de mes clients, de mes amis, dans la littérature ou dans ma propre expérience. Ils permettent d'avoir une idée des situations auxquelles on peut être confronté et de savoir comment réagir quand on est décidé à ne plus se laisser faire.

328

• *Quand on cherche du travail.*

Voici un domaine où, à une époque de chômage intensif, les gens se laissent manipuler parce qu'ils ont une vision trop rétrécie et que leur quête se fait avec des moyens trop traditionnels : réponses aux petites annonces, coups de téléphone, démarches auprès des mêmes bureaux et beaucoup de souhaits non formulés. Ce ne sont pas les meilleurs moyens de trouver un emploi car la plupart des gens les utilisent et ceux qui font «comme tout le monde» ont peu de chances de se faire remarquer.

Sandra vint me trouver pour apprendre expressément comment se présenter à d'éventuels employeurs et obtenir la situation. Elle me raconta une longue et triste histoire : elle avait envoyé des centaines de curriculum vitae, avait pu obtenir quelques entrevues d'où il n'était rien sorti. Elle aurait aimé les «public relations» mais elle ne savait absolument pas comment se bien placer sur le marché du travail.

Je lui expliquai que la recherche d'un emploi demandait un certain art, tout comme l'exécution du travail une fois qu'on était embauché. Je l'encourageai à abandonner ses idées traditionnelles sur la question et à réviser ses objectifs ainsi que la façon de se comporter pour les atteindre. Elle me prévint, en novembre, d'une situation qui allait être créée à la fin mars ; il s'agissait d'être directrice des Relations publiques dans un grand magasin important mais elle me dit qu'elle ne pouvait se présenter maintenant car le directeur actuel ne prendrait pas sa retraite avant février et elle ne voulait pas l'offenser. Je la pressai de jeter au panier cette attitude de dame bien élevée, de commencer à penser à ses propres intérêts et à jauger la situation. Aussi Sandra accepta-t-elle de prendre son premier risque la seconde semaine de notre travail ensemble ; elle alla au magasin pour parler de sa candidature au directeur des «public relations».

Il fut surpris et ne lui offrit aucun encouragement. Sandra me confia au cours de la séance de thérapie qui suivit qu'elle craignait d'avoir compromis ses chances en se montrant trop arriviste. Il n'en fut rien. Le prochain rendez-vous fut pris avec le directeur du personnel ; elle remplit la demande d'emploi en signalant bien qu'elle n'était pas seulement intéressée par le job mais absolument déterminée à l'avoir. La démarche finale de cette originale recherche d'emploi fut une lettre au président de la société, précisant non pas ses qualifications mais les idées qu'elle avait pour améliorer l'image de marque du magasin dans le quartier, et sa résolution de constituer un dossier avec un programme d'activités dynamiques dans le domaine des relations publiques pour l'année suivante.

Non seulement Sandra obtint cette situation mais elle fut gratifiée d'un salaire qui surpassa ses prévisions les plus optimistes. Elle avait fait ses preuves en abandonnant la méthode «orthodoxe» et en la remplaçant par le comportement créatif, personnalisé, qui est bien plus fécond.

• *Un autre choix que celui qui consiste à être un employé.*

Il y a mille façons autres pour gagner sa vie que d'être employé par une personne ou par une firme. On a du mal à trouver du travail parce qu'on a peu d'idées originales sur la question. Si vous avez toujours travaillé pour toucher un salaire, vous devriez peut-être envisager de nouveaux gagne-pain surtout si cela vous est désagréable de vous laisser manipuler par vos employeurs ou d'avoir à suivre un horaire imposé par d'autres. Débarrassez-vous donc de vos habitudes de pensée stéréotypées ; faites une liste des autres possibilités ; évaluez les chances ; choisissez ce qui vous paraît le plus intéressant à risquer et *faites-le*, au lieu de faire des discours sur «Que se passera-t-il si» «peut-être» «je ne suis pas sûr(e)». Qui peut être sûr de quoi que ce soit avant de l'expérimenter. Mais si vous êtes *persuadé* que vous ne pouvez pas le faire, n'y pensez plus car votre conviction intime sera plus forte que la réalité.

La technique la plus efficace pour ne plus être victime de cette recherche d'emploi est de devenir votre propre expert en maketing pour votre idée. Empaquetez-la votre idée et vendez-la à n'importe qui, si vous êtes capable de démontrer qu'elle est valable. Ou bien convertissez votre travail journalier en vocation.

• *Faites de votre violon d'Ingres votre gagne-pain.*
Voici plusieurs exemples d'idées créatives pour gagner sa vie en étant son propre maître.

• Marilyn s'intéressait au macramé. Elle en faisait pour son plaisir, jusqu'au jour où elle s'aperçut qu'elle pouvait en tirer un bénéfice. Ses amies voulaient qu'elle leur en fît et étaient disposées à la payer. Au bout d'un an, elle avait converti ce passe-temps en une affaire rentable et en tira un revenu intéressant.

• Louise avait des dons artistiques et s'amusait à peindre des T-shirts. Ses amis passaient leur temps à lui en réclamer pour des anniversaires, des occasions mondaines etc. Elle décida de convertir ce violon d'Ingres en affaire commerciale. Ses amis se chargèrent de lui obtenir des commandes. En six mois elle se faisait déjà 2,000 dollars par mois à peindre des T-shirts. Elle a laissé son emploi de caissière, triplé son revenu et elle s'amuse follement par dessus le marché.

• Joel était un fanatique de tennis qui jouait dès que son travail à l'usine — travail qu'il détestait — lui en laissait le loisir. Au fur et à mesure qu'il devint meilleur joueur, il commença à donner des leçons à ses amis. Puis, sur le conseil de son entraîneur, il fit savoir qu'il organiserait un cours le samedi matin. Au bout de trois mois, il fonda sa propre affaire et abandonna son usine. Sa clientèle se monte, à présent, à des centaines d'élèves. Il aime son travail quotidien qui lui permet de concilier un sport qui lui plaît et ses intérêts financiers. Il a doublé son revenu en un an.

• Ben revint infirme de la seconde guerre mondiale. Il était cloué au lit mais décida qu'il n'allait pas passer le reste de ses jours à se prendre en pitié. Il commença sa propre agence de coupures de presse en s'abonnant à une vingtaine de journaux, découpant les articles qui l'intéressaient et les envoya aux personnes, sociétés etc. qui étaient mentionnées dedans, en leur demandant un petit paiement si cela les intéressait. Il se fit des clients réguliers et, avant longtemps, se trouva à la tête d'une importante entreprise qu'il dirige de son lit. Il est devenu millionnaire en affrontant l'adversité avec toutes ses capacités créatives et en se donnant un gagne-pain intéressant.

• Sarah, une violoniste, ne trouvait pas de travail ; elle était totalement fauchée et désespérée. Elle eut l'idée de s'installer à côté d'un théâtre, situé au sud de Central Park à New York, et de jouer de la très belle musique pour les gens qui entraient dans le théâtre ou en sortaient ou pour ceux qui faisaient la queue afin de prendre leurs billets. Il lui tomba plus d'argent en quinze jours dans son étui à violon qu'elle n'en avait gagné au cours des six derniers mois, un exemple de plus des heureux résultats

332

qu'on peut obtenir grâce à un peu d'imagination au lieu de ruminer sa rancœur et sa déception.

Si vous avez un tempérament qui voit tout en noir, vous allez penser que ces exemples sont bien beaux pour autrui mais qu'en votre cas cela ne marcherait jamais. Mais *n'importe quoi* peut tourner favorablement pour vous si vous consentez à prendre des risques, à surmonter votre manque de confiance en vous et à *agir*. Si vous croyez que vous avez besoin d'autorisations spéciales pour faire ce dont vous avez envie ou qu'il y a trop d'obstacles, exercez votre créativité afin de disposer d'une plus large perspective. Il y a toujours des exceptions aux lois qui régissent le marché du travail. Quelques unes des personnes les plus influentes dans le domaine de la psychologie n'y étaient pas préparées par une formation spécialisée. Parmi nos contemporains je citerai Gail Sheehy qui écrivit un bestseller sur les possibilités de progresser à l'âge adulte en se basant sur son expérience de journaliste et Werner Erhard, le fondateur et le dirigeant du mouvement «est» en Amérique. Dans d'autres domaines les exemples sont légion de personnes ayant réussi dans des terrains où elles arrivaient sans connaissances préalables. Ainsi Larry O'Brian, président en titre du Parti Démocrate, est devenu commissionnaire du National Basketball Association ; on voit également des professeurs de physique devenir des auteurs de romans à succès ; des avocats devenir des annonceurs de la radio. Si vous désirez travailler à une entreprise quelconque en refusant de suivre la méthode de tout le monde — la façon que vous êtes «censé» imiter parce qu'on «a toujours fait comme ça» — et en persévérant tranquillement dans *votre voie*, convaincu que vous réussirez, je vous assure la victoire. Sinon vous serez cloué sur place et vous défendrez votre condition de victime en alléguant qu'il n'y avait rien d'autre à faire.

- *Dans les démêlés avec l'administration universitaire.*

Gordon s'était vu frapper d'une amende de vingt-cinq dollars par son université pour s'être inscrit trop tard. Plutôt que de la payer, il a eu recours à un procédé astucieux ; il a fait écrire par le chef de son département une lettre indiquant qu'il n'y avait pas eu erreur de sa part dans cette inscription tardive et demandant de ce fait suppression de l'amende, ce qui fut obtenu illico.

- *Pour combattre les méfaits des ordinateurs.*

Nick s'était vu voler dans sa chambre de motel pour une valeur de deux cents dollars en chèques de voyage. Il les avait pris trois ans au auparavant dans une banque allemande ; il ne connaissait pas les numéros des chèques volés et il ne savait plus dans quelle banque exactement il se les était procurés. Il écrivit donc à la compagnie en question et reçut en réponse une lettre écrite par ordinateur l'informant que, s'il ne fournissait pas les numéros, il ne pourrait se faire rembourser. Visiblement « l'ordinateur » n'avait pas lu la lettre très attentivement. Aussi s'empressa-t-il d'écrire au président de la compagnie en lui expliquant à nouveau les conditions très particulières dans lesquelles il se trouvait en faisant clairement comprendre qu'il n'entendait pas recevoir une lettre toute faite disant que « la compagnie était au grand regret de l'informer que... » Si le président ne s'occupait pas personnellement de son cas, il se verrait dans l'obligation d'avoir recours à son avocat qui réclamerait des dommages et intérêts. La semaine suivante, Nick reçut un chèque de deux cents dollars accompagné d'une lettre d'excuses. Il obtint donc son dû parce qu'il refusait d'être la victime d'une lettre standard et qu'il était prêt à réagir.

- *Quand on est condamné à perdre une journée entière pour une histoire de contravention.*

Eugène fut forcé de perdre une journée à attendre interminablement, dans la bousculade, exposé aux impolitesses des «fonctionnaires», de passer en première instance pour une condamnation qu'il jugeait injustifiée. «Comment est-ce que je pourrais en tirer quelque chose de positif ?» se demandait-il. Tout à coup il lui vint une idée sensationnelle : il allait écrire le récit de cette fâcheuse expérience avec toutes les précisions nécessaires et il tenterait de le faire paraître dans un journal. Un magazine national le lui acheta pour quinze cents dollars et c'est ainsi que parut en trois épisodes ce compte-rendu de sa journée gâchée. En outre il fut contacté par des maisons d'édition et entraîné à partir de ce jour à faire du journalisme indépendant. Pour avoir manifesté son esprit créatif et ne pas s'être laissé abattre par ses démêlés avec la justice. Eugène remporta une fameuse victoire !

- *Une longue attente à l'aéroport.*

Quand Wesley arriva à l'aéroport, il fut averti que tous les vols étaient interrompus pendant les six heures qui suivaient. En observant les réactions des voyageurs autour de lui, il remarqua qu'ils avaient l'air extrêmement contrarié par cette tempête de neige qui perturbait leur programme et qu'ils se lamentaient de concert. Il décida de tirer le meilleur parti possible de ce contre-temps plutôt que de se laisser abattre. Il fallait qu'il restât là jusqu'au lendemain matin puisqu'il avait rendez-vous ce jour-là dans une autre ville. Il aperçut une femme, avec qui il aurait plaisir à passer un moment, et il osa se présenter à cette Penny qui était dans le même cas que lui. Ils dînèrent ensemble au restaurant de l'aéroport et passèrent les heures qui suivirent à se promener dans tout l'aéroport. Ce fut pour lui une occasion merveilleuse ; en fait Penny et lui devinrent très intimes et, trois ans plus tard, ils se voyaient encore le plus souvent possible.

Presque tous les autres voyageurs avaient choisi la mauvaise humeur, la déception de voir s'envoler leurs projets, mais lui, Wesley, en avait profité pour se créer de nouveaux liens qui allaient embellir sa vie après lui avoir procuré de merveilleux moments à l'aéroport.

- *À propos de sujets sans intérêt mis au programme de l'année universitaire.*

Elizabeth est une étudiante qui a réalisé depuis peu que les questions au programme ne présentaient pas le moindre intérêt. Elle se voyait contrainte d'étudier des sujets qui l'ennuyait et de faire les recherches demandées par les professeurs au lieu de se préparer par des travaux appropriés à atteindre son objectif personnel qui était de devenir océanographe. Elle décida, après consultation d'un thérapiste compétent, de ne plus accepter cette routine qui lui pesait. Au début du second semestre, elle prit rendez-vous avec chacun de ses professeurs et leur proposa d'autres sujets d'étude qui pouvaient entrer dans le programme de l'année. Elle fut stupéfaite de recevoir l'approbation de quatre professeurs sur cinq ; ils étaient tout à fait disposés à lui laisser faire ces travaux personnalisés qu'elle suggérait. C'est ainsi qu'elle passa le semestre entier à faire ce qui la passionnait et qui convenait à l'avenir professionnel qu'elle s'était choisi ; cela lui valut en plus l'estime de ses maîtres.

- *Un juste partage au restaurant.*

Andrew et Barbara dînaient au restaurant avec un

336

couple qui, pour la première fois, passait la soirée avec eux. Le couple en question commanda force apéritifs et boissons pendant le repas ainsi que les digestifs dépensant ainsi, quarante dollars uniquement en consommations prises au bar ; puis ils choisirent les plats les plus dispendieux sur la carte. Andrew et son épouse ne buvant pas choisirent des plats moins chers. Quand le dîner fut achevé, l'autre couple leur dit d'un ton dégagé (ainsi qu'on le fait généralement) «Nous devons en tout 104 dollars plus le pourboire ; partageons en deux, cela fera 60 dollars par couple.»

Andrew et Barbara n'avaient jamais protesté depuis des années devant ce genre de partage, gênés à l'idée de faire remarquer l'injustice de cette répartition ; mais, cette fois, Barbara fit remarquer simplement : «nous avons dépensé pour trente dollars et c'est ce que nous paierons. Pour vous ce sera quatre-vingt-dix.» Les autres furent stupéfaits mais ne protestèrent pas. En fait, ils convinrent rapidement que c'était plus juste ainsi.

• *L'achat d'un produit de mauvaise qualité.*

Kay avait acheté un paquet de cigarettes qui contenait du tabac d'une consistance dure et qui avait une très mauvaise odeur. Elle ne put les fumer, aussi écrivit-elle à la compagnie pour se plaindre de la mauvaise qualité de leurs cigarettes. Au bout de dix jours, elle en obtint le remboursement plus trois cartouches et une lettre d'excuses.

• *Garder sa créativité au sein des plus dures circonstances.*

Dans son roman : «Un jour dans la Vie d'Ivan Denissovitch», Alexandre Soljenitsyne conduit le lecteur dans un camp de travail forcé en Sibérie et raconte une journée de son héros qui doit chercher à survivre au milieu des plus incompréhensibles atrocités imposées aux hommes dans ce camp de concentration glacé. L'attitude d'Ivan Choukhov manifeste la plus haute créativité qui puisse exister dans les circonstances aussi épouvantables qu'il lui est donné de vivre. Le livre se clôt sur ce passage :

Choukhov s'endort, pleinement contenté. Il a eu bien de la chance aujourd'hui : on ne l'a pas flanqué au cachot ; on n'a pas collé la brigade à la «Cité socialiste». Il s'est organisé une portion de *kacha* supplémentaire au déjeûner ; le chef de brigade s'est bien débrouillé pour le décompte du travail ; Choukhov a monté son mur avec entrain ; il ne s'est pas fait piquer avec son égoïne à la fouille ; il s'est fait des suppléments avec César et il a acheté du tabac. Et, finalement, il a été le plus fort, il a résisté à la maladie.

Une journée a passé, sur quoi rien n'est venu jeter une ombre, une journée presque heureuse.

De ces journées, durant son temps, de bout en bout, il y en eut trois mille six cent cinquante-trois. Les trois en plus, à cause des années bissextiles...

La survie dans ces camps de travail forcé dépendait de la créativité avec laquelle on abordait chaque moment. Il fallait aussi prendre chacun de ces moments tel qu'il était, sans porter un jugement sur la vie qu'on menait, sans se prendre en pitié, sans se laisser aller.

Les récits des êtres qui ont survécu à ces affreuses expériences, imposées à tant de créatures humaines par des tyrans, sont presque tous de la même veine. Qu'il s'agisse de prisonniers de guerre, des survivants de l'univers concentrationnaire nazi ou de Papillon décrivant ce qu'il a vécu à l'île du Diable, tous parlent de la façon dont, moment après moment, ils ont fait montre de créativité pour se débrouiller. Consacrer le meilleur de soi-même au moment présent et refuser de s'abandonner à ses états d'âmes semblent les conditions de base de la survie, à la fois dans les camps et, de manière incomparablement moins difficile, dans la vie quotidienne, où l'on est le plus souvent prisonnier de soi-même.

EN RÉSUMÉ

Vous serez ce que vous aurez choisi d'être dans chaque situation de votre existence. Vous avez la capacité de faire des choix sains en adoptant une attitude pleinement créative, en essayant de tirer parti des contre-temps, en progressant grâce aux expériences de toutes sortes que vous saurez tenter, en ayant une plus grande confiance en vous-même ; vous constaterez que votre vie évoluera favorablement. Vivez en plénitude les courts instants que vous avez à passer sur cette terre ; vous aurez l'éternité pour expérimenter l'autre face de la réalité, une fois le seuil franchi.

Chapitre 10

Victime ou vainqueur ?

Profil de votre comportement actuel sur la base de cent situations-types.

Une victime-type se comporte de manière typique.

Maintenant que vous avez assimilé la philosophie et les conseils pour la mettre en pratique, dans ce domaine de la lutte pour se libérer des brimades et manipulations qui font de nous des victimes ; maintenant que, plein d'espoir, vous cherchez à vous exercer à cette nouvelle liberté en modifiant vos vieilles habitudes ; voici l'occasion de tester si vous choisissez de façon typique d'être ou n'être pas une victime. Le questionnaire ci-dessous vous y aidera. C'est une liste de cent situations courantes dans la vie dont on peut sortir victime ou vainqueur. Vous noterez les deux types de réactions : L'une, réaction de victime, l'autre de vainqueur ou du moins de contre-victime. Notez à chaque fois quelle réponse correspond à votre réaction courante ou à celle que vous auriez en pareille situation.

Cette liste ne permet pas une évaluation précise mais elle sera pour vous un moyen utile pour vous aider *à vous noter vous-même* ; vous serez mieux à même de vous juger tel que vous êtes pour le moment et d'observer vos progrès éventuels. Elle vous fournira les exemples des attitudes de victimes que vous refuserez dorénavant d'adopter. Tant pis ! si vous ne répondez pas de façon absolument correcte ; notez ce qui est dit de la situation et sentez à peu près la façon dont vous réagiriez. Si l'une de ces situations vous paraît hautement improbable dans votre vie, tâchez de deviner comment vous l'aborderiez. Si vous vous laissez obnubiler par le test et le sens littéral des questions et réponses, vous ne pourrez y faire preuve de votre esprit créatif. Faites-en plutôt un jeu.

VOTRE PROFIT PSYCHOLOGIQUE ACTUEL, VICTIME OU NON ?

1) Vous prenez votre repas au restaurant ; la qualité de la nourriture est médiocre selon vous et le service déficient.

   Réaction de la victime
   ____ Vous donnez au garçon ses quinze pour cent de pourboire et vous grognez intérieurement contre ce repas de mauvaise qualité en sortant du restaurant.

   Réaction de la contre victime
   ____ Vous ne laissez aucun pourboire et vous signalez à la direction les raisons de votre mécontentement.

2) Un membre de votre famille (belle-mère, fils, etc.) demande à vous parler au téléphone à un moment où vous avez un travail fou et n'avez aucune envie de vous déranger.

Réaction de la victime
____ Vous vous entretenez avec la personne en question à la hâte et de mauvaise humeur.

Réaction de la contre victime
____ Vous dites à votre interlocuteur que vous avez trop de travail et n'avez pas le temps de lui parler pour le moment.

3) Le téléphone sonne pendant que vous êtes en train de faire l'amour ou autre affaire pressante.

Réaction de la victime
____ Vous vous interrompez pour aller répondre.

Réaction de la contre victime
____ Vous laissez sonner sans vous déranger.

4) Votre conjoint (ou partenaire) modifie ses projets, ce qui suscite pour vous des difficultés d'emploi du temps.

Réaction de la victime
____ Vous changez vos plans personnels, ce qui vous ennuie.

Réaction de la contre victime
____ Vous restez fidèle au projet initial sans vous tourmenter de ce qu'en pensera l'autre.

5) Au cours d'un repas, vous vous sentez rassasié(e) en n'ayant consommé que le tiers de la portion qui vous a été servie.

Réaction de la victime

____ Vous finissez de manger ce qu'il y a dans votre assiette et vous vous levez de table en vous sentant désagréablement bourré.

Réaction de la contre victime

____ Vous cessez de manger dès que vous n'en avez plus envie.

6) Quelqu'un à la maison a perdu un objet et vous incrimine.

Réaction de la victime

____ Vous vous improvisez détective et passez votre temps libre à chercher désespérément un objet qui ne vous appartient pas.

Réaction de la contre victime

____ Vous faites ce que vous avez à faire sans vous préoccuper du blâme dont vous avez été l'objet et qui avait pour vue de vous manipuler.

7) Vous aimeriez aller à une réception seul(e).

Réaction de la victime

____ Vous demandez la permission d'y aller et abandonnez ainsi la décision à quelqu'un d'autre.

Réaction de la contre victime

____ Vous prévenez la famille que vous sortez, et si cela est nécessaire, vous précisez que *vous irez seul(e)*.

8) Vous remarquez que quelqu'un veut vous faire partager ses idées noires.

Réaction de la victime
_____ Vous écoutez patiemment les doléances et sans doute finissez-vous par vous sentir aussi démoralisé que votre interlocuteur.

Réaction de la contre victime
_____ Vous vous excusez et prenez congé ou vous prévenez que vous n'êtes pas disposé(e) à entendre des choses tristes pour l'instant.

9) Un membre de la famille se plaint qu'on ne lui ait pas lavé ses affaires.

Réaction de la victime
_____ Vous vous excusez et proposez de le faire tout de suite.

Réaction de la contre victime
_____ Vous proposez au plaignant de lui apprendre à faire marcher la machine à laver et le laissez se débrouiller tout seul ou bien vous ne faites pas attention à ses protestations et lui laissez ainsi la responsabilité de ses propres affaires.

10) Vous êtes terriblement pressé(e) et vous voyez une longue queue à la caisse du magasin d'épicerie.

Réaction de la victime
_____ Vous faites la queue en fulminant contre la mauvaise organisation du magasin et le temps précieux que vous perdez ainsi.

Réaction de la contre victime

_____ Vous réclamez que le patron se mette aussi à servir ou qu'il s'occupe de vous personnellement.

11) Vous arrivez à un restaurant qui indique dix heures du soir comme heure de fermeture. Or il est neuf heures et demie et la porte est fermée à clef quoique les serveurs soient encore là.

Réaction de la victime

_____ Vous partez déçu car vous avez été trompé par l'heure indiquée.

Réaction de la contre victime

_____ Vous demandez avec insistance à ce que les serveurs viennent à la porte ; vous leur dites poliment que vous êtes un client qui paie et donc qui exige d'être servi. Si on ne veut pas vous servir, vous vous plaignez à la direction.

12) La machine à air conditionné du motel est détraquée et vous êtes mal à votre aise.

Réaction de la victime

_____ Vous ne dites rien de peur de déranger.

Réaction de la contre victime

_____ Vous réclamez qu'il soit réparé au plus vite ou vous demandez à changer de chambre.

13) Au cours d'une entrevue pour être admis dans une entreprise, on vous pose une série de questions indiscrètes.

Réaction de la victime

_____ Vous vous tortillez, vous vous excusez, vous prenez un air effrayé et vous présentez des excuses pour votre nervosité.

Réaction de la contre victime

_____ Vous répondez librement et faites remarquer les efforts qu'on fait pour vous gêner : « Vous me posez cette question pour voir ma réaction, non parce que vous vous intéressez à ma réponse. Je ne peux pas répondre à ce genre d'inquisition. »

14) Votre médecin vous informe que vous ne pourrez éviter une intervention chirurgicale ; vous avez certaines appréhensions et n'êtes pas sûr(e) du diagnostic.

Réaction de la victime

_____ Vous « obéissez » bien gentiment et allez-vous faire ouvrir le ventre.

Réaction de la contre victime

_____ Vous allez consulter un ou deux autres spécialistes avant de consentir à une opération. Vous informez votre docteur que vous ne paierez pas au-dessus du prix standard.

15) Vous estimez mériter une promotion ou une hausse de salaire.

Réaction de la victime

_____ Vous attendez que votre patron ait la même idée.

347

Réaction de la contre victime
_____ Vous demandez ce que vous pensez devoir vous revenir de droit, en donnant vos raisons, sans vous troubler ni vous excuser.

16) Un parent éloigné vient de mourir et vous ne voulez pas assister à l'enterrement.

Réaction de la victime
_____ Vous y allez tout de même en vous forçant et regrettez de passer ainsi votre temps.

Réaction de la contre victime
_____ Vous n'y allez pas.

17) Quelqu'un, que vous n'aimez pas embrasser, colle son visage contre le vôtre en vous disant bonjour et attend à ce que vous l'embrassiez.

Réaction de la victime
_____ Vous donnez le baiser attendu sans le moindre plaisir.

Réaction de la contre victime
_____ Vous tendez la main et refusez de l'embrasser.

18) Toute la famille a faim et réclame son repas, bien que vous n'ayez ni faim ni envie de faire la cuisine.

Réaction de la victime
_____ Vous vous forcez tout de même à préparer le repas en pestant contre eux.

Réaction de la contre victime

_____ Vous annoncez que vous ne ferez pas la cuisine ce soir et vous tenez parole, permettant aux autres de faire quelque chose d'autre pour dîner.

19) On vous demande de vous charger de l'organisation d'une réception au bureau, alors que vous n'en avez pas la moindre envie.

Réaction de la victime

_____ Vous acceptez tout en pensant que c'est toujours vous qui êtes chargé(e) des besognes ingrates.

Réaction de la contre victime

_____ Vous dites que vous ne voulez pas être chargé de l'organisation de cette soirée.

20) Vous êtes invité(e) à une soirée où tout le monde sera habillé et vous, vous n'avez pas envie de vous mettre en grand tralala.

Réaction de la victime

_____ Vous mettez vos plus beaux atours et vous sentez déguisé(e) ; vous êtes mécontent(e) et votre plaisir est gâché.

Réaction de la contre victime

_____ Vous portez des habits de tous les jours ou vous renoncez à y aller.

21) Votre maison est encombrée par un affreux désordre laissé par les autres membres de la famille.

Réaction de la victime

_____ Vous faites le tour de toutes les pièces et rangez consciencieusement.

Réaction de la contre victime

_____ Vous annoncez que vous n'êtes pas là pour faire le chiffonnier et vous laissez tout en l'air.

22) Vous n'avez pas envie de faire l'amour mais votre partenaire le désire bien qu'une heure auparavant il (ou elle) ait été pénible avec vous.

Réaction de la victime

_____ Vous acceptez et vous ne vous sentez pas libre.

Réaction de la contre victime

_____ Vous avertissez votre partenaire que vous ne voulez pas faire l'amour quand on a été désagréable avec vous et vous refusez purement et simplement.

23) Quelqu'un profère des obscénités en votre présence.

Réaction de la victime

_____ Vous vous fâchez et vous sentez offusqué(e).

Réaction de la contre victime

_____ Vous faites semblant de ne pas entendre, refusant de vous laisser troubler par le comportement d'autrui.

24) Vous devez aller aux toilettes pendant une soirée et tout le monde peut vous entendre.

Réaction de la victime

_____ Vous n'y allez pas parce que cela vous gêne qu'on puisse vous entendre.

Réaction de la contre victime

_____ Vous y allez sans vous soucier de ce que les autres penseront de vous. Vous reconnaissez que les toilettes ont été créées pour cet usage, vous êtes un humain et avec les besoins correspondants sans en ressentir la moindre honte.

25) Vous êtes soumis à des règles ridicules mais qui ne font de mal à personne, comme de porter des vêtements blancs sur un court de tennis ou vous êtes tenu de vous conformer à des traditions comme de vous asseoir du côté du marié à l'église si vous êtes de sa famille ou de ses relations.

Réaction de la victime

_____ Vous faites des chichis ; vous vous emportez ; vous vous plaignez et finissez par vous y conformer parce qu'il n'y a guère le choix.

Réaction de la contre victime

_____ Vous haussez les épaules et vous faites à votre guise en étant discrètement efficace.

26) Un chauffeur de camion vous fait une queue de poisson sur l'autoroute.

Réaction de la victime

_____ Vous ragez, tempêtez et tentez de lui rendre la pareille.

Réaction de la contre victime

_____ Vous ne vous en occupez pas et vous vous rappelez que ce n'est pas en vous mettant en colère que vous changerez quoi que ce soit au comportement d'un chauffard.

27) Un collègue vous demande de terminer un travail que vous ne voulez pas faire et qui n'est pas dans vos attributions.

Réaction de la victime
_____ Vous le faites tout de même et en voulez à l'autre de vous avoir ainsi manipulé.

Réaction de la contre victime
_____ Vous dites non sans donner de raisons.

28) Vous découvrez qu'on vous a fait trop payer dans un magasin.

Réaction de la victime
_____ Vous ne dites rien car vous ne voulez pas faire de tapage et craignez de vous faire remarquer.

Réaction de la contre victime
_____ Vous faites remarquer qu'on vous a fait trop payer et vous demandez qu'on fasse la rectification nécessaire.

29) Vous descendez dans un hôtel et le réceptionniste donne la clé de votre chambre à un chasseur pour qu'il vous accompagne ; il faudra lui donner un pourboire alors que vous n'avez pas besoin de ses services.

Réaction de la victime
_____ Vous ne dites rien et le laissez vous accompagner parce que cela vous gêne de protester.

Réaction de la contre victime

_____ Vous lui dites que vous n'avez pas besoin de lui mais s'il vient tout de même vous ne lui donnez aucun pourboire.

30) Vos enfants voudraient que vous les emmeniez en auto chez leurs amis ; ils attendent que vous renonciez à vos propres projets pour faire le chauffeur.

Réaction de la victime

_____ Vous changez votre programme et vous les conduisez chez leurs amis.

Réaction de la contre victime

_____ Vous leur dites qu'ils devront trouver un autre moyen pour se rendre chez leurs amis car vous avez des choses importantes à faire de votre côté.

31) Vous êtes la proie d'un représentant de commerce particulièrement bavard.

Réaction de la victime

_____ Vous restez assis à écouter patiemment en attendant qu'il s'en aille.

Réaction de la contre victime

_____ Vous l'interrompez en disant que cela ne vous intéresse pas. Et vous le mettez à la porte s'il fait mine d'insister.

32) Vous donnez une réception et vous avez trois jours devant vous pour la préparer.

Réaction de la victime

_____ Vous passez tout votre temps à arranger, préparer, et vous demander avec inquiétude si tout ira bien.

Réaction de la contre victime

_____ Vous faites le minimum d'arrangements nécessaire et vous laissez les choses aller comme cela pourra, sans vous fatiguer à faire des nettoyages à fond et des préparatifs superflus, en toute décontraction.

33) Quelqu'un critique votre travail.

Réaction de la victime

_____ Vous devenez nerveux(se), vous vous lancez dans un tas d'explications.

Réaction de la contre victime

_____ Vous ignorez la critique ou vous l'acceptez sans éprouver le besoin de vous défendre.

34) Quelqu'un fume à côté de vous ; cela vous incommode et vous ennuie.

Réaction de la victime

_____ Vous supportez en silence.

Réaction de la contre victime

_____ Vous priez poliment la personne en question de ne plus fumer. S'il n'en fait rien, vous vous en allez ou vous lui demandez de partir.

35) On vous apporte au restaurant un steack trop cuit alors que vous l'aviez commandé saignant.

Réaction de la victime

_____ Vous le mangez comme il est pour ne pas faire de complication.

Réaction de la contre victime

____ Vous le renvoyez en indiquant qu'on vous en apporte un, *saignant*.

36) Quelqu'un vous bouscule pour passer avant vous dans une queue.

Réaction de la victime

____ Vous ne protestez pas et le laisser passer mais vous êtes furieux.

Réaction de la contre victime

____ Vous lui dites que vous ne laissez pas passer les gens devant vous.

37) Quelqu'un vous a emprunté de l'argent et a négligé de vous le rendre.

Réaction de la victime

____ Vous êtes mécontent de ce comportement mais vous ne dites rien.

Réaction de la contre victime

____ Vous avertissez avec fermeté votre emprunteur que vous attendez qu'il vous rende l'argent tout de suite.

38) Vous ne connaissez personne dans une soirée.

Réaction de la victime

____ Vous restez dans votre coin en espérant que quelqu'un vous invitera à participer à la conversation.

Réaction de la contre victime

____ Vous abordez les gens, vous vous présentez et vous évitez ainsi l'ennui de vous sentir à l'écart.

39) Vous vous êtes mis(e) au régime et un ami bien intentionné insiste pour que vous preniez d'un dessert qui a été fait spécialement pour vous. Ou bien vous ne voulez plus boire de l'alcool et quelqu'un veut absolument vous offrir un verre.

Réaction de la victime
_____ Vous acceptez le dessert ou le verre parce que vous ne voulez pas faire de peine à votre ami.

Réaction de la contre victime
_____ Vous refusez l'un ou l'autre en expliquant à votre ami que vous appréciez sa gentillesse mais que vous voulez observer fidèlement votre régime.

40) Vous êtes abordé(e) par un type bizarre qui veut vous caser un objet ou vous expliquer son point de vue.

Réaction de la victime
_____ Vous le laissez vous retenir en espérant qu'il en aura bientôt fini ou vous lui achetez son produit pour pouvoir le planter-là.

Réaction de la contre victime
_____ Vous tournez les talons sans un mot d'explication.

41) Quelqu'un vous demande de lui faire des excuses pour quelque chose dont vous ne vous sentez aucun remords.

Réaction de la victime
_____ Vous obtempérez, demandez pardon et permettez ainsi qu'on vous manipule.

Réaction de la contre victime
_____ Vous dites ce que vous pensez puis vous ne vous en occupez plus plutôt que de vous tourmenter parce que quelqu'un ne veut pas comprendre votre point de vue.

42) Un agent immobilier vous poursuit pour vous montrer une propriété qui ne vous intéresse absolument pas.

Réaction de la victime
_____ Vous allez tout de même la visiter parce que vous vous sentez des obligations envers quelqu'un qui s'est donné toute cette peine.

Réaction de la contre victime
_____ Vous dites carrément que vous n'avez aucune envie de voir des propriétés quelles qu'elles soient et que vous refusez d'être soumis(e) à cette sorte de pression.

43) Vous commandez un jus de fruit dans un restaurant et on vous apporte un verre plein aux trois quarts de glaçons et d'un quart de jus de fruit.

Réaction de la victime
_____ Vous payez sans rien dire.

Réaction de la contre victime
_____ Vous faites remarquer poliment à la serveuse que vous désirez un petit peu de glaçons et un verre plein de jus de fruit puisque c'est ce que vous avez demandé.

44) Quelqu'un vous dit : «Vous ne me faites pas confiance, vous devez croire que je vous tromperai !»

Réaction de la victime

_____ Vous niez que vous n'ayez pas confiance en lui (ou elle) et vous vous laissez manipuler par ce prétendu «froissement».

Réaction de la contre victime

_____ Vous ditez qu'en effet on a toujours des chances de se faire «avoir» quand on fait des affaires avec quelqu'un et que vous vous méfiez. Si la personne en question ne peut supporter cette méfiance, mieux vaut que vous fassiez affaire avec quelqu'un d'autre.

45) Votre docteur vous dit de revenir le voir pour une seconde visite à cause d'un petit problème. Vous n'avez pas envie de payer une seconde consultation et vous vous sentez tout à fait bien.

Réaction de la victime

_____ Vous retournez le voir comme il l'a demandé, confirmant que tout va bien et vous réglez les honoraires de cette consultation inutile.

Réaction de la contre victime

_____ Vous ne retournez voir votre médecin que si le besoin s'en fait sentir. Vous faites confiance en votre propre diagnostic surtout s'il s'agit de problèmes de santé mineurs et vous savez que la seconde visite répond plus à une habitude qu'à une nécessité.

46) Vous suivez des séances de thérapie mais vous voulez arrêter parce que vous n'en ressentez plus le besoin.

Réaction de la victime

_____ Vous estimez que vous devez une explication à votre thérapeute ; vous passez plusieurs séances à lui parler de cela et avez, de ce fait, à payer ce rituel de fin de thérapie. Vous êtes entraîné(e) à prolonger vainement les choses ; chaque fois il vous semble donner une raison valable mais il, vous contre en disant : « Vous devez être en colère, cela prouve que vous n'êtes pas encore mûr(e) pour arrêter votre thérapie. » En discutant ainsi vous serez toujours vaincu(e).

Réaction de la contre victime

_____ Vous téléphonez à votre thérapeute et lui annoncez que vous arrêtez les séances mais que vous aimeriez revenir à une date ultérieure si besoin est. Vous refusez de le payer pour qu'il vous annonce que vous en avez terminé avec lui et vous réalisez que vous n'êtes absolument pas en dette avec lui.

47) Vous sollicitez un prêt bancaire et le responsable vous traite de haut ; il cherche à vous en imposer.

Réaction de la victime

_____ Vous dites beaucoup de « Mais oui monsieur, bien sûr » ; vous avez l'attitude de quelqu'un qui mendie une aumône et qui est dans une situation d'infériorité.

Réaction de la contre victime

_____ Vous réclamez immédiatement un rendez-vous avec une autre personne de la banque et vous lui dites que vous ne tolèrerez aucune manœuvre d'intimidation.

48) Le docteur vous a donné une ordonnance mais vous ne savez à l'avance ni le prix ni la composition des médicaments prescrits.

Réaction de la victime

_____ Vous prenez ce que le pharmacien vous donne sans rien dire et vous payez le prix qu'il vous demande.

Réaction de la contre victime

_____ Vous demandez les renseignements nécessaires à la fois au médecin et au pharmacien avant de remettre l'ordonnance. Si le premier pharmacien à qui vous vous adressez vous paraît demander trop cher, vous allez en trouver un autre ou plusieurs autres et vous comparez les prix avant de décider chez qui vous irez. Si la composition de ces médicaments ne vous agrée pas, vous demandez au médecin d'indiquer par écrit la composition, pourquoi il vous le prescrit et les résultats qu'il en escompte.

49) Vous constatez au retour du magasin que le vêtement que vous y avez acheté ne vous convient pas.

Réaction de la victime

____ Vous n'allez pas le rendre ou si vous y allez, vous vous faites rembarrer par le vendeur qui ne veut pas le reprendre, donc vous revenez sans avoir obtenu satisfaction.

Réaction de la contre victime

____ Vous allez le rendre et vous exigez qu'on vous rembourse. Si on vous envoie promener, vous allez jusqu'au président de la société s'il le faut.

50) Vous êtes invité à une cérémonie où vous n'avez pas envie d'aller et on s'attend à ce que vous achetiez un cadeau pour la circonstance, même si vous n'y allez pas.

Réaction de la victime

____ Vous achetez le cadeau avec ressentiment.

Réaction de la contre victime

____ Vous écrivez une courtoise lettre de regrets et vous ne faites pas de cadeau.

51) Vous êtes confronté avec l'obligation d'envoyer des cartes postales pendant les vacances alors que vous n'en avez pas envie.

Réaction de la victime

____ Vous achetez les cartes postales, faites les adresses, payez les timbres et êtes furieux(se) pendant toute la suite des opérations.

Réaction de la contre victime

_____ Vous n'envoyez aucune carte et vous ne donnez aucune explication de ce silence.

52) Une radio ou une installation stéréo dans votre voisinage vous incommode de son bruit.

Réaction de la victime

_____ Vous le supportez sans vous plaindre ou vous protestez en vous mettant en colère.

Réaction de la contre victime

_____ Vous allez vous-même réduire le son ou vous demandez au propriétaire de le faire. S'il refuse, vous quittez les lieux ou notifiez au responsable de l'immeuble ou de l'hôtel que vous n'y remettrez plus les pieds si la situation reste inchangée.

53) Le chien du voisin aboie bruyamment dès l'aurore et vous empêche de dormir.

Réaction de la victime

_____ Vous restez dans votre lit mais vous êtes très en colère.

Réaction de la contre victime

_____ Vous téléphonez au voisin et vous lui dites que les aboiements de son chien vous dérangent. S'il ne fait rien, vous lui téléphonez au beau milieu de la nuit dès que vous entendez le moindre aboiement. Si cela ne suffit pas, vous avertissez la police et déposez une plainte contre pollution sonore.

54) Lors de la réunion finale avec l'agence immobilière qui vous vend une maison, vous êtes étonné(e) des charges supplémentaires qui vous incombent et vous vous sentez trompé(e).

Réaction de la victime
____ Vous ne dites rien de peur de paraître stupide mais vous continuez à vous sentir grugé(e).

Réaction de la contre victime
____ Vous continuez la transaction jusqu'à ce que tout vous paraisse clair. Vous refusez de vous laisser paralyser par la conscience que vous avez de votre ignorance.

55) On a éteint le chauffage dans le cinéma où vous vous trouvez et vous avez très froid.

Réaction de la victime
____ Vous gelez sans vous plaindre.

Réaction de la contre victime
____ Vous demandez à voir le directeur de la salle et vous demandez qu'on vous rembourse entièrement votre place car vous ne tenez pas à rester dans une salle où l'on gèle.

56) Vous remarquez qu'on vous a retenu quelques sous de trop, comme taxe, sur vos achats d'épicerie.

Réaction de la victime
____ Vous payez parce que vous craignez d'apparaître mesquin(e) en réclamant pour si peu.

Réaction de la contre victime
_____ Vous ne payez que ce que vous devez, au sou près.

57) Vous tentez d'obtenir une communication longue-distance et vous avez à faire à une opératrice maussade et peu coopérative.

Réaction de la victime
_____ Vous engagez avec elle un long dialogue et en sortez frustré(e).

Réaction de la contre victime
_____ Vous raccrochez et refaites le numéro pour tomber sur quelqu'un d'autre.

58) Un type qui a trop bu à une réception vous assomme de ses propos incohérents.

Réaction de la victime
_____ Vous restez assis(e) impuissant(e) en souhaitant ardemment qu'il vous laisse en paix.

Réaction de la contre victime
_____ Vous partez en refusant de vous laisser ennuyer plus longtemps.

59) Vous vous êtes arrêté(e) dans une station-service et le pompiste ne fait pas attention à votre pare-brise qui est sale.

Réaction de la victime
_____ Vous ne dites rien mais vous vous sentez furieux(se) contre ce type qui fait mal son métier.

Réaction de la contre victime

_____ Vous lui demandez de nettoyer votre pare-brise et n'attachez pas d'importance au fait que vous ayez dû le lui demander. Votre but, en la circonstance, est d'avoir un pare-brise propre non de réformer le comportement du pompiste.

60) Vous appréhendez d'avoir à mettre des engrais sur votre pelouse et ne croyez même pas que ce puisse être utile mais on s'attend à ce que vous fassiez comme tous les propriétaires de jardins, dans le voisinage, qui ont des gazons impeccables.

Réaction de la victime

_____ Vous allez acheter vos engrais et passez beaucoup de temps sur votre pelouse en vous reprochant amèrement de suivre ainsi le mouvement.

Réaction de la contre victime

_____ Vous ne mettez pas d'engrais et refusez de vous inspirer de la manière de faire des voisins. Si votre gazon n'est pas aussi vert que le leur, tant pis ! Vous l'accepterez plutôt que de vous soucier de ce que les autres en pourront penser.

61) Le médecin vous fait attendre alors que vous êtes arrivé(e) à l'heure au rendez-vous.

Réaction de la victime

_____ Vous ne dites rien parce que vous comprenez que la vie des médecins est pleine de charges écrasantes.

Réaction de la contre victime
_____ Vous lui dites ce que vous pensez de son retard et vous lui demandez une réduction du montant du prix de la visite pour vous dédommager du temps que vous avez perdu.

62) On vous donne une note que vous jugez injuste.

Réaction de la victime
_____ Vous ne réagissez pas mais vous êtes plein(e) de hargne pour votre professeur.

Réaction de la contre victime
_____ Vous demandez un rendez-vous au professeur et vous lui faites part de ce que vous ressentez. Si cela s'avère inutile, vous écrivez au principal, au doyen, ou à un autre personnage de l'administration. Vous faites le nécessaire avec persévérance.

63) Un directeur d'une maison de Pompes Funèbres essaie de vous imposer des frais plus élevés en profitant du chagrin qui vous accable.

Réaction de la victime
_____ Vous vous laissez faire parce que vous ne voulez pas qu'il puisse croire que vous n'aimiez pas assez le défunt pour faire les dépenses demandées.

Réaction de la contre victime
_____ Vous faites remarquer au directeur la façon dont il essaie de vous manipuler ;

vous réclamez d'être traité décemment sans chantage aux sentiments.

64) Vous êtes obligé(e) de suivre une classe dont le professeur est ennuyeux et peu compétent, vous sentez que vous perdez à la fois votre temps et votre argent.

Réaction de la victime
____ Vous restez dans cette classe et souffrez en silence.

Réaction de la contre victime
____ Vous vous plaignez au directeur du département ou au proviseur. Vous réclamez le droit de vous en aller et de rentrer en possession de votre argent. Si on vous le refuse, vous menacez d'aller jusque devant les tribunaux ou d'en parler dans la presse ou même de faire paraître une étude sur la question.

65) Quelqu'un ne vous envoie aucun mot de remerciement pour un service que vous lui avez rendu.

Réaction de la victime
____ Vous êtes contrarié(e) et vous vous plaignez abondamment de pareille ingratitude.

Réaction de la contre victime
____ Vous n'en tenez aucun compte en vous disant que vous n'avez pas rendu le service pour en être remercié. S'il n'a pas les mêmes manières que vous, cela ne veut pas dire qu'il soit coupable et ce n'est sûrement pas une raison de vous formaliser.

66) Vous auriez besoin d'un seul oignon mais tous les oignons du magasin sont vendus dans des sacs de trois livres, ce qui est beaucoup trop pour vous.

Réaction de la victime
_____ Vous vous passez d'oignon ou bien vous achetez le paquet de trois livres.

Réaction de la contre victime
_____ Vous ouvrez un des sacs et vous prenez l'oignon qu'il vous faut.

67) Vous avez envie de dormir à la suite d'un trop gros repas. Vous ne pouvez aller vous reposer car c'est contraire aux règlements édictés par un autre membre de la maison. Alors vous supportez votre ensommeillement sans rien dire.

Réaction de la victime
_____ Vous ne faites pas votre sieste, en accord avec les règles édictées par un autre membre de la maison.

Réaction de la contre victime
_____ Vous vous allongez confortablement sans vous soucier de ce qu'on pourra en penser et sans avoir le moindre sentiment de culpabilité.

68) Votre patron vous demande de rester plus tard que l'heure habituelle et vous avez justement un rendez-vous très important pour votre vie privée.

Réaction de la victime
_____ Pour faire plaisir à votre patron, vous

renoncez à votre rendez-vous et vous travaillez.

Réaction de la contre victime
_____ Vous dites au patron que votre rendez-vous est important et que vous ne pouvez rester plus tard, si vous n'êtes pas prévenu à temps.

69) Vous aimeriez séjourner dans un hôtel agréable mais il est trop cher.

Réaction de la victime
_____ Vous choisissez un endroit meilleur marché parce que vous ne pouvez vous permettre de pareilles extravagances. On doit toujours peser le pour et le contre d'une dépense.

Réaction de la contre victime
_____ Vous vous l'offrez et n'en faites pas une montagne car vous jugez que vous le méritez bien.

70) Vous alliez dire quelque chose et quelqu'un vous coupe la parole.

Réaction de la victime
_____ Vous laissez passer et permettez ainsi à la personne de parler à votre place.

Réaction de la contre victime
_____ Vous dites qu'on vient de vous couper la parole et que vous voulez dire ce que vous avez à dire.

71) Quelqu'un vous demande : « Comment se fait-il que vous n'ayez pas d'enfants ? »

Réaction de la victime
____ Vous vous lancez dans une explication longue et embarrassée et trouvez votre interlocuteur bien indiscret.

Réaction de la contre victime
____ Vous dites que c'est une question trop personnelle et que celui ou celle qui vous interroge n'a pas le droit de se mêler de votre vie privée.

72) Vous arrivez à l'aéroport pour prendre possession de l'auto de location que vous vous êtes réservée et l'on vous avertit que l'auto ne peut vous être remise ou que les frais sont plus élevés que ce qu'on vous avait dit antérieurement.

Réaction de la victime
____ Vous prenez l'auto plus chère et payez la différence.

Réaction de la contre victime
____ Vous exigez qu'on vous donne l'auto au prix prévu ou menacez d'aller chez un concurrent et d'écrire à la compagnie pour prévenir que vous ne faites plus partie de sa clientèle. Vous êtes inflexible en ce qui concerne le service que l'on vous doit.

73) On vous alloue une certaine somme fixe pour les dépenses de la maison et vous n'avez pas le droit de dépenser quoi que ce soit en votre faveur sans en demander au préalable la permission.

Réaction de la victime
____ Vous vous lamentez mais consentez à rester soumise à cet esclavage financier.

Réaction de la contre victime
____ Vous laissez manquer quelques unes des choses indispensables au bon fonctionnement de la maisonnée et vous laissez au grand «maître es finances» le soin d'y remédier. Vous vous ouvrez votre propre compte en banque même s'il s'agit d'une poignée de dollars et vous refusez de rendre des comptes.

74) Vous avez l'impression que la note de téléphone est trop élevée par rapport à ce que vous devriez normalement payer.

Réaction de la victime
____ Vous payez tout de même.

Réaction de la contre victime
____ Vous déduisez du total ce que vous estimez être en trop et vous écrivez une lettre pour expliquer pourquoi. Vous réclamez une note détaillée des frais en question et dites que vous ne paierez pas si on ne vous les fournit pas.

75) Vous êtes végétarien et vous êtes invité à un repas qui comporte des plats de viande.

Réaction de la victime
____ Vous prenez tout de même de la viande pour ne pas offenser vos hôtes ou vous vous excusez de ne pas faire comme tout le monde et vous vous sentez

coupable parce que vous avez observé votre régime végétarien.

Réaction de la contre victime
____ Vous ne prenez que des légumes sans dire un mot d'explication ou en n'en donnant que de très brèves. Vous n'avez aucun sentiment de gêne ; au contraire vous êtes très fier d'être végétarien.

76) Vous dînez avec plusieurs autres couples et, à la fin du repas, c'est à vous que le garçon donne la note ; personne n'offre de payer.

Réaction de la victime
____ Vous payez la note et êtes furieux contre ces gens qui n'offrent pas de partager les frais avec vous.

Réaction de la contre victime
____ Vous dites à chaque personne la somme qu'elle doit donner et chacun doit casquer !

77) Vous perdez votre pièce dans la machine du téléphone.

Réaction de la victime
____ Vous partez furieux(se).

Réaction de la contre victime
____ Vous appelez l'opératrice, la prévenez que vous avez perdu votre pièce et demande qu'on vous la renvoie à votre domicile.

78) Quelqu'un insiste pour que vous l'accompagniez à une réunion où vous n'avez pas envie d'aller.

Réaction de la victime

____ Vous y allez sans entrain.

Réaction de la contre victime

____ Vous dites que vous n'irez pas et vous vous tenez à cette décision envers et contre tout, par une attitude plutôt que par des paroles.

79) Vous arrivez à un restaurant qui a un parking et un employé pour y conduire les voitures des clients. Mais vous n'aimez pas confier votre auto à un inconnu.

Réaction de la victime

____ Vous regardez d'un œil inquiet le préposé emmener votre auto et en faire Dieu sait quoi.

Réaction de la contre victime

____ Vous dites à l'employé que vous allez ranger vous-même votre auto et, s'il y refuse, vous allez trouver la direction du restaurant.

80) Quelqu'un veut vous faire tout un sermon et vous n'êtes pas du tout disposé à vous faire ainsi chapitrer.

Réaction de la victime

____ Vous l'écoutez en bouillonnant intérieurement dans l'espoir que cela va bientôt finir.

Réaction de la contre victime

____ Vous dites poliment à votre sermonneur que vous n'avez aucune envie d'écouter ce qu'il a à vous dire et, s'il persiste, vous partez calmement ou pensez à autre chose.

81) Vous avez faim mais vous vous efforcez de perdre du poids.

Réaction de la victime
_____ Vous mangez quelque chose de grossissant et en avez des remords.

Réaction de la contre victime
_____ Vous vous récompensez de savoir résister en vous adressant intérieurement des compliments.

82) Vous avez plus de choses à faire qu'il n'en peut entrer dans un emploi du temps déjà très chargé.

Réaction de la victime
_____ Vous vous énervez, devenez tendu, irritable et tâchez de faire le tout en ne pouvant consacrer que très peu de temps à chaque tâche et une attention distraite.

Réaction de la contre victime
_____ Vous vous apaisez en confiant des responsabilités à d'autres et en vous donnant un peu de temps pour vous relaxer.

83) On vous ennuie en «criaillant» sans cesse après vous.

Réaction de la victime
_____ Vous encaissez, la mort dans l'âme.

Réaction de la contre victime
_____ Vous déclarez à la personne en question que vous ne pouvez supporter ces criail-

leries et, si cela persiste, vous partez sur le champ sans en avoir de remords.

84) Vos enfants vous prennent pour arbitre dans leurs querelles et vous sentez que ce qu'ils veulent c'est uniquement monopoliser votre temps et votre attention.

Réaction de la victime
____ Vous avez une longue conversation avec eux, vous acceptez de jouer le rôle d'arbritre mais leur en voulez de vous accaparer.

Réaction de la contre victime
____ Vous leur dites que cela ne vous intéresse pas du tout et vous les laissez se débrouiller tout seuls pour régler leurs différends.

85) Vos amis vous poursuivent de leurs invitations que vous n'avez pas envie d'accepter.

Réaction de la victime
____ Vous tâchez d'esquiver sous divers prétextes et finissez par ne plus pouvoir vous en sortir.

Réaction de la contre victime
____ Vous répondez à toutes leurs avances «non merci !»

86) Quelqu'un tente d'empiéter sur votre vie privée en disant par exemple : «Je ne devrais peut-être pas vous poser cette question mais...»

Réaction de la victime
____ Vous lui donnez l'information demandée parce que vous ne voulez pas le blesser.

Réaction de la contre victime
____ Vous lui faites comprendre que cela ne le regarde pas, que ce domaine de votre vie est confidentiel et le demeurera.

87) Quelqu'un vous donne des conseils dont vous ne savez que faire.

Réaction de la victime
____ Vous l'écoutez et vous vous en voulez de ne pas lui tenir tête.

Réaction de la contre victime
____ Vous lui dites que vous êtes capable de vous conduire comme vous l'entendez mais que vous appréciez l'intérêt qu'il vous porte.

88) Quelqu'un vous dit quel pourboire il faut donner, bien que ce soit de votre argent qu'il s'agisse.

Réaction de la victime
____ Vous faites comme il dit pour ne pas le froisser.

Réaction de la contre victime
____ Vous donnez le pourboire qui vous semble convenir et dites au donneur de conseils qu'il peut ajouter autant qu'il veut de son argent personnel.

89) Vous recevez une facture exagérée pour une prestation de service.

Réaction de la victime
_____ Vous payez ce qui vous est demandé mais vous vous sentez exploité.

Réaction de la contre victime
_____ Vous téléphonez au prestataire ou vous allez le voir pour revoir avec lui la facture dans les moindres détails. Vous lui dites le point sur lequel vous n'êtes pas d'accord et vous exprimez le désir de renégocier son prix.

90) Vous avez à remplir un questionnaire — pour une demande d'emploi — dont les questions vous paraissent illégales et discriminatoires.

Réaction de la victime
_____ Vous répondez exactement aux questions posées, moyennant quoi vous serez sans doute éconduit.

Réaction de la contre victime
_____ Vous laissez de côté les questions discriminatoires ou vous donnez des renseignements favorables pour votre cas.

91) Vous désireriez dire à vos enfants, votre conjoint, parents, etc. que vous les aimez.

Réaction de la victime
_____ Vous vous forcez au silence de crainte de paraître stupide.

Réaction de la contre victime
_____ Vous vous forcez à leur dire bien en face : «Je vous aime».

92) Vos enfants veulent que vous jouiez avec eux aux jeux qui les amusent. Mais vous, cela ne vous amuse pas.

Réaction de la victime
_____ Vous consentez à jouer à «Barby» ou à des jeux de cet acabit et vous regardez tout le temps votre montre pour voir quand vous pourrez vous libérer de cette corvée.

Réaction de la contre victime
_____ Vous choisissez pour jouer avec vos enfants des activités qui vous plaisent à tous. Vous laissez de côté ce qui vous déplaît à vous. De la même façon que vos enfants n'aimeraient pas jouer à des jeux qui amusent les adultes, de même vous, vous avez le droit de vous ennuyer quand vous participez à des jeux pour les enfants.

93) Les membres de votre famille attendent de vous que vous soyez à leur service comme une domestique.

Réaction de la victime
_____ Vous jouez ce rôle et vous vous mettez à leur entière disposition.

Réaction de la contre victime
_____ Vous les prévenez que vous n'êtes pas du tout disposée à les servir et vous restez obstinément assise quand ils s'attendent à ce que vous les serviez.

94) Quelqu'un vous déclare qu'il ne vous comprend pas.

Réaction de la victime
____ Vous essayez de lui faire comprendre votre point de vue et êtes déçu(e) de ne pas parvenir à établir la communication.

Réaction de la contre victime
____ Vous renoncez à vous expliquer sachant bien que, de toute façon, l'autre ne vous comprendra pas.

95) Quelqu'un vous dit qu'il n'aime pas votre coiffure, votre manière de vous habiller, etc.

Réaction de la victime
____ Vous tenez compte de cette opinion ; vous vous demandez si vraiment vous tenez à cette coiffure, etc. Vous en arrivez finalement à la changer.

Réaction de la contre victime
____ Vous ne vous souciez pas de ces remarques parce que vous savez pertinemment que « des goûts et des couleurs » on ne discute pas, chacun étant libre de ses choix forcément différents.

96) On vient constamment vous déranger alors que vous aimeriez rester seul tranquillement.

Réaction de la victime
____ Vous vous emportez contre les gens qui ne vous laissent pas une minute de solitude et vous renoncez à votre moment de tranquillité.

Réaction de la contre victime
____ Vous verrouillez votre porte ; vous décrochez le téléphone ; vous refusez de

vous déranger chaque fois qu'on a besoin de vous.

97) Vous rentrez chez vous après une soirée en
ville. Votre partenaire a trop bu mais tient absolument à prendre le volant.

Réaction de la victime
_____ Vous montez dans l'auto conduite par
lui et vous vous rongez d'inquiétude
pendant tout le trajet.

Réaction de la contre victime
_____ Vous exigez de conduire vous-même ou
vous appelez un taxi ou vous prolongez
votre soirée. Mais vous n'acceptez sous
aucun prétexte de monter dans une
voiture conduite par quelqu'un qui a
trop bu.

98) La température est absolument étouffante.

Réaction de la victime
_____ Vous vous plaignez à tout le monde de
cette chaleur écrasante. Vous en souffrez beaucoup.

Réaction de la contre victime
_____ Vous ne tenez pas compte de la chaleur ;
vous refusez d'en parler continuelle-
ment et vous vous efforcez de profiter de
la journée au lieu de gémir.

99) Vous venez de perdre un être cher.

Réaction de la victime
_____ Vous êtes une véritable loque. Vous ne
vous contrôlez plus. Vous êtes totale-

ment paralysé, n'avez plus le goût de vivre. Vous dites «Pourquoi ce malheur est-il arrivé».

Réaction de la contre victime
____ Vous exprimez votre chagrin d'avoir perdu quelqu'un que vous aimiez. Vous essayer d'orienter vos pensées vers la vie qui continue. Vous refusez de vous laisser aller à la dépression et de rester prostré.

100) Vous sentez que vous allez avoir un rhume, la grippe, des crampes, etc.

Réaction de la victime
____ Vous vous attendez à être cloué au lit ; vous vous préparez à ces jours néfastes qui vont arriver incessamment ; vous en parlez à tout le monde ; vous vous plaignez abondamment à haute voix et in petto de cette infortune.

Réaction de la contre victime
____ Vous vous interdisez d'y penser et d'en parler. Vous arrêtez de vous préparer à cette maladie imminente et vous vous orientez vers vos activités normales. Vous remplacez les obsessions axées sur la maladie par des projets plaisants.

Telles sont les circonstances courantes où il arrive souvent qu'on soit brimé. Si vous avez noté une grande quantité de réactions de «victime» vous devez vous consacrer avec énergie à modifier votre comportement afin de reprendre en main votre destin. Voici, pour vous aider, une échelle des coefficients.

90 V.	10 C.V. =	Ce n'est pas vous qui tirez vos ficelles. Vous êtes totalement victime.
75 V.	25 C.V. =	Victime à très peu d'exceptions près.
50 V.	50 C.V. =	La moitié de votre existence se passe à vous laisser manipuler. Vous ne tirez pas vos ficelles.
25 V.	75 C.V. =	Vous avez en main votre destin la plupart du temps mais vous vous laissez encore trop souvent manipuler.
10 V.	90 C.V. =	Vous êtes maître de votre destin et ne vous laissez que rarement manipuler par autrui.
0 V.	100 C.V. =	Vous maîtrisez tout le contenu de cet ouvrage. Si vous vous comportiez déjà de cette façon avant de l'avoir lu, vous êtes une victime puisque vous avez dépensé de l'argent pour vous le procurer. Mettez-vous donc une réaction de victime sur 100.

Vous avez la capacité voulue pour réduire considérablement votre pourcentage de réactions de victime. Vous avez le choix : tirer vos ficelles et mener votre courte vie sur terre à votre guise et dans la joie, ou bien laisser les autres vous manipuler et passer votre existence à subir les brimades que vous infligent à plaisir vos frères humains. Si vous refusez de vous laisser faire, vous ne serez plus jamais vaincu(e) dans cette éternelle partie qui oppose les forts et les faibles.

Composition : Gervic inc. Laval

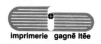

imprimerie gagné ltée

IMPRIMÉ AU CANADA